BOYS

ボーイズ

男の子はなぜ「男らしく」育つのか

レイチェル・ギーザ 著
冨田直子 訳

Boys: What It Means to Become a Man
by
Rachel Giese

Translated by Naoko Tomita
Published in Japan
by Disk Union Co., Ltd.

ボーイズ

男の子はなぜ「男らしく」育つのか

目次

4 はじめに　今、男の子の育て方に何が起こっているのか？

25 1章　男の子らしさという名の牢獄
つくられるマスキュリニティ

57 2章　本当に「生まれつき」？
ジェンダーと性別の科学を考える

95 3章　男の子と友情
親密性の希求とホモフォビアの壁

129 4章　ボーイ・クライシス
学校教育から本当に取り残されているのは誰？

5章 「男」になれ　スポーツはいかにして男の子をつくりあげるのか　185
6章 ゲームボーイズ　男の子とポピュラーカルチャー　235
7章 男らしさの仮面を脱いで　男の子とセックスについて話すには　275
8章 終わりに　ボーイ・ボックスの外へ　321
謝辞　332
注釈　i
参考図書　xix

はじめに　今、男の子の育て方に何が起こっているのか？

数年前の晩春、ちょうど息子が10歳の誕生日を迎える頃のことだった。近所に用事があって2人で外を歩いていると、息子の友達の男の子が歩道をやってくるのが見えた。子どもたちは大きな声で楽しげに名前を呼び交わし、すれ違いざまに立ち止まると、お互いに身を傾けて近づき、右手を握り、右肩どうしを押し付け、左手で背中を軽くたたき合う。そうして、ごくスムーズに握っていた手を放し、ふたたびそれぞれの向かっていた方向に歩きだした。

男性同士が、手を打ち合わせたり、握りこぶしをぶつけたり、複雑な手の動きを組み合わせた「ダップ」と呼ばれるあいさつを交わしたりする光景は、私にとってごく見慣れたものだった。バラク・オバマ米大統領が2012年にバスケットボール男子オリンピック代表チームを訪問したときの、有名なgif動画がある。大統領は、年配の白人スタッフとどうということのない握手を交わしたあと、満面の笑顔でスター選手のケビン・デュラントのほうを向き、2人は手のひらを打ち合わせ、肩をぶつけ、背中をたたき合う。このようなあいさつのルーツは、アフリカ系アメリカ人文化にある。シカゴのアーティスト、ラモント・ハミルトンは、2014年の写真プロジェクト「Five on the Black Hand Side（訳注：「手の甲をタッチ」の意）」のなかでダップの歴史をたどり、その起源を、ベトナム戦争中の1960年代末、米軍の黒人兵士たちが団結・友愛・生き残る力のシンボルとして交わしたあいさつに見出している。*1 しかし、黒人によって創案されたものの多くがそうであるように、今ではこのあいさつもメインストリーム文化に取り込まれ、活発でスポーツ好きな若い男性層ではとくに、人種を問わず広まっている。彼らのなかでは、ダップは政治的団結というよりもクールな男らしさの象徴であり、男性にとって社会的に認められている愛情表現手段なのである。いわば「ハグの男版」なのだ。

息子と友達が握手を交わすようすを目にしたのは、私にとってちょっとした驚き体験だった。子どもがいつのまにか成長して、異世界の住人になり始めていることに気付いたときの、うれしいような悲しいような、親としては複雑な瞬間である。彼が誰を真似ているのか、これほど堂々となめらかな動きになるまでどれだけ練習したのか、私にはまったく見当がつかない。まるで生まれながらに身に付いていたかのようだった。

子ども時代から思春期の初期へと、男性としての行動様式を身に付けていく息子の姿を見て、私はほかの親よりも強い驚きを感じたのではないだろうか。私と妻は、息子を1歳のときに養子に迎えた。遺伝子的つながりがないため、「ユーモアのセンスはあなた似」「器用なのは私似」といった比較はできないし、どちらの親も自分自身は男の子としての体験をしていない。そして息子は、わんぱくでスポーツやビデオゲームやスケボーが大好き、じっとしているのが苦手で下品なおふざけが好きという、伝統的な男の子らしさによく当てはまるタイプなのだ。あるとき、親戚の1人が冗談で「こんな男の子の見本みたいな子が女親2人の家庭に来るなんて、運命のいたずらだね」と言ったことがある。しかし、私はそんなふうには捉えていない。息子のやんちゃな元気の良さが、とくに女性よりも男性らしい特性とは感じなかったし（荒っぽい女の子なら私はたくさん知っている）、愛情深くて思いやりのある面が男の子らしくないとも思えなかった（優しい男性もたくさん知っている）。叔父、祖父、家族ぐるみの友人、先生、メンター、コーチと、息子にとってお手本になる男性はいつも周りにおおぜいいた。8歳の頃に、お父さんがいたらいいなと思ったことはあるか、いなくて残念だと感じたことはあるか、と聞いてみたことがある。彼は少し考えてから「ひとつだけある。お父さんがいたら、もっとマクドナルドに行けると思う」と答えた。私は聞き捨てならないとばかりに「マクドナルドに行かないお父さんもたくさんいるよ。お隣のお父さんはベジタリアンだし、私の友達にはオーガニックの肉しか買わないと決めているお父さんもいるでしょう」と反論する。すると息子は、だから言わなきゃよかったと肩をすくめて「わかったよ。でもとにかく、お母さんたちレズビアンはぜったいマクドナルドに連れてってくれないよね」と言った。

正直なところを言わせてもらおう。家族の内輪ジョークになった幼い頃のマクドナルド禁止令はさておき、妻も私も、女2人で男の子を育てることの意味について、とくに深く考えてはいなかった。ひげ剃りを覚えるときが来たら叔父さんの誰かに聞けばいいと思っていたし、それ以外の、礼儀・順応性・共感力・誠実さ・粘り強さといった、子どもが教わるべきほとんどのことがらに性別は関係ない。それよりも私たちにとって重要な問題は人種だった。私と妻は白人で、息子はアニシナベ族（訳註：北米大陸の先住民族）なのだ。息子の自己意識という点では、ネクタイの結び方や野球のボールの投げ方を知っているかどうかよりも、先住民族のルーツや文化への結びつきをしっかり保てるようにと神経を使っていた（ちなみにネクタイとキャッチボールは妻が教えたが）。

それに、この点についていては、私たちの考え方にある種の偏向もある。私たちは養子に迎えるのは男女どちらでもよいと思っていたし、男の子でも女の子でもたいして育て方が変わるとは思っていなかった。身近な友人たちのあいだでも、またLGBTQ2（レズビアン・ゲイ・バイセクシュアル・トランスジェンダー・クィア・トゥースピリット）コミュニティ全体においても、ジェンダーというコンセプトは、要塞ではなく遊園地なのだ。男性らしさ、女性らしさのルールは問い直され、誇張され、めちゃくちゃにされる。息子が幼児の頃から過ごしてきた環境には、マッチョから中性的なタイプまで、ありとあらゆる男らしさを表現するありとあらゆる男性がいたし、高校のアメフト選手として活躍した過去をもちながら女装すればものすごい美人という、その両極を体現したようなゲイの叔父もいた。それに、マスキュリニティは男性に限られた性質ではない。息子の周囲には男っぽい女性もいる。その最たる例が私の妻だ。彼女は髪を床屋で切り、両腕はタトゥーで覆われ、40代の今でもしょっちゅう10代の男の子に間違われている。私たちは幼い息子を、厳格なジェンダーにあてはめることなく育てようとした。良きフェミニストの母親らしく、おもちゃのお料理セットもきかんしゃトーマスの列車も、どちらも買い与えた。そういったことが、息子のジェンダーステレオタイプ防止にどのくらい効果があるかはわからなかった。当時は、彼が大人になるのははるか遠い先の話に思えたし、どんな男の人に成長するのかなんて想像もできなかった——あるとき突然、その日がやってくるまでは。

息子が友達とダップを交わす姿を目にして、私はハッとした。いつのまに、こんなに「男っぽく」なっていたのだろう？　これから、男の子から男の人への過渡期となる年月をとおして、彼はどんなふうに変わっていくのだろう？　そのとき以来、私はジェンダーの決まりごとやマスキュリニティに関して周囲の世界が発しているメッセージについて、より真剣に考えるようになった。息子はそれらのメッセージから、暗黙のうちに、あるいは明示的に、男性文化や男であることについて学んできたのだ。息子にとって、男であることは、どんな意味をもっていたのだろう？　単純に、凝った握手のようなほほえましい儀式に通じたり、バスケットボールやシューティングゲーム「コール・オブ・デューティ」のような「男子の遊び」を好むことだろうか？　あるいは、攻撃性や感情的解離のような、男性性のより悩ましい側面も意識されていたのだろうか？　男性であることを、女性との比較においてはどう感じていたのだろうか？　そして今、息子はティーンエイジャーになったところだ。折しもマスキュリニティが厳しい視線にさらされるようになったこの時代に、彼は大人になっていく。「男性特権」「父権社会」「女性嫌悪（ミソジニー）」「男らしさの有毒性」――大学のジェンダー研究室で用いられていたこれらの言葉はメインストリームで通用するようになってきたし、ソーシャルメディアでは「マンスプレッディング（訳註：manとspreadingを組み合わせた言葉。男性が公共交通機関の座席で脚を広げて座りスペースを占領すること）」や「マンスプレイニング（訳註：manとexplainingを組み合わせた言葉。男性が女性に対し、ある事柄について、相手が自分よりも多くを知っているという事実を考慮せず上から目線で解説すること）」といった行為が批判されている。

同時に、今、マスキュリニティが切実に脅かされている、と感じている人たちも存在する。男性の権利の擁護者、ナンパ師、怒れる男性ゲーマーなど、変化する社会秩序に大なり小なり混乱と憤怒をおぼえる男性たちが集まるネット掲示板やウェブサイトが隆盛しているのは、その表れである。彼らの多くにとって、フェミニズムや女性のあげてきた業績は、男性を弱体化し、自然なジェンダー役割をひっくり返してしまうものなのだ。ニューヨーク州立大学ストーニーブルック校の社会学者で、『Guyland: The Perilous World Where Boys Become Men（ガイランド：この危険な世界で少年は男になる）』『Angry White Men: American Masculinity at the End of an Era（怒れる白人男性たち：去りゆく時代とアメリカのマスキュリニティ）』の著者であるマイケル・S・キンメルは、女性・移民・有色人種の台頭によって権利を侵害されたと感じている彼ら、おもに白人男性から構成されるこの一部の層に通じる雰囲気を、「権利の不当な剥奪感」というフレーズで表現している。

「権利の不当な剥奪感」を極端なかたちで表現したのが、2014年5月23日、カリフォルニア州イスラビスタで銃を乱射し6名を殺害して自殺した、22歳のエリオット・ロジャーだった。ロジャーは小さい頃から問題児で、不安感が強く人付き合いが苦手で孤立しがちであり、学校ではいじめられていた。ティーンエイジャーになると、ゲーム「ワールド・オブ・ウォークラフト」や、「PUAヘイト」のようなネット掲示板の世界にひきこもるようになった。「PUAヘイト」は、女をモノにする技を自慢するナンパ師たち（pickup artist = PUA）を嘲る掲示板であった。彼女を見つけられないロジャーは、ここで仲間の「インセル」（訳註：incel = involuntary celibate、不本意な禁欲主義者。自ら選択したわけではなく、ただモテないためにセックスをしていない人を指す）たちとのあいだに共通の大義を見出した。彼は、掲示板への投稿やYouTubeに掲載した動画のなかで、「体がでかくて、見た目もふるまいも獣みたいな男じゃないと女が手に入らない。女はいまだに動物的な強さを優先するという事実が、女の頭脳が進化していないことを証明している」[*2]と、自分を拒否した女性たち、そして彼女たちが好む男性たちの双方に対して不満をぶちまけていた。

事件の数時間前に投稿した動画ではこのように語っている。「僕を拒否し、見下し、クズみたいに扱いながら、ほかの男に身を捧げた女の子全員。僕より楽しい生活をして、セックスしている男全員。おまえら全員を憎む。おまえらにふさわしい罰を下すのが待ちきれない。全員抹殺だ」[*3]。また、「僕のゆがんだ世界」と題された137ページに及ぶ文書を、担当セラピストのほか、知り合いや家族数名にEメールで送信しており、その文書には、ステータスや権力への執着、そして「生まれてこのかた童貞の苦しみ」に耐えなければならない自己嫌悪と屈辱がつづられていた。犯行の日、ロジャーはまず自宅アパートメント内で男性3人を刺殺する。そして、自分に魅力を感じなかったという「罪」で「アバズレども」を罰する、という計画に従い、車を運転して近所にある女子寮に向かった。そこで建物の外を歩いていた女性3人に発砲してうち2人を殺害、その後コンビニエンスストアで男性1人を射殺する。車で逃走中に警察と撃ち合いになり、通行人13人に傷を負わせたのち、最後は自身に銃口を向けて自殺した。

ロジャーの殺人行為は極端な例ではあるが、女性に対する揺り戻し的反発が高まっているなか、予想もつかなかった結果というわけでもない。ロジャーは精神的に異常をきたしていたとはいえ、彼の発言と、彼が出没していたネット掲示板に書き込まれていた大半の内容とのあいだに、それほど大きな違いはない。彼の行為によって浮き彫りになったのは、権力・お金・ステータス・女性からの好意は自分たちの生得権なのだとこれまでずっと教わってきた男の子や男性の意識と、女の子や女性がますます主体性や自活力、権力、選択肢をもつようになっている現代社会の実情とのあいだに、軋轢が高まっていることである。事件の直後、ソーシャルメディアでは、男性から女性に向けられた暴力や嫌がらせの事例や体験をシェアするハッシュタグ#YesAllWomenが広まり、女性への攻撃がいかに普遍的に行なわれているかが明らかになると同時に、ロジャーの心情はより広範な男性たちの反感を代弁していることが示唆された。

もちろん、男性がみんな暴力的であったり、憎悪を抱いているわけではない。しかし、ロジャーのような「思い通りにならない女性を罰したい」という願望は珍しいものでもない。フェミニストで哲学者のケイト・マンは、ロジャーについて述べた文章のなかで「しばしば女性嫌悪は、女性をその立場から引きずり下ろし、もとの低い立ち位置に戻したいという欲求から生まれている。そのため、より高いところに到達した女性ほど、そのぶん大きな転落を求められる」[*4]と考察している。

ジェネレーションX世代の私が経験した少女時代から思春期にかけても、進歩と後退が衝突する似たような状況があった。性の革命と第二波フェミニズム後の時代に育った私にとって、教育やキャリアや自由な生き方を手に入れる可能性は、私の母や祖母の時代には考えられなかったほど広がっていた。しかし世論に目を向ければ、女性が勝ち得たもののせいで、女性の幸せが犠牲になり、男性のアイデンティティや自尊心が脅かされている、というストーリーがつくりあげられていた。私がティーンエイジャーだった1986年には「ニューズウィーク」誌が40歳の独身女性は結婚するよりもテロリストに殺される確率のほうが高いと警鐘を鳴らすトンデモ記事（のちに反証された）を掲載した。[*5]

その3年後の1989年12月6日、マルク・レピーヌという25歳の男性がカナダのモントリオール理工科大学にライフルと狩猟用ナイフで武装して侵入し、エリオット・ロジャーによる襲撃の前例とも言える凄惨な事件を起こした。レピーヌは工学教室に入ると、そこにいた男子学生と女子学生を分離させ、女子学生たちに向かってこう言った。「お前たちはみんなフェミニストだ、おれはフェミニストが嫌いだ」。[*6] 彼はその場で女性6人を殺し、その後さらに8人を殺したのちに、ライフルで自殺した。レピーヌは同校の工学部に入学志願したが不合格となっており、彼が残した遺書には、自分の人生がだめになったのはフェミニストのせいであり、男性から職を奪うことになるため女性はエンジニアになるべきでない、という考えが述べられていた（カナダでは、このモントリオール理工科大学虐殺事件の起こった日は「女性への暴力に対抗する国民の記念日」に制定されている）。

ロジャーと同様、レピーヌも重大な精神的問題のある危険人物だったが、彼の抱くフェミニストへの怒りに、私は既視感を感じた。私の大学時代、女性学の授業の必読リストには、ベル・フックスの『Talking Back（トーキング・バック）』、スーザン・ファルーディの『バックラッシュ』（伊藤由紀子・加藤真樹子訳　新潮社、1994年刊）、ナオミ・ウルフの『美の陰謀』（曽田和子訳　阪急コミュニケーションズ、1994年刊）が含まれていた。1960年代以来、女性たちは長い道のりをやってきたものの、真の平等――賃金の平等、生殖の権利、人種間の平等、暴力やハラスメントからの自由――はつかみ取れていないのだと、彼女たちは訴えていた。それどころか、1980年代末になるとフェミニズムは「死んだ」と断言され、さらには、不妊から、結婚適性のある男性不足、女性のうつ、摂食障害の急増まで、フェミニズムがあらゆる問題の原因だという濡れ衣を着せられた。

私の子ども時代と息子の子ども時代を隔てる30年間で、性役割やジェンダーに対する期待意識は徐々に発展し、進歩を続けてきた。ミレニアル世代の女性たちはフェミニズムを活性化させ、女性の権利運動を、ダイナミックで包括的で同時交差的なものへと再構成している。ちなみに同時交差性、あるいはインターセクショナリティとは、1980年代に米国の法学教授であるキンバーレ・クレンショーが[*7]、重複する社会的アイデンティティ（例：黒人かつ女性かつ同性愛者、障がい者かつイスラム教徒）を言い表すためにつくった造語である。ビヨンセもケイティ・ペリーも、誇りをもって自らをフェミニストだと宣言しているし、雑誌「ティーン・ヴォーグ」やウェブマガジン「ルーキー」では、レイプカルチャー、生殖の権利、トランスジェンダープライドを取りあげた記事が掲載されている。女の子向けのポピュラーカルチャーでも、「インサイド・ヘッド」「ドックはおもちゃドクター」「モアナと伝説の海」といった映画やテレビ番組で強く賢い女性のキャラクターがたくさん見られるようになった。「ワンダーウーマン」も映画化され、「スターウォーズ」にはジェダイの女性主人公としてレイが登場した。文化全体で見ると、フェミニニティや女性であることについての固定概念にはいくつも穴が穿たれ、今やガールパワーは大半の人々に喜ばしいものとして受け入れられている。女の子は、スポーツをすることも、科学や数学で優秀な成績をとることもできるし、デリケートさと強さの両面をもち、大きくなれば兵士にも大統領にも先生にも医者にもエンジニアにもなれると、そう考えるようになった。また、ジェンダーステレオタイプが女の子の自尊心や行動や進路に与える影響については、学術研究やメディアでふんだんに取り上げられている。多様性のある強い女性ロールモデルが必要であると認識されているし、バービー人形やポルノが女の子の身体イメージやセクシュアリティに及ぼす影響は明確に分析され、批判されている。

しかし私たちは、男の子に対するジェンダーステレオタイプやその影響についても同じくらい熱心な配慮を向けてきたとは言えない。ベル・フックスは2004年の著書『The Will to Change: Men, Masculinity, and Love（変わろうとする意志：男性・マスキュリニティ・愛）』において、フェミニズムの過失のひとつは、「新しいマスキュリニティや男性のありかたについてのガイドラインや方策が必要であるのに、その土台となるべき本格的な少年時代研究をしていないことだ」と主張する。研究不在の理由のひとつは、性差別的社会において一般的に男の子は女の子よりも高いステータスにあるため、得することはあっても損はしていない、と想定されているからである。しかし、フックスが指摘するように、「ステータスも特権で得られるものも、愛されることと同じではない」[*8]のだ。たしかに私たちは、マスキュリニティにある種の性質——例えば、身体的な攻撃性、性的な支配性、感情的にストイックで、タフで、自己制御力があること——が期待されていることに対しても、そして、そのような期待を満たしているか否かに関わらず男の子たちの全員に及ぶ影響に対しても、充分に批判的な視線を向けていなかった。そして、このようなマスキュリニティのルールを認識したり批判するときがあっても、それはたいてい暴力行為や学校銃撃、集団レイプ、オンラインハラスメントといった事件が起こったときか、あるいは学力低下、モラトリアム化、うつ病や自殺率の増加など、男の子の抱える危険にかんする統計結果を受けての反応であることが多い。私たちは、男の子のことを恐れるか、心配するかのどちらかなのだ。しかしそんな感情は、彼らの役には立たない。むしろ彼らを、暴力をふるい、大学からドロップアウトし、携帯電話やビデオゲームやポルノに依存し、両親の家の地下にある自室にこもり、ネット掲示板で過激思想に感化され、ドラッグに溺れ、ギャングに巻き込まれる——そんな病的な存在として捉えるようになる。

このように捉えられる「男の子」は、疑問の余地のない、不変で均質的なアイデンティティであり、男の子そのものが問題なのだ、という扱いをされる。彼らが周囲からどのように認識され、自分自身をどのように認識するかを決定するうえで、大人や幅広い文化が果たしている役割についてはほとんど考えられていない。また、男の子たちがそのときどきの自分の必要性に応じ、主体性をもってマスキュリニティの規範に従ったり、あるいは反抗したりするという可能性も認めていない。じっと座っていられない子、すぐにけんかを始める子、クラスメートの女の子に嫌がらせを言う子、本を読むのが大嫌いな子、シューティングゲームばかりしている子――彼らについて、自明の理のように「男の子だから」という言葉で片づけてしまっていいのだろうか？　それとも、なにか別の働きかけがあるのか？　自分たちが生まれるずっと前につくられたルールに反応し、順応しているのではないか？

性の革命、フェミニズム、公民権運動、技術革新、グローバル化。これらの動きが重なり合った結果、男性であることの意味はかつてないほどに変化した。ハナ・ロジンは、2012年のベストセラー著作『The End of Men and the Rise of Women（男性の終わり、そして女性の台頭）』[*9]のなかで、次のように書いている。「私は、男性だけでなく女性にとっても、なにか巨大な動きによって経済と文化がシフトしたのだ、と気付き始めた。これから男も女も、まったく新しい働きかた、生き方、恋愛の仕方に適応しなくてはならないだろう」。学校でも、職場でも、家庭でも、一部の女性が男性を追い越している現状を描き出しながら、男女の力のバランスは根底から決定的に変わったと、ロジンは主張する。そして、フェミニティやマスキュリニティについての古い考えが捨て去られるとともに表面化してきたのが、それに代わるべきものは何か、という不安感である。このような不安定な変わりゆく時代のなか、女性の権利や権力が強まるということは男性が弱くなることだ、という考えが広がってきた。そしてこの考えは、少年少女たちにも伝わっている。MTVが2015年に行なったジェンダー偏向に関する世論調査から、若い男性は平等性について複雑な感情を抱いていることが読み取れる。*10 14歳から24歳までの男性のうち、27パーセントが女性の地位向上のために男性が犠牲を払っていると答え、46パーセントがフェミニズムは男性への悪意をはらんでいる、と答えている。

男の子や若い男性たちが、なぜそんなふうに思うのか理解するのは、難しいことではない。ジェンダーの平等化とは単に女の子をパワーアップさせることだ、と捉えるなら、自分たちにとって何の得があるだろう？　かつてグロリア・スタイナムは「娘の育て方が息子の育て方に近づいているのは喜ばしい。でも、息子の育て方が娘の育て方に近づくまでは、本当の解決にはならないだろう」と言ったことがある。別の言い方をするなら、真の永続的な変革のためには、フェミニズムは女の子や女性の生き方を変えるだけにとどまってはならない。男の子や男性の生き方も変えなくてはならないのだ。私の友人に、コメディアンで作家のエルヴィラ・カートがいる。カートは一男一女の母親だが、彼女のスタンダップ・コメディのネタに、娘と息子を育てているフェミニスト母としての心情を表したものがあった。彼女いわく、娘に対してはいつも自尊心をできるだけ育てようと、あなたは才能があって賢くて強い、大きくなったら何にでもなれる、と言い聞かせている。一方で息子はというと、白人男性として放っておいても社会的序列のトップになる立場だから、ちょっとだけ、ほんのちょっぴり、自尊心を損なってあげるとバランスがとれてちょうどいいよね――というものだ。もちろん、これはジョークである。でも、彼女はここで、若い男性たちの幸せについて考える人ならだれでも悩ましく感じるジレンマを描き出している。男であることと、ミソジニーや無条件の男性権利意識とを切り離すにはどうすればいいのだろう？　マスキュリニティについて社会から受け取るメッセージについて批判的に考え、自分や他人を傷つけるようなジェンダー期待をはねのけるために、どんな手助けができるだろうか？　男の子や男性にとってより自由で広がりのあるマスキュリニティのかたちをつくるうえで、フェミニズムや、女の子と女性の平等を目指す闘いから学べるものは何だろうか？

この本、『ボーイズ』は、私自身の息子のためにこれらの質問の答えを出したい、という気持ちから始まった。男性として良い人間に育てたいから、というだけではなく、ありのままの自分を表現してよいのだと息子に感じてほしいからだ。この本は、マスキュリニティへの反対論ではない。男性も女性も、男の子も女の子も、私たちみんなのために、男であることの意味を再考し、つくり変えていくにはどうするべきかを考えたものである。ジェンダーと性の社会的・生物学的根拠について見ていくことから始め、第1章では「マン・ボックス」の概念を説明する。マン・ボックスとは、「男であること」が一般的にどのように意識され理解されているのか、そしてその認識がどのような結果につながっているのかを表すために用いられるメタファーである。第2章では、性差やジェンダー差の科学、および、性やジェンダーの標準型に当てはまらない人たちに向けられる不安感を取りあげる。第3章から第6章にかけては、男の子やマスキュリニティに関するこういった認識が、友達関係、学校、スポーツ、ポピュラーカルチャーという場面において、具体的にどのように表れているかに注目する。最後に第7章では、アルバータ州カルガリーで行なわれている性教育プログラムを紹介する。ここまでの知識すべてを実践に移したような素晴らしいプログラムで、参加者は、ジェンダー規定について批判的に考え、健やかな友達関係や恋愛関係を築き、コミュニケーションやリーダーシップの力を伸ばし、感情面や心理面の健康に気を配ることを学ぶ。

『ボーイズ』を書いているあいだじゅうずっと、そして特に、若い男性が暴力の加害者や被害者となる事件であれ、男の子たちが全体として何かしら困難な状態に陥っているという調査報告であれ、男の子の窮状を伝える新たな報道があった後にはなおさら、私はよく友人や仕事仲間から、男の子たちの未来はよくなると楽観的に感じているか、と尋ねられたものだ。当時も今も、私は希望をもっている。冒頭の息子の友達との出会いから数か月後に体験したあるエピソードが、その理由だ。息子のホッケーチームがトーナメント試合で他の町に遠征に行ったときのことである。その週末は、チームとその家族がホテルに宿泊し、ひとつの階をまるごと占領していた。1日目の夜に、私たちの部屋で、お菓子を狙いがてら集まってきた男の子たちが6人ほど遊んでいた。私はそばで片づけをしていたのだが、そのとき息子が、隅のほうに目立たないように置いていたテディベアをつかんで、ぎゅっと抱っこした。息子は当時10歳か11歳で、大半の子はお気に入りのぬいぐるみやブランケットを卒業している年頃である。でも、この「ブルーベア」は私たちの家族になる前から息子といっしょで、里親家庭から私たちのところに移るときにも息子を安心させてくれたお守りのようなぬいぐるみだ。なかなか手放すことはできず、旅行に行くときもいつもいっしょだった。すぐに、ほかの男の子たちは息子がクマを抱っこしていることに気付いて、遊びが止まった。私は凍り付いた——思春期のわずか手前の、身体の大きなスポーツ少年たちの一団が、息子をからかうのではないかと思ったのだ。一瞬の沈黙があり、ここからどうなるか、という緊張が全員のあいだに流れる。「みんな、ブルーベアを紹介しよう」と、冗談っぽくその緊張を破ったのは息子だった。すると瞬時にほかの男の子たちもリラックスし、同じような打ち明け話を始めた。1人は犬のぬいぐるみを連れて来ていたし、もう1人はゾウさんをもって来ていた。別の子は、いくつかぬいぐるみをもって来たかったけど誰ももって来ないだろうと思ってやめた、と言う。そしてまた、男の子たちはレスリングやポケモンカードの交換といった遊びに戻っていった。

恥ずかしかったのは私だ。息子のことではなく、自分自身が、である。げっぷを連発してふざけている、この騒々しい男の子たちが私に教えてくれたのだ──人はジェンダーに関係なく、タフさと優しさ、勇敢さと繊細さ、競争心と思いやりという、人間に備わるあらゆる性質を同時にもつことができるのだということを。これは、そんな彼らのための本だ。

Chapter

1

男の子らしさという名の牢獄

つくられるマスキュリニティ

初めて「マン・ボックス」について耳にしたのは、5年前、トロント郊外にある大学の教室でのことだった。講演家／コミュニティオーガナイザーとして、学校や企業、スポーツチームに招かれてジェンダー平等をテーマに話をすることの多いジェフ・ペレラが、学生向けにマスキュリニティのステレオタイプについてのワークショップを率いていた。ペレラは黒板にチョークで大きな四角い箱を描き、「マン・ボックス」とタイトルを書いた。そしてその中に、マスキュリニティについての伝統的な見方を表す単語やフレーズを書き込んでいった。タフ、強い、大黒柱、プレイボーイ、ストイック、支配的、勇敢、感情を出さない、異性愛者。箱の外には、伝統的マスキュリニティの基準を満たさない男性を表現する言葉が書かれた。弱虫、ホモ、オカマ、女々しい、マザコン。

彼は大学生たちのグループに向かって、この2つのリストに追加する言葉はないかと問いかけた。「意気地なし！」「リーダー！」「ボス！」「クィア！」といった声があちこちから聞こえてくる。ペレラはそれらを書き留めながら、この作業から見えてくるのは「男らしさが、柔らかい・優しい・感情的・フェミニンといった印象を与えるものすべての否定によって成立していること」なのだと説明した。別の言い方をすれば、あらゆる点で女と逆の存在が男である、と表現できるかもしれない。

剃りあげた頭に四角いフレームの眼鏡をかけて教授然とした風貌のペレラは、人好きでみんなを笑わせるのが得意な天性のパフォーマーだ。ポップカルチャーへの言及と（ドラマ「ブレイキング・バッド」のウォルター・ホワイトは「有毒な男らしさ」の一例だ）、カナダで有色人種の男性として、スリランカ移民の両親の息子として育った自身の子ども時代のエピソードとを織り交ぜながらトークは進む。男の子がいかに早い段階からこのようなメッセージを受け取っているのかを説明するため、ペレラは4年生の男の子50人のグループがどのくらいマン・ボックスの規定を内面化し始めているのか調べたときの話をした。自分が男の子でいやだな、と思うことを子どもたちに書いてもらったところ、返ってきた回答リストには次のような内容が含まれていた。「男の子はくさい」「暴力が好きなことになっている」「フットボールをしないといけない」「自動的に評判が悪い」「泣いたらだめなこと」「お母さんになれない」……。ペレラがプロジェクターで実際の回答用紙を映し出し、スペル間違い混じりのつたない字で書かれたリストを見ると、私たちの心はさらに痛んだ。まだ単語のつづりは正しく書けなくても、ジェンダーのルールは理解しているのだ。

マン・ボックスは社会学者や平等運動を進める人々が用いる概念で、世間一般に考えられるガチガチの伝統的な男らしさに結び付けられる行動や考え――学者なら「覇権的マスキュリニティ」と呼ぶところの誇張された典型的マチズモ――を描写するものだ。たしかにマン・ボックスのメタファーは、わかりやすくまとまりすぎているきらいもあるかもしれない。しかし、この概念の有用性は、男性という生物学的事実とマスキュリニティという文化的創造物とが別物であることを明確にする点にあるのだ（生物学的な性別も、少なくとも部分的には創造されたものであるという主張もある。その点については次の章で触れる）。

この区別をつけることはとても重要で、ラディカルでさえある。今なお、権力をもつ者、もつべき者にとってはマスキュリニティの特性を有していることが標準とみなされているだけでなく、それこそが適した特性だと考えられているからである。だからこそ我々は、低い声から権威を連想する一方で、高い声は弱くて小うるさいと感じるのだし、企業のオフィスにはスーツとネクタイのほうがワンピースよりもふさわしいと感じるのだ。テクノロジーの天才といえば、情動的能力が高く協調性のあるイノベーターではなく人付き合いの下手な一匹狼のイノベーターを思い浮かべるのもそのためだ。

このようなジェンダーバイアスには大きな影響力があるにもかかわらず、「男らしさ」や「マスキュリニティ」が自然で揺るぎないものであるという考えは、最近までほとんど疑問視されてこなかった。白人性と同様、マスキュリニティはデフォルトの状態とみなされている。例えば、男女入り混じったグループに対して「みんな」と呼びかけるときは必ずyou guysと言いyou galsとは言わないが（訳註：guyは男性、galは女性に対して使うくだけた表現）、これはWASP《ワスプ》（訳註：アングロサクソン系プロテスタントの白人）を除くあらゆる集団に対して「エスニックな」とか「エギゾチックな」という形容表現が使われることに通じるものがある。１９９０年代になると白人研究や男性性研究（男性学とも呼ばれる）という分野がいくつかの大学で姿を見せはじめた。これらの研究が目指すのは、「白人」「男性」という標準型からその他のアイデンティティが逸脱し派生している、という考え方の嘘を暴くことである。実際には、白人性も男性性も、権力を一部の人たちに集約してその他から奪うために取り入れられた人工的な分類だ。ヨーロッパ系の人々がアフリカに祖先をもつ人々とは別種であり優れているという虚構が、奴隷制度や人種差別を支えてきた。しかし、ヒトゲノム配列の解析が証明したように、人種間には特筆すべき生物学的違いも明確な境界線も存在しない。また、人種カテゴリーが不変で「純粋な」ものであるわけでもない。人類の歴史とは、長い時間をかけた移動と混合、社会的・民族的アイデンティティの変化の物語である。１００年ほど前には「白人」枠に入っていなかったイタリア系アメリカ人やアイルランド系アメリカ人も、時間とともに白人とみなされるようになった。アメリカ人の社会人類学者、オードリー・スメドリーが言ったように「生物学としての人種は虚構、社会問題としての人種差別は現実」なのだ。*1

ジェンダーと性の分野で、男性学はこれと似た方法で男性アイデンティティについて取り組んでいる。人種と同様に、マスキュリニティと男らしさの定義も不変ではない。ペレラがチョークで描いた21世紀のマン・ボックスに含まれるような男らしさ、例えば異性愛者でストイックであるというような性質は、ほかの時代に「真の男」とみなされたであろう性質と同じではない。古代ギリシャでは、将来自由民となる少年にとって年上の男性と性的関係をもつことは大人になる過程でふつうに経験する行為であったし、18世紀末から19世紀初頭にかけてのロマン派文学や芸術には、男性の情感や男同士の愛情があふれんばかりに表現されている。

現在でも、良しとされる男性の行動パターンは画一ではなく、人種・階級・民族・国籍・セクシュアリティといった要因に従って形づくられる。肉体労働者の表現するマスキュリニティと企業役員のマスキュリニティとは異なるものだ。また、ただ男性であればよいわけでもなく、少年も大人も適切な男性タイプに当てはまることが必要だ。例えば、男らしさに欠けるとみなされる男の子や男性を取り締まるためにもっともよく使われる手段となるのがホモフォビアであり、トランスジェンダーや中性的な人たちに向けられる敵意である。ゲイの男性やトランスジェンダーの人たちは、男性アイデンティティのルールを破っているためにしばしば標的にされ、暴力被害を受けることも多い。アメリカでは、LGBTの人たちはほかのどの集団よりも憎悪犯罪の被害者となる確率が高い。連邦捜査局によれば、2014年に同局に報告された5462件の憎悪犯罪のうち、5分の1近くが被害者の性的指向(事実に即している場合もそうでない場合も含む)に起因するものであった。[*2]

ペレラが言うように、「本物の男」とはどういうものかというメッセージを受け取り始める時期は早い。社会学者のC・J・パスコーは、2000年代初期の1年半にわたり、労働者階級のさまざまな人種の生徒が通うカリフォルニア州の高校内で密着取材を行ない、男の子たちが自分や相手の男性的ふるまいを定義したり規制したりするうえでホモフォビア的中傷表現をどのように用いているかを研究している。パスコーは2007年の著書『Dude, You're A Fag: Masculinity and Sexuality in High School(おまえ、オカマかよ:ハイスクールのマスキュリニティとセクシュアリティ)』のなかで、男子高校生たちのあいだでは「ゲイ」という単語が、同性愛を意味するニュートラルな用語としても、「バカ」や「ダサい」と同じたぐいの漠然とした中傷表現としても、両方の意味で使われていたと言う。一方、「オカマ」という単語は、ゲイの生徒を茶化す場合と、より広く男らしさの基準に沿わないふるまいを非難する場合との両方に使われていた。「オカマ」をからかう冗談を言うことは、校内男子文化において重要な要素になっていた、とパスコーは考察する。ある生徒はパスコーに「誰かをゲイとかオカマとか呼ぶのは、最低の侮辱なんだ。おまえはゼロだ、って言ってるようなもんだから」と語っている。[*3] 興味深いことに、女子の方は日常的に「ダイク」「レズビアン」と呼ばれることはなく、その代わりにもっとも一般的に使われる侮蔑表現が「ヤリマン」であった。この中傷としての「オカマ」「ヤリマン」の活用方法に映し出されているのは、セックスに関して男女に対極の要求が課せられていることである。男子は(異性との)セックスに積極的でなくてはならず、女子は貞淑でなくてはならないのだ。

このような文化があるために、ゲイであることを公表していた結果、ひっきりなしに嫌がらせを受けてついには退学してしまった男の子もいる。また、ストレートであってもホモフォビアの被害に遭わない保証はない。「オカマと定義される基準は、性的アイデンティティだけではない。有能で強くて女性をモノにできる、という男らしさの条件をクリアできなかったり、どんなかたちであれ弱さやフェミニンな側面を見せてしまったりすれば、オカマと呼ばれる」とパスコーは指摘する。少年たちは常に「オカマ」とみなされる危険性を感じているのだ。「オカマアイデンティティがこのように流動的だからこそ、捉えどころのないオカマの影が強力な規律メカニズムとなり、少年たちはオカマ的ふるまいを察知し必死に避けることを覚える」。[*4]

男らしく見られないことへの不安は全員共通だが、男らしさの定義や序列は、人種のような要因によっても形成されると、パスコーは考察する。例えばこの高校では、黒人の少年たちはもっとも人気のある生徒層に含まれており、ほかの少年たちよりもクールで運動能力がよく男らしいとみなされていた。この印象は、黒人男性を強さや運動能力といった伝統的な男性的特徴と結びつける一般的な人種ステレオタイプと一致している。その一方で、黒人の生徒たちの多くは、ほかの男子生徒が従うルールからは逸脱した独自の文化的基準に従っていたことも事実である。この高校に通う白人の少年たちは、身づくろいやファッションに気を使いすぎるのは男らしくない、あるいは「オカマっぽい」と考える傾向にあった。しかし黒人の少年たちは、スタイリッシュな服装をしたり容姿を整えることに誇りをもつ傾向にあった。見た目に魅力的でおしゃれであるということは、文化的アイデンティティや、ほかの黒人男性たちとのつながりを表現する手段でもあるのだ。黒人の男子生徒たちの多くは学校仲間のあいだで高いステータスにあったが、その社会集団の外に出れば、黒人男性についての人種ステレオタイプが彼らにとって深刻な意味合いをもつことになる。この高校の先生や学校運営側は、黒人の男子生徒たちが男性的すぎるという印象を抱くことが多く、暴力的で、性的に早熟で、問題を起こしがちであるという先入観をもっていた。また、黒人の男子生徒が授業中に騒ぐなどの問題行動をした場合、それ以外の男子生徒の場合よりも、先生に罰を受ける可能性が高くなった。

想定されるマスキュリニティのあり方が人種やレイシズムによって決まるのは、黒人の男子に限ったことではない。アメリカ人の社会学者、アレクサンダー・ルーは、男性的特徴は人種や民族と深く結びつけられており、アジア系の男性や少年に対するステレオタイプはむしろ「男らしく」はないと指摘する。勉強熱心、従順、真面目、ひ弱――アジア系男性のこういったイメージは、すべてマン・ボックスに含まれない性質だと言う。ルーは、2013年にマスキュリニティや男であることについてアジア系アメリカ人男性たちの個人的体験を調査した共著論文を発表しており、その中でこのように述べている。「(調査回答者の多くが)タフで肉体的魅力があって感情的でなく女性にモテる、という理想化されたマスキュリニティに追いつかなくてはという意識からストレスを感じている。しかし、アジア系アメリカ人男性に対するステレオタイプによって、彼らがこのような理想に同化することは非常に難しくなっている」。[*5]

同じくアメリカの社会学者であるオリバー・S・ワンも、こういったステレオタイプがアジア系アメリカ人に与える影響に言及している。彼は、音楽とエンターテイメントとスポーツについての文章のなかで、現代の西洋ポピュラーカルチャーにはクールでパワフルなアジア系男性像が少ないことを指摘する。この結果、アジア系の男の子たちの一部はブラックカルチャーや黒人ヒーローに傾倒するようになっていると言う。2012年に「アトランティック」誌に掲載された、NBA選手ジェレミー・リンについての記事の中で、ワンはこのように書いている。「アジア系アメリカ人として育った我々の多くにとって、公的な領域に『ぼくらのような』男性ロールモデルはほとんどいなかった。その結果、ヒップホップが、音楽やリリックから得られる喜びとはまた別に、大胆不敵に誇示されるマスキュリニティを目にすることができる場所として、我々を惹きつけるようになった。それが白人性に反するものだからこそ、なおさらである」。[*6] ポピュラーカルチャーに見られるアジア系男性のバリエーションの幅が「悲しくなるほど狭かった」ところへ、バスケットボールのスター選手としてリンが登場したことは、「私たちにとって、まず目にすることのない現象だった。アジア系アメリカ人男性が、アメリカ的スポーツのなかでもとくに男性的なスポーツで成功している。情熱や感情をあらわに、自信満々にそれをやってのけているのだ」。

南アジアや北アフリカにルーツをもつムスリムの少年たちも、勉強熱心な「模範的マイノリティ」として、アジア系男性に似たステレオタイプに当てはめられてきた（模範的マイノリティというカテゴリーについては教育の章で扱う）。しかし近年は、ヨーロッパ・米国・カナダでイスラム主義テロリズムへの恐怖が広がったことで、これが「内に潜む過激主義の脅威」という新たなステレオタイプにすり替わっている。テキサスの高校に通い、エンジニアになることを夢見ていた14歳のアフメド・モハメドの例を見てみよう。[*7] 2015年の9月、NASAのTシャツを着て登校したアフメドは、プラスチックのペンケースを使って自分で組み立てたデジタル時計を先生に見せようと楽しみにしていた。しかし、彼の試みは褒められるどころか警察に通報されてしまう。先生の1人がこの時計を爆弾だと思い込んだのだ。アフメドは手錠をかけられて学校から連れ出され、少年拘置所に送られた。指紋を取られ、顔写真を撮られ、警察の取り調べを受けて、その後学校からは3日間の停学処分を言い渡された。白人の、イスラム教徒でない男の子が同じような扱いを受けるとは想像しがたい。だって、機械いじりほど、いかにも男性らしい健全な興味の対象があるだろうか？　そのような興味を育むために、男の子たちはレゴブロックや化学実験セットを買い与えられているのではないのか？　アフメドの人種と宗教が違っていれば、テロリスト予備軍ではなく未来のスティーブ・ジョブズとして称賛されていたかもしれない。

マスキュリニティを演じ、表現するというのは複雑なことである。ある状況で男の子たちを強くしてくれる戦略が、別の状況では彼らを危険にさらすことにもなる。コーチや親は、黙って痛みや心の傷に耐える能力を望ましいと思うかもしれないが、苦しみを抑圧してしまえば、若い男性たちは親密なつながりを築く力を奪われてしまう。理想の男性基準すべてに24時間従い続けることなんて誰にもできないのだから、男らしさというのは脆い概念なのだ。ペレラは、マスキュリニティはトランプの札を積み上げてつくるピラミッドのように脆弱だと言う。捉えどころのないアイデンティティを、女性にちょっかいを出したり、スポーツ好きをやたらとアピールしたり、感情がないかのようにふるまったりと、マッチョなパフォーマンスをすることで常に補強し続けなくてはならない。そして今、男らしさ（ペレラの言い方では「男らしさ」の前に「いわゆる」が聞こえるようだ）は、ひときわ危うい局面にある。一家の稼ぎ頭として、仕事の上司として、かつては男性の専売特許であった役割を担って活躍する女性が増えるにつれ、自分の価値に対する男性の不安は強まっている。「カップルのうちで、面白いことを言えるのは彼女、野心的なのも彼女、金をもっているのも彼女……そうなったとき、2人の関係のなかで君はどんな役に立てるだろう？」とペレラは問いかける。古い定義を取り去ったとき、「男であるとは何を意味するのか？」

数年前に初めてペレラの講演を聴いて以来、私は彼と連絡を取り続けていた。2017年の秋に会ってコーヒーを飲んだ頃には、ペレラの問いかけは緊急度をさらに増していた。その12か月前、ドナルド・トランプが米大統領に選出された。選挙が行なわれたのは、同意なしに女性の身体に触ることができると自慢げに話すトランプの音声テープがテレビ番組「アクセス・ハリウッド」で公開された数週間後のことであり、テープの内容を裏付けるように、十数名の女性がトランプから嫌がらせや暴行を受けたことを申し立てていた。それからの1年間で、政治・メディア・ビジネス・エンターテイメント界で大きな権力をもつ男性たちが次々と性的不品行で告発された。その中には、ハリウッドプロデューサーのハーヴェイ・ワインスタイン、コメディアンのルイ・C・K、テレビ司会者のビル・オライリーとマット・ラウアー、アラバマ州の政治家ロイ・ムーアなどがいる。一方で、移民容認・人種間の平等・公民権・フェミニズム・政治的公正に非難を向ける反動的な極右集団は、トランプの繰り広げた選挙運動と当選によってより活性化され、大胆になっていた。これらのグループのなかには女性もいるが、運動の中心的推進力となっているのは、怒れる白人男性たちである。男の子を育て世話をしている私たちのような人々にとっては、この激しい怒りや反動の高まり、男女間の緊張感は、社会問題にとどまらず個人的な緊急問題だった。のちに大きなムーブメントとなる#MeTooの審判が下され始めていたその頃、ある友人からFacebookで「今の状況について息子さんにどんなふうに話してる?」とメッセージが届いた。そんなわけで、私がペレラに会ったときにまず口をついて出た質問は「いま男性たちに何が起こっているの?」だった。

「男性であること、とくに白人男性であることについてごく狭い考えをもっているために脅威を感じている若い男性が大勢いるんだ」と彼は言った。そこに経済的・政治的不安の高まりが組み合わさり、「そうして生まれたのが、彼らの怒りと恨みの体現としてのドナルド・トランプ大統領だ」。

＊

2015年に、この本『ボーイズ』のためのリサーチを始めた頃、ジェンダーを取り巻く状況は少しずつながら前進しているように見えた。2014年にピュー研究所がアメリカのミレニアル世代（私の息子のすぐ上の世代だ）について行なった調査によると、この世代は、将来について楽観的で、変化を受け入れやすく、前の世代よりも政治・宗教団体とのつながりが薄く、ひとり親家庭や混合家族で育っている人が多く、婚外子をもうける確率が高く、多くは30歳近くまで家庭をもたず、異人種間や同性同士の恋愛に対してオープンで、移民政策に肯定的である、という結果になっていた。[*8] 当時はまだ、ホワイトハウスにはカリスマティックで希望に満ちた初の黒人大統領と大統領夫人、バラク・オバマとミシェル・オバマが住んでいたし、確実に次期大統領への切符を握っていると思われたヒラリー・クリントンが「もっとも高く硬いガラスの天井」を破る最初の女性になるはずだった。カナダでは、首相に選出されたジャスティン・トルドーが、難民の積極的受け入れ、プライドパレードへの参加、男女半々の組閣、生殖の権利についてのフェミニスト的発言などで世界からラブコールを受けていた。この進歩的な状況のなか、白人ナショナリストや極端な保守派やインターネットトロール（訳註：荒らし）たちの反抗は、周縁からのわめき声、歴史の敗者たちが発する断末魔の叫びに過ぎないように思えた。

そのあと何が起こったかは、みなさんご存知だろう。わめき声は周縁にとどまることなく、それまでの進歩に対する強力な反動勢力となって、かつての境界線や分断を復活させろと要求するようになった。数年間にわたってオバマの米国籍を反証しようとしていたトランプが、自ら大統領に立候補すると発表し、アメリカとメキシコの国境に文字通り壁をつくる計画を公約に掲げた。ヨーロッパでもアメリカでもカナダでも国粋主義や反移民主義の動きが広がり続けるなか、イギリスの国民選挙ではEU離脱が選択された。よりオープンで包括的で、他者への共感性の高い世界に向かっていると思われた時代は過ぎて、いまや政党間だけでなく、異なる人種や階級間、セクシュアリティ、ジェンダーアイデンティティ、男女のあいだにも、新たな戦線が以前に増してくっきりと引かれてしまったようだった。

ジェンダー平等を推進し女性への暴力をなくすため、男の子と成人男性を対象として世界各地で活動するNPO「プロムンド」から、若い男性たちが今の時代と自分たちの立場をどう捉えているのかを映し出す報告書が2017年に発表された。その名も「マン・ボックス」と題されたレポートは、アメリカ・イギリス・メキシコの各国で人種的・社会経済的な人口構成を反映させて選出した10代から20代の若い男性4千人近くを調査し、現代の男性性についての彼らの考えをまとめたという有意義なものである。プロムンドのリサーチでは、7つの「マスキュリニティの柱」が設定されており、それらを著しく内面化したり、それらと強く共感している場合に、回答者は「マン・ボックス内にいる」と判断される。7つの柱とは以下のとおり：自己充足的である、タフにふるまっている、身体的魅力がある、伝統的で厳格なジェンダー役割に従っている、異性愛者である、性的能力が高い、攻撃によって争いを解決しようとする。

リサーチの結果は非常に興味深く、一部では進歩的でありながら、別の面ではかなり後退的な男性たちの姿が表れている。マン・ボックス内にいる率がもっとも高いのはアメリカの若者で、それほど差を開けずにイギリスが続く。メキシコの若者は、全体として伝統的・保守的な傾向が比較的低めであった。回答者全体の半数以上が、とくに自立性やタフさ、セクシュアリティの強調といった点で、社会の中でマスキュリニティについてのメッセージやきまりの存在を感じたことがあると述べている。しかし多くの場合、それらのメッセージに個人的に同意すると答えたのは少数派であった。3か国すべてにおいて、圧倒的多数が男性は女性より優れているという考えを否定している。回答者の多くが男性は家事に参加するべきだと考えており、「夫は家事をしなくてもよい」という意見について「そう思う」と答えたのは、アメリカでは22%、イギリスでは27%、メキシコでは11%に過ぎなかった。しかし一方で、本物の男はタフで感情を抑制するべきだという考えに同意する男性は多く、アメリカでは59%、イギリスでは51%、メキシコでは48%が「内面で恐怖を感じたり緊張したりするときでも、男は強気にふるまうべきだ」という意見に対して「そう思う」と答えている[*9]（プロムンドの調査結果は、全体として、ピュー研究所がアメリカ人のジェンダー差異感覚について2017年に実施した研究結果と一致している。後者によれば、ミレニアル世代の男性の半数以上が、伝統的な男性らしいふるまいを期待されていると感じていた。70%近くが男性には挑発されたら殴らなくてはならないプレッシャーがあると回答し、61%が多数の相手と性的関係をもたねばならないプレッシャーがあると回答、57%が仲間が女性について性的なトーンで話しているときに同調するプレッシャーを感じると回答した[*10]）。

マン・ボックスのレポートが公開されてまもなく、プロムンドのプレジデント兼CEOでレポート執筆者のひとりでもあるギャリー・バーカーと、ワシントンDCのデュポンサークル近くにある彼のオフィスで会うことができた。その5か月前、トランプの大統領就任式の翌日には、ここから数キロメートル南でウィメンズマーチのデモが開催され、推定50万人が参加してトランプへの抗議を表明した。パリからリマ、ナイロビから南極まで、世界各地で連帯表明マーチに参加した何百万の人々と同じように、私と妻も息子を連れてトロントのマーチに参加していた。女性の権利という大きな旗のもとにオーガナイズされ、経済的平等、人種的受容性、社会正義、人権、環境保護の支持を訴えたこれらのデモは、単日の抗議行動としてはアメリカ史上最大とされている。こうした直近のフェミニスト・アクティビズムの復興を受けて、私はまずバーカーに、若い男性たちはこの流れのなかに自分をどのように位置づけているのか、と質問した。「マスキュリニティに関しては、今は混乱のときですね」と彼は言う。「このレポートからも、私たちが行なったほかの研究からも、若い男性たちはおしなべて社会の変化を受け入れているとわかります。全体として女性は平等に扱われるべきだと認識しているし、LGBTの権利についてもかなりの理解があります」。3か国すべてにおいて、80%をゆうに超える男性たちが、ストレートの男性がゲイの男性と友達になるのはいたって普通のことだと感じている。しかしバーカーは、次の点も指摘する。「恋人や妻の居場所を常に把握しているのは当然だと思うか」という質問に対して、アメリカでは46％、イギリスでは37％、メキシコでは26％の男性が「そう思う」と答えたのだ。[*11]

バーカーはこの結果から、若い男性たちの多くはまだ、女性が自由になって自分たちが置いていかれる恐れを感じている、と読み取る。彼らは社会的にも経済的にも激動の時代に大人になり、その不安定感からジェンダー役割についてより伝統的な考え方をもつようになっているのかもしれない。「彼らは今の世界を見て『ギグエコノミー（訳註：インターネットを通じて単発の仕事を請け負う働き方）のなかで、これからの仕事はどうなるかわからない。人間関係もより流動的になっているから、結婚もどうなるかわからない』と感じているのでしょう」とバーカーは言う。「そこで、ほぼ消えてしまったと思われていたタイプの男性性が復活してきて、男性たちは今もそういった男らしさのしるしにしがみついているんです」。

しかし、伝統的な男らしさの考えに従うこと、つまりマン・ボックス内にいることは、若者自身と周囲の人々に対して「直接的で、一部には相反的な、そして多くは有害な影響を与えている」と、調査に当たった研究者たちは述べている。マン・ボックス内の男性たちはほかの回答者に比べて生活満足度が高かった――これはおそらく、伝統的な男らしいふるまいや態度という様式にならうことで、現代では廃れつつあるものにしろ、ある種のアイデンティティや帰属意識が得られるためだろう。

しかし同時に、マン・ボックス内の男性たちは深刻な状況に陥っているようでもある。彼らのあいだでは、健康や安全面でリスクを冒したり（例えば大量飲酒やコンドームなしのセックス）、暴力の加害者や被害者になったり、女性に性的嫌がらせをしたりする傾向がより強くなっている。また、うつになったり自殺を考えたりする傾向もより強く、親密な友人関係を保つことや心理面・感情面で助けを求めることが苦手である。彼らの心理がよく表れているのは、もし助けを求める場合、相手に周囲の女性、とくに母親を選んでいることである（回答によると、脆弱に見られたり、ゲイだと思われるのではないかという恐れが、助けを求めるときの大きな障害になっている）。

バーカーは、調査結果のうちとりわけ心配な点のひとつとして、イギリスとアメリカの回答者が大きな孤独感を抱いていることを挙げた（メキシコの男性は家族とのつながりが緊密なためそれほど孤立感がなかった）。また、もっとも追い詰められていると感じていたグループはアメリカの黒人男性で、次いでイギリスのパキスタン系男性であったことも憂慮されるとバーカーは言う。イギリスのフォーカスグループのひとつでは、南アジア系住民の多い町、バトリーの若者たちから、犯罪者やギャング構成員だと疑われて警察や警備員から手荒な扱いを受けるという報告があった。フードの付いたスウェットを着ていたり、大勢で集まっているだけでターゲットにされると言う。このような扱いを受けた彼らは、ときに怒りを爆発させてしまうこともある。そうして「僕らはあいつらが考えたとおりの人間になってしまうんだ」と、若者のひとりは言う。[*12]

最近は、運が傾き不満をくすぶらせる白人労働者階級の男性たちに注目が集まっているが、その陰で、有色人種男性たちの体験が見過ごされているとバーカーは言う。「オートメーション化や人工知能の発達で仕事がなくなるという話をメディアでよく目にしますね。いま騒がれるようになったのは、影響を受けるのが白人男性だからです。でもこれは、アフリカ系アメリカ人男性がアメリカの歴史を通してずっと体験してきたことなんです」。彼らはまず奴隷にされ、南北戦争後は政策や法律の規制を受けて土地や財産を所有できず、質の良い教育や職業ネットワークへのアクセスも断たれていた。現代のアメリカでは、若い黒人男性の逮捕率と投獄率は偏って高くなっている。アメリカの刑事司法改革支援団体「センテンシング・プロジェクト」によると、黒人男性の投獄率は白人男性に比べて6倍近く高い（ヒスパニック系の男性は2.3倍高い）。[*13]

タイヴォン・ヒューイットは、ワシントンのラテンアメリカン青少年センターで「男らしさ2.0」というプログラムを主宰するソーシャルワーカーだ。ヒューイットはプロムンドのリサーチに協力し、16歳から22歳までの、大半は黒人とラテン系の男性たちから聞き取り調査を行なった。彼らの多くも生活のなかでこのような差別に対処しなければならず、警備員に店内で後をつけられたり、警察に呼び止められたり、危険人物とみなされたりした経験を語っている。「彼らの声には痛みがにじんでいました。もちろんマン・ボックスもありますが、それとは別に、レイシズムのような要因が若者をさらに内へ内へと追い込み、世界のなかで自分が価値のない人間のように感じてしまうんです」とヒューイットは言う。また、なにものにも負けない強いイメージを保ちながら、感情的にオープンでいようとするバランスの難しさについて話す男性も多かった。

年上の層にもっとも共通していたテーマは抑うつだった。下の世代はまだ、自分の将来や男性であることの意味について楽観的であったが、18歳以上になると、男としての基準を満たせていないことで敗北感を感じるという声があがった。ヒューイットはこれを「大黒柱コンプレックス」のサインだと言う。高い給料やいい車といった目に見える成功の証をもっていなければ、真の男になれたと思えないのだ。「自己充足感を外部に求めているんです。恋人との関係においても、金銭的に相手を養えなければ自分に付き合う価値はないと考えている人もいました」。本物の男とは何かというメッセージは、「お医者さんが『男の子ですよ』と言った瞬間から始まるんです」と、26歳で調査対象の男性たちと年齢も近いヒューイットは言う。若い男性たちにとって、マスキュリニティのルールは、単に自分の意志だけで従おうとするものではないし、仲間うちだけで守るべき決まりごとでもない。ルールに従うプレッシャーはパートナーや家族からも発せられている、とヒューイットは言う。例えば、「面目を守るためなら暴力に訴えるべきという意識を自分のガールフレンドがもっている」と答えた男性は、少数派ではあるが一定数が3か国すべてに存在した。だが、ほとんどの男性にとって、男らしさのメッセージを最初に受け取る場所は家庭である。アメリカとメキシコでは、回答者の半数以上が、親から不安や恐怖の感情を隠すように教わり、困難に直面したときには「耐えろ」、弱さを見せたときには「男らしくしろ」と言われてきたと答えている（イギリスでは47%が同様の回答をしている）。

若い男性が「自分は充分に男らしいのだろうか」と不安を感じている場合、その大部分は、周囲の大人たちから伝わる不安の大きさに起因していることが多い。男らしさのメッセージは善意で発せられることもあるとヒューイットは言う。親が息子に耐えろと教えるのは、傷つくことから守るためかもしれない。周りと同調してほしいと願うのは、そうしなかった場合の結果を恐れるからかもしれない。しかし、そのような考えが口に出され、長年にわたり繰り返され強化されるうちに、本当の自分を表現できないと感じて、「自分の一部が死んでしまう」とヒューイットは言う。

＊

現代版マン・ボックスの構造や内容は新しいものだが、男の子や若い男性が男らしさの基準を満たさなくなっているという不安は、古くから存在していた。「マスキュリニティは、その概念が発明された瞬間から心配の種になりました」と歴史学者のステファニー・クーンツは言う。クーンツはテキサス大学オースティン校に拠点をおく現代家族協議会のリサーチ／啓発活動担当役員を務めており、結婚・家族・ジェンダーをテーマとした数冊の著書がある。彼女によれば、現在のようなマスキュリニティの定義のルーツは、18世紀末から19世紀初頭までさかのぼることができる。ジェンダーアイデンティティが二項対立するものとみなされ始め、女は家事担当、男は収入を得る者として男女別々の領域を与えられるようになった時期である。フェミニニティは優美・性的純潔・慈愛・繊細さ、マスキュリニティは理性・冷静・肉体的勇気・知性というふうに、ジェンダーが一定の特性や性質と結び付けられるようになった（クーンツによると、それ以前は、女性は男性の対照というよりも単に劣った存在とみなされていた）。

当時、懸念が向けられていたのは、白人中産階級の若い男性たちであった。都市化と産業化、アメリカ西部開拓時代の終焉、女性参政権運動などが起きたこの時代は、現代と同じく大きな変革のときであった。学術誌や女性誌には、男の子たちについて、女性化しひ弱になっている、母親や女性教師と過ごす時間が長すぎる、本来の野性的な性質を失いつつあると憂慮する意見文が盛んに掲載されていた。そこで、スポーツや野外活動を通じて少年を清く正しく男らしい男に鍛え上げようと考えたのが、アメリカ人のヘンリー・ウィリアム・ギブソンやイギリス人のロバート・ベーデン＝パウエルといった社会改革者たちである。

ギブソンはキリスト教青年会（ＹＭＣＡ）のリーダーで、１９１６年に人格形成指南書『Boyology; or, Boy Analysis（少年学 あるいは少年分析）』を著しており、ベーデン＝パウエルはボーイスカウトの創始者である。２人の活動はいずれも、ウィンザー大学のカナダ人ジェンダー歴史学者で『Ontario Boys: Masculinity and the Idea of Boyhood in Postwar Ontario, 1945 to 1960（オンタリオ・ボーイズ：戦後オンタリオにおけるマスキュリニティと少年時代の概念 1945-1960）』を著したクリストファー・グレイグが言うところの「植民地帝国主義者的マスキュリニティ」の強化を前提とするものだ。[*14] これらのスポーツやスカウト活動の狙いは、国家のために尽力してくれるであろう、忠義心ある立派な男性を形成することにあった。グレイグが私に語ったところによれば、大きな目的は「経済的戦力として、あるいは実際の軍隊で戦力として活用できる人材となるよう、少年たちに規律と自己統制を教えること」であった。

続く100年間のあいだ、少年に対する不安感は根強く残り（乱暴過ぎるとか、逆に乱暴さが足りないとか、その時々で方向性は変わりながらも）、ときおり社会の大きな混乱や変化に合わせるようにその不安は爆発した。1950年代もそんな時代のひとつだった。戦後の好景気と成長を大きな背景としながら、アメリカでは公民権運動、宇宙開発競争、冷戦、赤狩りが起きた時代である。アルフレッド・キンゼイの『Sexual Behavior in the Human Male（人間男性における性行動）』が1948年に、『Sexual Behavior in the Human Female（人間女性における性行動）』が1953年に出版され、ホモセクシュアリティも含めたセクシュアリティについて対話が開かれはじめた。自由に使えるお金も余暇も、その楽しみ方も増えたティーンエイジャーたちは、ロックンロールに合わせて踊り、「乱暴者」のマーロン・ブランドや「理由なき反抗」のジェームズ・ディーンのような反逆児ヒーローを観にドライブイン映画館に集まった。1950年代の健全な好青年像から逸脱した男性は、非行少年であれ、「女みたいな」軟弱野郎であれ、親や教師たちにとって心配の種となっていた。この頃、公立学校に通う何百万人もの子どもたちに見せられた「衛生映画」というものがある。説教臭く演技も臭い短編映画シリーズで、そこでは食堂でのエチケットから飲酒運転、ダンスパーティでのペッティングまで、あらゆる問題が取り上げられていた。

直近で「男の子の危機」への懸念が高まり始めたのは、1980年代のことだ。アメリカは犯罪や治安悪化の恐れから、大失策となる麻薬撲滅戦争・大量投獄へと進んでいった。大都市の新聞は、少年集団による「ワイルディング」を警戒する記事を書き立てた。この用語が初めて使われたのは、1989年、ニューヨークのセントラルパークでジョギング中だった白人女性をレイプした罪で、黒人とラテン系のティーンエイジャー5人が逮捕され起訴されたときである。5人は投獄されたが、その10年以上ののちに全員の潔白が証明されることになる。当時は一市民のビジネスマンであったドナルド・トランプは、ニューヨークの新聞数紙の全面広告を買い取り、彼らは死刑に処されるべきだと訴えていた。1996年には、当時大統領夫人だったヒラリー・クリントンが、ある種の若い男性犯罪者について「一切の良心や共感力のないスーパープレデター」と呼び、警戒を呼び掛けた。*15 それから数年後の1999年4月20日、コロラド州コロンバイン高校で、最終学年の生徒だったエリック・ハリスとディラン・クレボルドが銃と爆弾で武装して昼休み直前の校内に侵入する。彼らは12人の生徒と1人の教師を殺害し、その後自殺した。この事件については、いじめや精神疾患から、銃のまん延、暴力的なビデオゲーム、ゴス・サブカルチャー、マリリン・マンソンの音楽まで、さまざまなものが原因として挙げられた。ハリスやクレボルドのような疎外感を感じている反社会的な白人少年たちについて恐怖心がかき立てられ、各学校でいじめゼロ対策の導入が大きな関心事となった。

男の子たちは恐怖の対象となっただけではない。とくに教育面に目を向ければ、彼らは心配されるべき対象でもあった。男の子たちの学力不振や退学率から、学校における「男の子の危機」について危険信号が発せられるようになったのは10年以上前のことである。その原因としては、第4章で取りあげるように、教育システムの過度な女性化・フェミニスト化のほか、学習スタイルや脳の構造までが男女間で先天的に異なることが挙げられていた。

男の子たちを心配する意識はその後さらに強まっているし、実際に心配するだけの根拠も存在する。アメリカでは、学習障害と診断されている生徒の3分の2が男の子だ。[*16] カナダ・オンタリオ州の6年生が受ける共通テストの読解科目と作文科目では、2010年以降、一貫して女子のほうが良い成績を上げている。2015–16年度の場合、読解で州の基準点以上をとった生徒は、女子のうち85％、男子のうち77％と、ジェンダー間で開きがあった。作文では女子の87％、男子の73％が基準点以上であった（数学では男女とも同じで50％であった）。[*17] 注意欠陥多動性障害（ＡＤＨＤ）や自閉症スペクトラム障害（ＡＳＤ）と同じく、抑うつのような精神疾患や希死念慮も、少年たちのあいだで急増している。

若い男性――とくに黒人、ラテンアメリカ系、先住民族系の若い男性は、暴力の犠牲となって死亡する危険性がもっとも高い。ミズーリ州ファーガソンの18歳の少年、マイケル・ブラウンのように、警察官に殺されるケースもある。２０１４年、オハイオ州クリーブランドで、のちにおもちゃと判明した銃で遊んでいて射殺された12歳のタミル・ライスも同様だ。どちらの事件でも、発砲した警察官は、少年たちが脅威を及ぼすと思ったと述べているが、これは有色人種の若い男性に対するハラスメントや犯罪者扱いを正当化する際によく用いられる嫌疑である。２０１４年のブラウンの死後、コロンビア大学のジェラニ・コブ教授は「ニューヨーカー」誌にこのように寄稿している。「かつては私も、ラインバッカー並みの体格をした18歳だった。私たちにとって、脅威であると思われることほど危険なことはないと、当時の私は知っていた。そして今でも、黒人ならそれを知らずには済まされないのだ」。[*18] アメリカは世界でもとくに子どもの拘置数が多く、毎日６万人の子どもたちが拘置施設で眠りについている。[*19] 一般人口と比較して、拘置されているのは黒人とラテン系の子どもたちが際立って多く、少年犯罪者のうち70%もが精神的障害を抱えている。カナダのオンタリオ州では、少年人口のうち先住民族の割合はわずか3%だが、少年拘置施設の入所数のうちでは15%近くが先住民族の少年たちとなっている。*20

私たちは、男の子たちが直面しているこのような困難を、どう理解すればよいのだろう？　反抗し、殻に閉じこもる少年たち、罪を犯して（あるいは実際に犯していなくても）厳しい罰を受ける少年たちについて、どのような説明ができるだろうか？　男の子の危機に対してもっともありがちな反応は、男の子自身がもつ本質的な何かに目を向けることである。100年前はそれが男の子の野性的な性質であり、現代ではテストステロンの過剰や「男の子脳」の構造になった。しかし、マン・ボックスのモデルからは別の可能性が示唆されている――もしかすると、問題は男の子でなく、マスキュリニティなのではないだろうか？

Chapter

2

本当に「生まれつき」？

ジェンダーと性別の科学を考える

私の友人トリが、1人目の子どもを妊娠して7か月のとき、Facebookに自分の写真を投稿した。陽の当たる湖畔の桟橋に座り、ヴィンテージのストラップレス水着を着た彼女は、穏やかで生き生きとして、まさに豊穣の女神といったところだった。写真の下に、彼女はこんなふうにコメントを書いていた――「私と夫は赤ちゃんが生まれるまで性別を聞かないことを選んだのに、私の体型が秘密を明かしてしまうみたい」。彼女は当時韓国に住んでいたのだが、公共プールに行ったときに会ったおばあちゃん風の女性は、彼女の身体をまじまじと見つめてから、これは男の子よ、と自信満々に教えてくれた。その数日後、知り合いの若い女性には、お腹がこんなに「きれいに真ん丸」なのだから女の子に間違いない、と言われた。カナダに一時帰国したときには（桟橋の写真はそのときに撮ったものだ）友人に、低い位置の横広がりじゃなく高い位置で正面に突き出ているから、これは確実に男の赤ちゃんね、と言われた。

最近では、このような昔からの言い伝えで満足する人は減っており、超音波検査のときに性別を教えてもらうケースが多い。トリ夫婦のように、生まれたときのお楽しみにとっておくのは少数派である。私が目にした研究によると、親たちの大半（数値は、アメリカの専門誌内で挙げられている58%[*1]から、調査対象の妊婦のうち69%というオランダの研究[*2]まで幅がある）が生まれる前に赤ちゃんの性別を知りたいと望んでおり、たいていは20週前後に教わる。正確な人数はともかくとしても、性別を把握することはごく一般的になっている。そのため、お腹のふくらみが目立ち始めた女性がまず聞かれることのひとつは赤ちゃんの性別だ。「予定日はいつ?」に続く質問は決まって「どっちなの?」である。

この好奇心を商機にすべく、10年ほど前から新たなビジネスが登場し、ニッチながらも活況を呈している。生まれてくる赤ちゃんの性別を発表する「ジェンダーお披露目パーティ」関連ビジネスだ。エッツィでは、「銃 or グリッター?」「野球 or リボン?」といったテーマでデザインされた招待状が売られているし、育児ウェブサイトには重大発表を演出する工夫についてのアドバイスが載っている。サプライズを演出するためには、エコー検査の判定をパーティプランナーやケーキ屋さんに伝えて(訳註:お医者さんに性別を紙に書いてもらい、親自身も見ないで、そのままお店に渡す)、ピンクまたはブルーの紙吹雪を仕込んだくす玉や、ピンクまたはブルーのクリームが中に隠れたケーキや、ピンクまたはブルーの風船を詰めこんだ箱を用意してもらう。招かれた人たちはどちらの性別か予想し、時間になったところでくす玉が割られ、あるいはケーキが入刀され、風船の箱が開け放たれると……じゃじゃーん! 男の子でーす! となるわけだ。FacebookやYouTubeにはジェンダーお披露目パーティのビデオが数えきれないほどアップロードされ、閲覧されている。2016年に話題になったお披露目演出のなかには、父親になるアメリカ陸軍特殊部隊の隊員が、火薬と色付き石灰粉が入った箱をライフルで撃って爆発させるというものがあった。婚約者のお腹にいたのは男の子で、ブルーの煙がもうもうと舞い上がる画像はネットで大拡散された。[*3] セックスとマスキュリニティと銃と爆弾——あまりにメタファー満載で、ほとんどパロディかと思えるような演出だ。

正確なことを言うなら、発表されるのは「性別」（生物学的アイデンティティ）だが、祝われているのは「ジェンダー」（一連の社会的期待や行動様式）である。さらにそのジェンダーは、女の子は繊細なお姫さまで男の子は泥だらけのわんぱく小僧という、かつての幻想へのノスタルジアを映し出したような両極端へと単純化されている。ぜひ男の子が、あるいは女の子が欲しいと望んでいる親もいるかもしれないが、ほとんどの場合は、とにかくはっきりどちらか知って安心したい、という思いが強いのではないだろうか。ブルーかピンク。ピストルかパール。男の子か女の子。

目まぐるしく変化するこの時代に、確実性を求めたいという気持ちは理解できる。2015年の「ニューヨークタイムズマガジン」の中で、文化評論家のウェスリー・モリスは、2010年代を特徴づけるのは「文化的アイデンティティの大移行である」と述べている。「ジェンダー役割の区別は消えつつあり、人種の殻は脱ぎ捨てられていく。私たちは、トランス、バイ、ポリ／オムニ／アンビ（多／全／両）などの接頭語が付くアイデンティティを普遍的なものとして理解するようになった。何世紀ものあいだ、女性と男性、人種と人種は、隣り合いつつ分離されて生きてきたが、厳格に敷かれていたジェンダーや人種の境界線が、概念上だけであるにしろ、ついに破られているのだ。流動性、寛容性が広がり、二項対立が破壊されている感がある。私たちは、互いに同じものになろうとしている。同じであり、同じではない」。[*4]今振り返ってみれば、境界線の崩壊を喜ぶのは時期尚早だったと思えるし、モリス自身さえ記事の終わりには、この新たな流動性が、現状の維持を望み、むしろ旧態に回帰したいと願うような根強い保守勢力を扇動していることに触れている。人種間交際が増えてマルチレイシャルの子どもが増え、トランスジェンダーの権利と認知を求める運動が広がり、２０４０年代にはアメリカとカナダで白人がマイノリティになるという人口予測が出ている――このような変化から明白になっているアイデンティティの不安定性は、一部の人々にとって、ただ戸惑いを感じる要素というだけではなく、世界の終わりの始まりを告げるものなのだ。今、変化に対して起こっている揺り戻しは、反移民感情であれ、出生時に決定された性別用のトイレしか使ってはいけないと定める法律であれ、従来慣れ親しんできた権力力学や人口構成へ押し戻そうとする手段なのだ。

性とジェンダーに関して言えば、私たちは矛盾だらけの混乱状態にある。一方では、男の子も女の子も、男性も女性も、ライフスタイルはますます似てきている。同じ学校に通い、いっしょに仕事をし、同じような遊びや社交活動に参加し、同じテレビ番組に夢中になり、ソーシャルメディアでおしゃべりや言い争いをし、ジェンダーに関係なくプラトニックな友人関係を築く。しかし他方では、このような状況にもかかわらず——あるいは、だからこそというべきかもしれないが——男女の違いについての意識がより高まり、重視されるようになっている。もじゃもじゃの顎ひげや口ひげを生やした20代・30代の男性が増えているように、男性のファッションや身だしなみは、マスキュリンさをより顕著に表す傾向にある。また、女性はグループで週末の「女子旅」に出かけ、男性は「男の隠れ家」に集まるというように、男女別々の社交空間が積極的に求められるようにもなっている。現代の異性愛者間恋愛は往々にして「火星と金星」「反対同士が引かれ合う」という男女の差異を前提としていることを考えれば、ジェンダーアイデンティティの曖昧化が大きな不安感を与えるのも不思議ではない。セックスと恋愛、結婚に関する基本的信念を揺るがしてしまうからだ。

そんなわけで、赤ちゃんが「どっちなの?」というのは、瑣末な、何気ない質問ではないのである。世間の圧力に逆らいながら生きてきて、親の願望や落胆の重みを誰よりひしひしと感じてきた人たちでさえ、エコー検査の誘惑に抗えるとは限らない。私の知り合いのレズビアンが、地域のLGBT育児グループが運営する出産前教室に参加したときの話である。ほかの参加者には、匿名ドナーの精子で妊娠したレズビアンが数名、代理母による出産を選択したゲイの男性カップルが一組、そして、トランスでない（つまりシスジェンダーの）男性パートナーとの子どもを産むため一時的にテストステロン投与を中止しているトランス男性がいた。20年前には想像もつかなかったような、じつに多様で進歩的な家族のかたちだが、この中で、20週で赤ちゃんの性別を聞かないことにしたのは、私の知り合いとパートナーだけだった。「みんな『心の準備をするために』聞いたって言ってた。あのグループの誰も、親の心の準備どおりにいってないのにね」と彼女は言う。

もちろん、どんな人であれ性別を知りたいと思うのは、妊娠・出産・育児には未知で不確実なことが無数にあり、とても不安だからである。エコー検査やジェンダーお披露目パーティは、古代からの関心事が現代的なかたちで発現したものに過ぎない。アニー・マーフィー・ポールは、2010年の著書『Origins: How the Nine Months Before Birth Shape the Rest of Our Lives（起源：生まれる前の9か月が人生を形づくる）』の中で、3000年前のエジプトの巻物を紹介している。そこでは、妊娠している女性が小麦と大麦の種子の上におしっこをして芽が出るのを待ち、小麦の芽が出たら男の子、大麦の芽が出たら女の子が生まれる、と教えられていた。「中の見えない球のような妊婦のお腹には、そんな推測を誘う何かがある」とポールは言う。「妊婦のお腹は、静かなる神託、不透明な水晶の玉だ。中にいる胎児の性別を中心点として、そこから未来の子どもについて無数の質問が続いていく」。[*5]

歴史的にも、世界的に見ても、自然の状態では女の子より男の子が生まれる確率のほうがわずかに高く、出生数は女の子100人あたり男の子がおよそ105人となっている。この違いの理由については、比較的高い男性の死亡率を埋め合わせるためだという理論がある。しかし、人間によるバイアスについて言えば、ほとんどいつも男の子のほうが優勢だ。かつては、地位を得たり、一族の名を継承したり、商売を継いだりする能力があるために男の子が好まれていた。負担とみなされた女の子は、生まれてすぐ殺されたり、捨てられたり、奉公に出された。現在でさえ、男の子を生むことにはある種の成功意識が残っている。統計的に、1人目に女の子が生まれた家庭のほうが二人目以降の子どもをつくる確率が高く、遺伝子的「当たり」である男の子が生まれるまで子どもをつくろうとする親たちの意向が示唆されている。[*6]

超音波検査のような出生前診断のツールが1980年代に広まって以来、息子を望む親たちは女児胎児を選択的に中絶できるようになった。国連人口基金の推定によると、過去一世代のあいだに、世界で何千万件もの妊娠中絶がこの理由で行なわれている。アジア、東欧、コーカサス地方を合わせると、本来より「不足」している女児・女性の数は1億1700万人以上となっており、標準の男女比率が歪められている。地域によっては、100人の女児に対して130人の男児が生まれているところもある。カナダで1990年から2011年までの出産・性別データを調べた研究によると、インド出身の移民で既に2人の子どもをもつ女性がそれ以降に生んだ子どもの性別は、女児100人あたり男児138人であった(インドからの移民家族に焦点を当てた理由は、カナダへの移民のあいだでもっとも出生率が高いグループであるため)。[*7] 研究者たちはこの出生率の不均衡に基づき、現在、インド系カナダ人の女の子は本来より も4400人少なくなっていると推定した。

ひとつだけ、親たちが一貫して女の子を選びたがる状況が存在する。養子を迎えるときである。アメリカの研究によると、子どもを国内から迎える場合も外国から迎える場合も、養子を希望する親は女の子を求める傾向が強い(白人の養親が白人の子どもを希望する傾向も同様に顕著である)。[*8] 男の子のほうが養子に迎えられにくい理由には、いくつかの説がある。出身家庭に機能不全がある場合、男の子はその問題点を新家庭にもち込みやすいと思われる一方、女の子はより脆弱に見えるために女の子が選ばれるのかもしれない。女の子のほうが、もともと結婚によって家族から家族へと移動して名前や所属を変えるものと認識されているため、養親にとって抵抗が少ないのかもしれない。片や養子に入る男の子は、新しい家の跡継ぎになる可能性を危険視されることもあるだろう。あるいは、男児を好むはずの実親が息子を養子に出したのなら、その子に何か問題があると考えられるから、という説まである。

妻と私は、養子縁組の申し込みに必要な情報提供書類を作っているときに担当のソーシャルワーカーから聞いて、女児が好まれることを知った。家庭調査に入る以前に、何十枚もの書類を書いて提出しなくてはならないのだ。希望条件を問ういくつもの質問に混じって、「性別――男・女・問わない」があった。そのほかにも、人種や年齢、兄弟姉妹を一緒に受け入れるか、近親相姦やレイプでできた子どもを受け入れるかを問われる。質問は容赦なく続く。内反足や口蓋裂の子ども、依存症や精神疾患の実親をもつ子どもを受け入れるか？　盲目、脳性まひ、あるいは盲目で脳性まひの子どもを受け入れるか？　手足のない子どもは？　がんに罹患した子どもは？　攻撃的な子、殻に閉じこもっている子、自閉症スペクトラムと診断されている子は？　性的虐待や暴力を受けていた子は？

このような質問の目的は、養子に迎える子どもに対して非現実的な期待を抱いている人たちを除外することだ。１９７０年代初めごろからは避妊と中絶が広く可能になったため、国内で養子に出されるのは大半が望まぬ妊娠に困った未婚の10代女性の子ども、という以前のような状況ではなくなった。代わって、新しい家を待っているのは、親が世話をできずに手放された子どもや、安全でない家庭から引き離された子どもたちである。なかには、トラウマを抱えていたり、親がアルコールやドラッグに依存していた子もいる。養子縁組において、夢を見ることはまず許されない。家庭を必要としている子どもは大勢いるが、養親が家族づくりを計画し始めたときに描いていたかもしれない理想化された子ども像に合致する子どもは、ほとんどいない。

ほかの質問に比べれば、性別についての質問は簡単だった。私たちが印を付けたのは「問わない」である。もし私たちのどちらかが出産したのであれば、前もって性別を知ろうとはしなかっただろうから、養子縁組も同じように考えることにした。どの子どもになるか、完全に運に任せたわけではないが、自分たちの意志でコントロールできることが少ないことを受け入れていた。それから2か月ほどして私たちは、児童福祉機関が集まって、各地域内で家庭が見つからなかった受け入れ困難ケースの子どもたちについて発表するカンファレンスに参加した。「受け入れ困難」がもっともよく適用されるのが、障がいのある子ども、兄弟姉妹のグループ、年齢が上の子ども、有色人種の子どもである。こういった子どもたちをより受け入れられやすくするため、このカンファレンスは展示会のような機能も果たしており、ソーシャルワーカーは養親候補に向けて子どもたちの長所を売り込む。別の部屋では、子どもたちのビデオがループで流れ続けており、遊び場を走りまわったり自転車に乗ったりしている子どもの映像に合わせて、それぞれの状況を簡単に説明するナレーションが入る(「ジェイコブは7歳でおとなしい性格です。ずっと一緒に暮らせる家族をとっても欲しがっています。いちばん年下か、ひとりっ子になれる家庭が適しているでしょう。子猫と、トラックで遊ぶことが大好きです」)。このような宣伝活動の倫理面に疑問はあるものの、アプローチとしては効果的だ。こうして積極的に子どもを売り込む児童福祉機関は、子どもに恒久的な家族を見つけてあげられる確率もずっと高い。

このカンファレンスで、私たちは息子の短いビデオを見た。大画面ではなく、彼を担当するソーシャルワーカーがいたブース内の小さなモニターだ。丸顔で目が生き生きとして、肌は温かなブラウンで、モコモコの緑のカバーオールを着てブランケットの上を転がりながら楽しそうに笑っている、美しい男の子だった。ぜひ私たちのところをご検討ください、と言って、私たちはソーシャルワーカーに連絡先を渡した。そのブースの隣を見ると、十数組のカップルが並び、会場内に長い列をつくっていた。その日参加した機関のなかでそこだけ、まだもらわれていない白人の女の子の赤ちゃんがいたのだ。

これから親になる人たちが男の子と女の子どちらが欲しいかと尋ねられたとき、あるいは友人のトリのように、ほかの人たちが性別を予想しようとしたとき、こんなふうに答えることがある。「五体満足に生まれてくれれば、大事なのはそれだけ」。しかし、いったいそれは本当だろうか。なぜなら性別は、赤ちゃんが生まれるずっと前からの一大事だからだ。

＊

そもそも、男の子と女の子はどのようにつくられるのかを見てみよう。人間が生まれるには、雌の性細胞（卵子）と雄の性細胞（精子）の両方が必要だ。性細胞を除き、私たちの身体を構成するすべての細胞には、遺伝子がひも状に長く連なった染色体が、2本1組になって23組、合計46本入っている。しかし性細胞には、染色体がそれぞれの組から1本ずつしか入っていない。受精の瞬間に、母親の卵子に含まれる染色体23本が、父親の精子に含まれる染色体23本と結合し、完成形の46本を構成する。こうしてできた一揃いの染色体が、何度も何度も複製を繰り返し、新しくつくられる細胞ひとつひとつに遺伝情報を伝えて、瞳の色や高血圧体質といった形質を決定していく。性別を決めるのは、X染色体とY染色体だ。卵子には女性をつくるX染色体1本しか含まれていないが、精子にはXとYのいずれかが含まれており、Xふたつの組み合わせなら女の子、XとYの組み合わせなら男の子になる。

しかし、染色体はすべての始まりに過ぎない。私たちはみんな、最初の数週間は女性として生命をスタートさせる。未発達の生殖器は「両性能」、つまり男女どちらにもなり得る状態だ。そのまま何も起こらなければみんな女性になる道を進み、卵管や子宮や卵巣やクリトリスがつくられる。しかし半数ほどの胎児においては、6週目くらいになるとY染色体上にあるY染色体性決定領域（SRY）遺伝子が女性器の発達を阻害し、精巣と陰嚢とペニスの成長を開始させる。それから2週間ほどで、発達初期の精巣から、テストステロンを含む一連の男性ホルモンが大量に分泌され始め、男性生殖器のさらなる発達を促す。こうして、暗く温かな守られた子宮の中で、少年時代は始まるのだ。

子宮の外では、生まれてくる赤ちゃんがどんな子どもに育つかという期待がすでに形成されるなかで、また別の少年時代が始まっている。30年前、社会学者のバーバラ・カッツ・ロスマンは、著書『The Tentative Pregnancy（暫定妊娠）』のなかで、誕生前に赤ちゃんの性別を知ることで何が起きるかについて取り上げている。彼女が妊娠後期の妊婦たちに胎児の動きを言葉で表してもらったところ、赤ちゃんは女の子だとわかっている女性たちは、「元気で、でも激しすぎることはない」というように、穏やかな表現を使って動きを描写した。これに比べて、男の子が生まれる予定の女性たちは、動きを「パンチ」や「地震」といった言葉で描写した。赤ちゃんの性別を聞いていなかった女性たちは、描写のしかたに特定の傾向は見られなかった。

このようなジェンダーに基づく感情は、赤ちゃんの誕生告知文からも明らかになっている。2005年にモントリオールのマギル大学が行なった研究では、新聞に掲載された2500件近くの誕生告知を調査した結果、男の子が生まれた場合には誇りが、女の子が生まれた場合には喜びが表現されることが多いことがわかった。親は無意識のうちに、娘を感情的愛着と、息子をステータスと結び付けて考えているのではないかと研究者たちは論じている。[*9]

乳児期以降、ジェンダーについてのこのようなメッセージは増す一方だ。おむつは男の子用と女の子用（ブルーとピンク）が売られているし、そのほかにも、靴下、帽子、おしゃぶり、寝具、歯ブラシ、靴、リュックサックと、たいていの赤ちゃん用品、幼児用品は男の子用と女の子用に分けられている。無地のものやユニセックスの製品を見つけるのは至難の業だ。男の子用Tシャツは恐竜やフットボールや軍用ジープのような力強いモチーフで飾られ、女の子用ジーンズやトップスはキラキラ模様やユニコーンの絵で彩られている。わかりきっていることだが、ピンクの筆記体で「パパのちいさなプリンセス」とか、ブルーのブロック体で「ママのちいさなトラブルメーカー」とか書かれているスウェットを選ぶのは赤ちゃん自身ではない。赤ちゃんのジェンダーとそれに合致すると感じる性質を周囲に知らしめようとしているのは親で、ジェンダーの違いを強調することで利益増大に努めているのはおもちゃ会社や衣料会社である。

ジャーナリストのペギー・オレンスタインは、2006年の「ニューヨークタイムズマガジン」で、プリンセスに夢中になっている幼い娘と買い物に行ったときに「子どもたちを男女分離時代に戻そうとするあくなき試み」を目のあたりにして、フェミニストである母として感じたフラストレーションについて語っている。「1年前、ベビーベッドを卒業する娘の寝具類を買いに、ポッタリー・バーン・キッズに行ったときのことだ。『女の子』サイドにはお花やハートやフラガールがあふれ、サッカー選手やヨットはまったく見当たらない。緩衝地帯を挟んで反対側の『男の子』サイドは、どこを見てもスポーツ、列車、飛行機、自動車ばかりだ。一方、ベビー・ギャップの男の子用ロンパースには『キャンパスの人気者』、女の子用には『華やかな社交家』と大きな文字で書かれている。ソールの裏にハート模様が入っている靴と『ナンバーワン』のロゴが入っている靴は、どちらがどちらの性別向けか、もう言うまでもないだろう」。*10

このような分離化はとことん浸透していたため、2015年にターゲットが子ども用品売り場でジェンダー別の店内表示を順次廃止すると発表したときにはニュースになった。これからは「男の子用寝具」「女の子用ゲーム」ではなく、「寝具」「ゲーム」になるのだ。[*11] ジェンダーニュートラルなマーケティングを採用した大手小売店は、ターゲットが初めてではない。その2年前、スウェーデンにあるトイザらスの超大型店では、おもちゃをジェンダー別に陳列することと自体をやめている。また、トイザらス社が北ヨーロッパ全体向けに発行したカタログには、ヘアメイクセットで遊ぶ男の子や、おもちゃのオートマチックガンを撃つ女の子の写真が掲載されていた。[*12]

一方、大西洋を越えてアメリカでは、店内表示を変えるターゲットの計画に対して一部の親や保守メディアから、世の終末が来たかのような反応が起きた——万が一にもバービーとトランスフォーマーが並ぶような事態になったらどうしてくれよう！　しかし、いくら反対派が、おもちゃの世界に本来あるべき性の秩序が乱れている、と警鐘を鳴らしたがっても、男の子と女の子が遊びたがるおもちゃのあいだに、普遍的で揺るぎない境界線が存在するという証拠はほとんどない。ジェンダーによって遊び方にいくらか違いはあるが（言語や自己制御力など、ある種の能力の発達ペースが異なることによる）、塗り絵やパズル、ボードゲームやかくれんぼ、水泳やうんていのように、特定のジェンダーに強く結びつけられない活動や遊び道具で、子どもたちが共通して興味をもつものはたくさんある。

実際のところ、男の子と女の子が何に引き付けられるかというのは、おおむね生来の好みではなく社会化や巧みなマーケティングの結果である。例えば、女の子に人気のピンクはいつの時代もプリンセスの色だったわけではなく、一世紀ほど遡れば男性の色と考えられていた。20世紀初期までは、ピンクは活力と強さと権力の象徴で、若い男性がよく身につけた色だ。一方、ブルーはどちらかというと女の子にふさわしい色とされていた。繊細で上品で、聖母マリアのガウンの色でもあるブルーは純潔の象徴だった。同じように、おもちゃや子ども服の流行も、自然な好みの表れというより、その時代のジェンダー役割に対する考え方や不安感を反映していることが多い。20世紀のおもちゃの歴史を研究した社会学者のエリザベス・スウィートによると、比較的厳格なジェンダー規範があった1920年代から1960年代にかけては、女の子用・男の子用のおもちゃはステレオタイプに従って製造され宣伝されていた。女の子用製品では家庭生活と母性が強調された。シアーズの1925年のカタログでは、ミニサイズのおもちゃのほうきがこんなふうに宣伝されている。「お母さまがた！　小さな女の子のために、とっても実用的なおもちゃがこちら。女の子はみんな、おままごとやお掃除、お母さんのお手伝いが大好きです」。対照的に、男の子用おもちゃには機械関連の作業を重視するものが多い。同じシアーズのカタログでは、組立玩具「エレクターセット」がこのように宣伝されている。「男の子はみんな、ものを組み立てたり、機械いじりをするのが好きですね。そんな男の子にぴったりのエレクターセットなら、遊びながら自然と頭脳の発達にもつながります」。*13

このようなジェンダー区分されたおもちゃの宣伝は、1970年代初期から姿を消し始める。その頃には外で働く女性が増え、出産率が低下し、フェミニズム運動が広告のジェンダーステレオタイプを問題視するようになっていた（解放された女性たちをターゲットに「You've come a long way, baby（長い道のりをやってきたね、ベイビー）」と語りかけるヴァージニア・スリムの広告も同時代である）。シアーズの1975年のカタログに掲載されたおもちゃ広告のうち、男女いずれか向けと明確にされていたのは2パーセント未満であった。むしろ当時の広告には、男の子が台所セットで遊んでいたり、女の子がおもちゃの作業台でハンマーを叩いていたりする写真がしばしば使われている。この傾向が再び変わり始めるのは、ジェンダー別の広告がじわじわと戻ってきた1980年代末で、2000年代に入る頃には、おもちゃ広告のジェンダー分化は1920年代や30年代よりもさらに極端になっていたとスウィートは指摘する。そこから、オレンジスタインが目にしたような「ハートとお花／スポーツとトラック」の二分化へとつながっていくわけだ。

この逆流の要因はいくつかあるとスウィートは言う。ひとつは経済だ。子どものおもちゃや衣料品市場を男の子向けと女の子向けに細分化すれば、メーカーはひとつの製品からより多くのバージョンを売り出すことができる。また、親や祖父母が自分たちの子ども時代に使っていたようなおもちゃを与えたがるというノスタルジアの影響もある。

しかしスウィートは、このようなマーケティングは何よりジェンダー流動性への不安を反映したものであり、女性と男性の伝統的役割について人々が抱いている根強い信念を利用した結果なのだと言う。人形なりピストルなりを自然と好むようになったと、私たちは信じたいのだ。私の知っている限り、息子がいる親はほぼ全員、一度はこのような発言をしている。「好みに影響するようなことは何もしてないのよ。この子はただ自然とトラック（あるいはフットボール、スターウォーズのレゴ、その他男の子用と定義されるもの）が大好きになったの！」。しかし、ピンクとブルーの分離化がこれほど広まっており、しかもそれがごく早期に始まって、本や映画や広告や、大人からの直接的・間接的期待によって繰り返し強化されていることを考えれば、生物学的要素と社会的要素とを見分けることは不可能だ。自然な状態で子どもたち自身がどんなおもちゃやTシャツを選ぶのか、本当に知ることはできない。私たちの文化の中で、そんな余地はほとんど与えられないからだ。またスウィートは、２０１２年のニューヨークタイムズ紙の論説で、この分離化には自己強化する性質があると述べている。[*14]「おもちゃのジェンダー分化がますます進むにつれて、子どもにとっても親にとっても、その境界線を越えることの社会的代償や、境界内にとどまらねばならないという仲間からの同調圧力は巨大化していく」。これはとくに男の子にあてはまる。「親は、男の子には一貫してジェンダーに対応したおもちゃを与える傾向がある。それは、ホモフォビアの色濃い文化において、『ピンク』の側に入った男の子の社会的代償はとくに大きいと理解しているからかもしれないし、ジェンダー規範に従ってほしいという親自身の願いによるのかもしれない」。

この状況に拍車をかけているのが、生物学的な性差がいかに性格や行動を形づくっているかを解説する、大衆向けの脳科学である。性差の科学には、「バービーやトラックが好きなのは意志によるのではない、生まれつきなのだ」という主張によってジェンダーステレオタイプをさらに深めてきた面がある。ポジトロン断層法（ＰＥＴ）や機能的磁気共鳴画像法（ｆＭＲＩ）といった発明やヒトゲノム解析によって、大まかで時には怪しげな一般論にも、一見もっともらしい専門性が与えられるようになった。数えきれないほどの雑誌記事、書籍、ＴＥＤトークで、脳とホルモンに由来する男女の違いが取りあげられている。このような見方を広めた専門家の中には、カリフォルニア大学の精神科医ルーアン・ブリゼンディンや、ケンブリッジ大学の心理学者サイモン・バロン＝コーエンらがいる。ブリゼンディンは著書『The Female Brain（女性脳）』の中で、女性は言語を巧みに操る能力と「表情や声のトーンから相手の感情や精神状態を読み取る、ほとんど超能力者のような能力」を生まれもっていると述べており、[*15]バロン＝コーエンは著書『共感する女脳、システム化する男脳』（三宅真砂子訳　日本放送出版協会、2005年刊）において、「女性型の脳は共感する傾向が優位になるようにできている。男性型の脳はシステムを理解し、構築する傾向が優位になるようにできている」と論じている。[*16]

男性の脳と女性の脳は、確かに違う。男性の脳のほうが大きいことがまずひとつ。そして、男の子の脳と女の子の脳では、記憶や言語、感覚処理といった一部の領域において成熟と発達のペースが異なることも研究によって示されている。また、注意欠陥障害や自閉症スペクトラム障害などの診断を受ける割合から判断して、男の子のほうがこれらの障害になりやすいと言える。しかし全体的に見れば、男の子の脳も女の子の脳も初めはかなり中性的な状態であることから、生物学がすべてではないことが示唆される。脳は、文化や経験や環境によって、長い時間をかけて形づくられるのだ（この点については、第4章の学校についての部分で詳しく取り上げる）。このような脳の性差に対する考え方は、学校教育に多大な影響を与えてきた。

性別による脳の違いに関して、論争は二極化している――男と女は脳の組成が違うのか、それとも性差は文化や環境によって起こるのか。前者を主張する専門家たちの研究は、小さな違いを増幅させる一方で、男女の脳の構造にみられるたくさんの共通点や類似点を見過ごしているという点で批判を受けている。そして、こういった専門的研究が一般メディアへ伝わるときには、往々にして「男の子は生まれつき攻撃的で機械好き、女の子はもともと母性があり感受性が強い」というような、目を引く極端な主張へと変換されてしまう。オーストラリアの心理学者で著述家のコーデリア・ファインは、この現象を「神経学的セクシズム」と呼ぶ。ファインは2010年の著書『Delusions of Gender（ジェンダーの欺瞞）』の中で、男の子と女の子には「先天的で不変で不可避の性質がある、という考えに、一部界隈ではいまだヴィクトリア時代並みに固執している」と、容赦のない明晰さで男女脳の科学を批判している。[*17] ファインは関連する研究を再検討し、男女間にある測定可能な生得的違いはごくわずかであり、「この世の中に女性の脳ほど男性の脳に似ているものはない」と結論づけた。そして彼女は、私たちの行動や適性を決定しているのは、脳の違いではなく、遺伝子と環境との複雑な相互作用である、と主張する。つまり、生来の潜在力（生まれもったもの）と文化的な補強作用（外の世界で経験し教わること）とのあいだで繰り返される往復運動の結果なのだ。

ファインと同じく、アメリカの神経科学者で著述家のリーズ・エリオットも、脳科学を使って子どもたちを理解しカテゴリー分けする誘惑と、その害について書いている。「一世代前の親は子どもをステレオタイプ化することに強い危機感を抱いていたが、先天的な性差に新たな注目が集まったことで、昨今の親は性差がはびこることにむしろ鷹揚だ」。2009年の著書『女の子脳　男の子脳』（竹田円訳　日本放送出版協会、2010年刊）の中でエリオットは言う。[*18]「遺伝子に組み込まれているとか、生物学的にプログラミングされているという言葉を聞かされれば聞かされるほど、ピンクとブルーの幻想をどうにかしようという気が薄れ、あらゆる能力や欠陥を生まれつきの性差のせいにするようになる」。エリオットは、男の子と女の子の遊び方から学校の成績まで、あらゆるテーマを扱った最近の研究を評価したのち、男の子と女の子の脳は多くの面で非常によく似ていると結論付けている。発達のペース、一部の身体能力、遊びのスタイルについて男の子と女の子で違いがあることは認識しつつ、こういった差異を誇張することは危険だとエリオットは主張する。私たちは自分の期待に沿うものだけを見るようになり、そういった期待が「子どもたちの自己イメージと未来像を侵食する」からだ。もし、女の子がたった一度でもバービーを選んだなら、そのあと遊ぶときにレゴを手渡される可能性は低くなるだろう。男の子がおとなしく座って本を読まずに走り回っていたなら、大人は「典型的な男の子ねえ」と（おそらくは肯定的に）反応し、読書の楽しみを覚える機会は女の子より減ってしまうだろう。生物学は無意味だと言っているわけではない。しかし、子どもの心理と行動が、ファインの言葉を使えば「不可避」なものだと想定してしまうなら、男の子も女の子も初めから運命を決められてしまうことになる。

*

ジェンダー、性別、生物学についての考えがいっそう複雑で切迫した問題になるのは、男性・女性の厳格な定義に当てはまらない子どもたちの場合だ。この10年で、トランスジェンダー（出生時に割り当てられた性別と自己認識が異なる）、ジェンダー・ノンコンフォーミング（ジェンダーアイデンティティの社会的規範に一致しない）やノンバイナリー（男の子・女の子と分類されることを拒む）、インターセックス（明確に男女いずれとも定義できない生殖機能や生殖器の構造を生まれもつ）の子どもたちに対する理解と認知は広がってきた。その中には、トロントの学者でトランスの子どもたちのために活動するジェイク・パインが「ほかの子よりちょっとばかりイカしている」[*19]と表現するような、「ジェンダー無所属」の子どもたちもいる。出生時に女の子と決められたが大きくなって両親に自分は男の子だと告げるような、トランスジェンダーの子どもたちもいる。あるいは、10代のトランス活動家、著述家、リアリティTVスターとして有名なジャズ・ジェニングスのように、自らを「女の子の脳と男の子の体」をもつと表現する子どもたちもいる。

女の子の脳、男の子の身体。トランスの人々の体験からは、性別は生得的でも可変でもあり、染色体や性器のような一般的な生理的特徴とは必ずしも一致しないアイデンティティであることがわかる（つまり、ペニスがあるからといって必ずしも男の子とは限らない）。このように自認する子どもたちは増えている。カリフォルニア大学ロサンゼルス校法科大学院ウィリアムズ・インスティテュートによる2017年の研究によると、アメリカでは13〜17歳の子どものうち0.7％（15万人に相当）がトランスジェンダーと自認している。また、13〜17歳の層は、トランスジェンダーと自認する人の推定割合がもっとも高いグループでもある。イギリス国民保健サービスが提供するジェンダーアイデンティティ発達支援サービスによる数値では、子どもを専門医へ紹介するケースは急増しており、2010-11年から1年につき約50％のペースで増えている。[*20]

この状況からわかるのは、今の若者は前の世代に比べてかなり低い年齢のときにトランスであることをカミングアウトしており、その数も増えているということだ。世界中の何十もの都市で、トランスジェンダーやジェンダー・ノンコンフォーミングの子どもたちとその家族のために特化したクリニックやカウンセリングサービス、サマーキャンプ、支援ネットワークが設立されている。このような認知と意識が高まることで、子どもたちは必要なケアや処置を受けやすくなる。しかし家族や学校や医療界からの支援がなければ、トランスジェンダーの子どもたちは差別を受けたり精神的に苦しむこともある。最近行なわれたイギリスの研究によれば、イギリスではトランスジェンダーの生徒のうち64％が学校でいじめを受けており、トランスジェンダーの若者のうち45％が自殺を試みたことがある。[*21]

男女別トイレはどちらを使うのか、男女どちらのスポーツチームに入るのか、規則や法律をめぐって教育委員会や地域の自治体が争うジェンダー紛争地帯でしばしば最前線に立つことになるのは、トランスジェンダーの子どもたちである。ヴァージニア州の高校に通う17歳のギャビン・グリムは、2017年にアメリカ最高裁判所まで上告されることになる裁判の原告となった。[*22]グリムは15歳のときに男性に性別移行した。初めは学校側は理解を示し、男子トイレの使用を認めていた。しかし、事情を知った一部の親や生徒のために、教育委員会はグリムに男子トイレの使用を禁止し、別の1人用トイレを使うように求めた。ギャビンの代理人となるアメリカ自由人権協会の弁護士は、これは性差別であると主張した（最高裁判所は最終的に上訴を受理しないと決定した)。

ギャビン・グリムのように、学校でトイレを使おうとするときや男女別々のクラブやチームに入ろうとするとき、過去のジェンダーのことが問題になる経験をしている子どもたちは何千人と存在する。彼の訴訟が進んでいたのと同じ頃、17歳の高校レスリング選手マック・ベッグスは、テキサス州レスリング選手権に出場し、女子体重別で優勝する。[*23] しかし、マックはトランスジェンダーの男子で、性別移行の一環としてテストステロンを投与しているため女子に対して不当に有利であると見られ、一部の選手や家族からは抗議の声が上がった。マックは男子として出場したかったが、州の法律に反するためにかなわなかったのだ。

トイレやスポーツチームをめぐるこれらの争いから露わになっているのは、男であること、女であることの意味について、根深く存在する恐怖意識である。しかし、性別やジェンダーアイデンティティの幅広さは、決して新しいことでも馴染みのないことでもない。トランスジェンダーやインターセックスの人たち、あるいは男女のアイデンティティの要素をどちらも備え「第三の性」とみなされる人たちは、人間の歴史を通じて、インドにも日本にも、アメリカ大陸の先住民族のあいだにも、そのほか世界各地に存在していた。遺伝子やホルモンや身体の構造が、必ずしも私たちが男性か女性かそれ以外なのかを決めるわけではない。しかし私たちの多くは、ジェンダーアイデンティの意味やその根拠について考えることをほとんどしない。トロント小児病院の小児科医で、付属のトランスジェンダー青少年クリニックで働くジョーイ・ボニファシオは、トランスジェンダーの子どもたちは自分のアイデンティティを把握し説明することを求められるのに、同じことがシスジェンダーの子どもたち（と大人）には求められないことを指摘する。「トランスジェンダーの子どもに、どうして自分が女の子だと思うのか、男の子だとわかるのか、と問う前に、自分自身に『なぜ私は自分が女だと思うのだろう？』と聞いてみるべきです」と彼は言う。これは、ぜひみんな試してみるべきだ。なぜあなたは、自分が男、あるいは女だと思っているのだろうか？　自分が男や女であると感じるとは、どういう意味だろう？

ジェンダー意識——世の中には男の子と女の子がいると理解し、自分はどちらなのかを知ること——は、早くも18か月ごろから現れる。トランスジェンダーの子どもたちや、自分はその中間の何かだと捉える子どもたちにとって、これは難しい段階だ。親に向かって自分は逆の性であると告げ始めるのも、しばしばこの段階である。そのほか幼児期から就学前によく表れる兆候としては、ある種のトイレ行動や（例えばおしっこをするときに立ちたがる女の子、座りたがる男の子）、逆の性別用の水着や下着を着たがる、一般に逆のジェンダー向けとされているおもちゃで遊びたがるなどがある。医師が子どものトランスジェンダーを診断するときに用いる指標が「一貫性、持続性、執拗さ」であり、一時的な行動や、たまに起きるだけの行動は除外される。

シカゴ郊外に住む著述家・教育者のパメラ・ヴァレンタインは、2007年に生まれた息子のジェイクが幼児の頃にこのような行動に気付き始めた。初めての子どもであるジェイクが生まれて女の子だと聞いたとき、ヴァレンタインが思い浮かべたのは温かな母と娘の関係だった。彼女は私に電話でこう話してくれた。「私はフェミニストです。私自身、いわゆる女性らしさにすべて当てはまるわけではありませんが、女性としての生き方を子どもに伝えるのだと想像していました。」しかしジェイクには別の計画があった。2歳で両親に自分は男の子だと告げ、3歳になるとお母さんに「どうして男の子だったら嫌いになるの?」と尋ねた。ヴァレンタインは「お母さんはあなたがどんな子でも愛しているよ」と答えたと言う。4歳で衣類を男の子用に替え、その翌年には髪の毛を丸刈りにした。そして7歳の誕生日の直前、社会的にも性別移行し、完全に男の子として生活するようになった。

ヴァレンタインは、トランスジェンダーの子どもの育児についてブログ「Affirmed Mom（ポジティブなママ）」を書いており、そこにこのような文章がある。「彼の勇気には本当に驚かされる。ジェンダー・ノンコンフォーミングの子どもをもつと、何が男の子を『男の子』にし、女の子を『女の子』にしているのかについて自分がもっている先入観と向き合わざるを得なくなる。それまでもっていたあらゆる思い込みや考えや期待を、すべて手放すことが必要だ」。

このような期待を捨てるのがどのくらい難しいかは、子どもの出生性別（生まれたときに告げられる性別）がどちらなのか、自認する性別やジェンダーがどちらなのかによっても異なる。女の子が男性的にふるまうことは、ある程度社会的に受け入れられている。しかし、男の子が女性的にふるまうことは、より大きな不安意識を引き起こしがちだ。おてんばな女の子がジーンズをはいてスポーツをすることは許されるが、男の子がスカートをはいてお人形遊びをすれば奇妙な目で見られる。この二重基準が反映しているのは、男らしさと女らしさのあいだには価値の違いがあることだ。そして、男の子っぽいふるまいの女の子よりも、男性に生まれて女の子のようにふるまう子どものほうが処置を受け始める時期が早い理由もここにあるのかもしれない。ジェイクの性別移行の時期は、一般的なトランスの男の子（11〜12歳頃）よりも早かったが、トランスの女の子は4歳頃に専門のケアを受けるよう勧められることが多い。身体の構造や社会的規範について考えてみれば、この理由は納得がいく。トランスの女の子は、着替えたりトイレに行ったりするたびに毎回ペニスと向き合うことになり、身体が自己イメージと一致していないことを常に自覚させられている。一方、トランスの男の子がより強い身体的不一致を感じるのは、思春期に入って月経が始まり乳房ができ始める頃のことが多い。

ミシガン大学の小児内分泌学者でトランスジェンダーの子どもや青少年のケアにあたっているダニエル・シューマーは、おてんばとみなされるのは必ずしもネガティブなことではないと説明する。「男っぽい女の子なら、男子に交じってフットボールをするクールな子、という場合もあります。でも、女っぽい男の子を表現して使われる言葉を考えると、ネガティブな含みのあるものしか思いつきません」。出生性別が男の子の場合、典型的な男の子らしい行動や服装を嫌がったりできなかったりすることを親が心配して、出生性別が女の子の場合よりも低い年齢のときにジェンダークリニックを訪れることが多いと言う。

ヴァレンタインもこれに同意する。最初は彼女も夫も、ジェイクはおてんばなのだと考えていたと言う。「誇らしく思っていましたね。強くて元気な女の子なんだ、将来はたくましいレズビアンになるかも、なんて思っていました」。ズボンしかはかず、プリンセスが大嫌いな子だったが、両親にとってそれはまったく気にならなかった。むしろある種のガールパワーの表れのようにも思えたのだ。そしてヴァレンタインは、私との電話の中で、もしジェイクが男の子として生まれ、女の子に性別移行したなら話は別だったかもしれないという話をしてくれた。

ヴァレンタインの夫は寛容な男性で、ジェイクの性別移行を全面的にサポートしていた。しかし、2人目の子どものルディ（男性と自認する男の子）が2歳のとき、女の子の誕生日会に招かれたことがある。ルディはドレスアップ遊びに参加して、チュチュを着たり髪にピンクの色をつけたりしたがった。後で夫は、ルディが女の子みたいにふるまっているのを見て少し不安に感じたことを彼女に打ち明けた。「ジェイクが2歳のときには、パンツ型おむつでも何でも、みんな男の子用を使っていました。でもルディが女の子のものを着るのは問題だと感じたんですね」とヴァレンタインは言う。私たちはマスキュリニティにより高い価値を置いているため、女の子が男性的にふるまうことはステップアップとみなす。しかし、男でありながら女性向けの活動や衣服を好んでいると思われたなら、ステータスと権力が失われることになるのだ。

数年前、育児雑誌にトランスジェンダーの子どもたちについて記事を書いたときにインタビューした母親のひとり、メリッサ・シャトゲンも、これと似た話をしてくれた。メリッサの子ども、ワーナーは2歳のときに、彼女に向かって「神様が間違ったの」と告げた。[*24] ワーナーは、双子の兄弟のエメリーと同様、生まれたときには男の子と判断されていた。しかし、エメリーが列車やトラックといったステレオタイプどおりの男の子らしいものを好む一方で、ワーナーは人形やドレス、妖精、ピンクが好きになった。カトリック教徒で、カナダの田舎の保守的なコミュニティで暮らしていたメリッサと夫は、間違った身体に生まれてきたと感じている子どもにどう対応すればよいのか、見当もつかなかった。「LGBTの問題についてそれまで触れたことがなく、何も知らなかったんです」とメリッサは言う。

2人はワーナーの幸せを願い、公の場に出かけるときだけ男の子の服を着れば、家では女の子の服を着てもいいことに決めた。それからの数年間、一家は二重生活を送るようになった——男の子のワーナーがいる生活と、女の子のワーナーがいる生活だ。メリッサと夫は、息子（当時）が学校でいじめられるのではないか、自分たちは悪い親だと思われるのではないかと恐れていた。「私たちは、ワーナーを本来の彼女ではないものに、男の子にしようとしていたんです」。

そのうちワーナーは、男の子に戻らなければならないときが来ると、毎回苦しむようになった。そして1年生になる直前の夏、長く伸ばすことを許されていた髪を始業式前に切らなくてはならないことがきっかけで、ついに限界点に達してしまった。「『男の子になるくらいなら死んだほうがいい』と言っていました」とメリッサは言う。一過性のことかもしれないと願っていたが、ワーナーの強い気持ちは変わらず、男の子として生活することはどんどん辛くなり、見過ごせる状態ではなかった。それからまもなく、ワーナーは社会的に性別移行し、家だけでなく公共の場でも女性のアイデンティティで過ごすようになった。

最近まで、ワーナーやジェイクのような子どもたちに対する標準的な処置は、転向療法や修復治療と呼ばれる、女性的な男の子はもっと男らしく、男性的な女の子はもっと女らしくなるよう促し、ジェンダー規範に合致しない子どもたちを修正しようとするものであった。この療法は、現在では信頼性が失われており、一部の市や州では法律で禁止されている。現在、北アメリカや北ヨーロッパで標準的となっている方法は、子どもたちが10代になる頃までは、自分にふさわしいと思う性で暮らせるように社会的サポートを提供し、思春期に入った時点でホルモン療法や外科手術のような医療的処置の可能性を考えるというものだ。

しかし、特定のジェンダー自認のない子どもたちの場合はどうだろうか？　あるいは、ジェンダーのレッテルを貼らずに育てられた子どもたちの例もある。２０１１年、トロントに住むキャシー・ウィタリックとデビッド・ストッカーは、２人のあいだに生まれたばかりの３人目の子ども、ストームの性別を誰にも教えないと決めた、と発表した。２人のほかにストームの性別を知っていたのは、助産師と、上のきょうだいのジャズ（当時5歳）とキオ（当時２歳）だけだった。ストームが自分に合ったあり方を見つけるまでは、性別について先入観をつくりたくない、という考えからだ。赤ちゃんを連れていて、周囲の人たちに男の子か女の子かと聞かれたときには、答えることを丁寧に断っていた。

友人や家族にあてたEメールで、ウィタリックとストッカーはこの決断について「制限ではなく、自由と選択を支持するという意思表明、ストームの生きる未来で実現するかもしれない世界（より進歩的な世界？）に向けて立ち上がる行為」[*25]だと説明している。「トロント・スター」紙に一家の記事が載り、この話が世界中に広まると、ウィタリックとストッカーは厳しい攻撃の的となった。自分の子どもを使って虐待的な社会実験をしていると非難され、ヘイトメールを送られ、嫌がらせを受けた。通りを歩けば、ストームに向かって「男の子！」と叫ぶ人たちもいた。

「トロント・スター」紙がその5年後に一家を再訪した頃には、彼らが極端に例外的な存在というわけでもなくなっていた。すでにこの期間でトランスジェンダーの人々の認知度は向上していた。主要メディアでも、トランスジェンダーの子どもたちや、男女どちらのアイデンティティにも当てはまらず、代名詞はhe（彼）やshe（彼女）でなくジェンダーを限定しないtheyを使う子どもたちについて取り上げている。いくつかの地域では、性的に中立な身分証明書の発行が始まった。カナダやオーストラリアではパスポートにこの選択肢がある。カリフォルニア州はアメリカの州として初めて男女の別がない出生証明書を導入した。2016年、ウィタリック・ストッカー家はストームが女性と自認していると公表した。出生時に男性と判断されたジャズはトランスジェンダーの女の子で、代名詞はsheを用いている。キオは代名詞theyを用い、ノンバイナリーと自認している。

ジョーイ・ボニファシオは、文化的な規範に沿わないジェンダー自認をもつ子どもたちは、ケアや支援を受けることがより難しいと言う。「より広範な文化全体が、私たちを男性と女性に二元化して分断しているんです。これまでの方法では、トランスジェンダーの子どもたちが自認する男女どちらかのアイデンティティに一致するための手助けをしてきました。でも、今はふたつのカテゴリーに当てはまらない子どもたちがどんどん増えています。この子たちをどのように助けるか、考え始めなくてはなりません」。ダニエル・シューマーも同様の変化を認めている。「二元化されたジェンダー観を拒否する若い人たちが主力になって、急速な変化を押し進めているんです」と彼は語る。「ほんの5、6年前には、自分を『ジェンダークィア』や『無性』と表現する人を目にすることはなかったと思います」。

これは、ウェスリー・モリスがまさにぴたりと表現した「アイデンティティの大移行」である。進化はこれからも続く。パメラ・ヴァレンタインは、ジェイクは性別移行してから、より自然体でふるまうようになったと言う。もっと小さい頃は、女の子っぽいものはみんな大嫌いだった。きっと、自分のジェンダーアイデンティティが疑問視されていた頃には、マスキュリニティを主張することで「ぼくは男の子だ」と周囲に証明する必要があったのだろう、とヴァレンタインは言う。ある意味では、トランスの男の子版マン・ボックスと言える。ジェイクは男性に期待される基準を満たそうとしていたのだ。

でも今は、その基準は厳しくない。大人のトランス男性に何人も出会い、彼らの自己表現がいかにも男らしい男からフェミニンまで幅広いことを知り、「男性としてのありかたにはいろんな種類があって、好きなものを選べること」を学んだのだ、とヴァレンタインは言う。目下のところは、手の爪にマニキュアを塗るのがお気に入りだ——男の子はマニキュアをしてはいけないなんて決まりはないのだから。

Chapter
3

男の子と友情
親密性の希求とホモフォビアの壁

息子は、初めて出会ったときから社交的な子どもだった。息子をそれまで育てていた里親家族は数時間離れた町に住んでおり、ちょうど同じ町に、私たちの古くからの友人家族も住んでいた。友人夫婦と、私や妻にとっては甥っ子同然の6歳の男の子という一家である。その夏、私たちは毎週末、友人家族のところに滞在させてもらって、1歳になったばかりの息子のもとに通い、里親家庭から私たちへと徐々に愛着を移行させようとしていた。息子をベビーカーに乗せて短時間のお散歩に連れていくことから始まり、それから丸1日預かるようになって、ごはんをあげたり、おむつを替えたり、お昼寝に寝かしつけたりしながら、彼の泣き声や笑顔のボキャブラリーを覚えていく。こうして6週間の移行期間をかけ、最終的に自分たちの家に迎え入れたのだ。息子と過ごすときは友人夫婦も一緒のことが多く、息子はひと目で6歳の甥っ子が大好きになった。初めのうちは手を伸ばして近づこうとし、もう少しして歩けるようになると、おぼつかない足取りで彼の後を追いかけ、時には身体ごとぶつかっていってハグやキスをするのだった。甥っ子の父親は写真家なので、そんな2人の写真が何十枚も残っている。私のお気に入りの一枚は、ベッドに寝転がっている2人のクローズアップだ。甥が仰向けに横になって、息子は彼の身体の上に寝そべり、2人とも顔をカメラの方に向けている。優しく、無防備で、愛し合っている2人。

息子の友達の輪は、それからどんどん広がっていった。別の友人の赤ちゃん、近所の児童館で出会った幼い子の二人組、同じ通りに住んでいるいくつか年上の子。ときにひとりっ子は、必要に迫られて、1人で遊んで過ごせる自己完結性を身につけ、読書好きになったり夢見がちな発明家になったりするものだ。しかし息子の場合はひとりっ子であることが逆に作用したようだ。彼は、おしゃべりで、いつもみんなを追いかけて遊びの約束を取り付けようとしている子どもになり、その性質は思春期初期の今まで続いている。サマーキャンプの初日から帰ると、あるいはスケートパークや市営プールから帰ってくると、毎回のように新しい友達ができたという報告があるし、ソーシャルメディアやオンラインゲームを通じてつながっている知り合いは数えきれない。男の子は社交的だが関係は表面的である、というのはよく言われることで、風刺ニュースサイト「ジ・オニオン」には「友人宅でXｂｏｘに興じる12歳少年、友人の名前は『見当もつかない』」[*1]と題したパロディ記事まであったが、息子はそんな少年像の典型のようである。

しかし息子には、離れているときは寂しがるような、少人数の親しい男の子の友達もできるようになった。今のところ、彼の考えている将来の理想の生活に、恋愛的な要素や家庭を築くという概念は一切ない。大人になれば、ロサンゼルスやニューヨークのようなクールな夢の街で友達とアパートメントをシェアして毎日一緒に過ごし、プロのアスリートかゲームデザイナーとして生計を立てるのである。

小さい頃、人懐っこくて愉快な息子はすぐに友達をつくることができたが、その友達関係を維持することは苦手だった。息子は発語失行症という運動性発話障害やADHDを含むさまざまな学習障害を抱えていたため、同年代の子どもたちよりもかなり話すのが遅く、社会的スキルも1～2年ほど遅れていた。時おり、あまりに騒いで動き回ったり、ふざけたり、しつこかったり、感情的になったり、張り切りすぎたりと、周りの受け入れられる限度を超えてしまうところがあった。彼よりも成熟のペースが速い仲間たちから置いていかれることもあった。息子のような障害のほかにも、自閉症スペクトラム障害（ASD）などをもつ子どもにとって、このようなことはよく起こる。友達をつくるためには、複雑な言語スキル、社会的知覚能力、自己統制力が必要なのだ。障害のある子どもたちは、ほかの子どもたちに、不器用だとか、攻撃的だと受け取られることもある。うちには10回以上遊びに来ているけれど一度も息子を家に呼んでくれたことのない男の子も何人かいるし、誕生日会やお泊まり会に息子が招かれなかったこともある。

そんなふうに息子が拒まれるたび、おそらく彼自身より私の方が傷ついていた。小学校の頃の私ははみ出し者で、いじめられるというよりは、常に周縁にいる存在だった。今も覚えているその寂しい気持ちを、息子には経験させたくなかったのだ。しかし、成長するうちに、息子には何人かの親しい友達ができるようになった。たいていは、相手も同じようにちょっと難しい男の子たち――不安症だったり、真面目すぎたり、元気が良すぎたり――だったが、私はその誰もをありがたく思い、大切にしてきた。これは子どもをもつことに関して予測していなかった面なのだが、子どもの友達というのはとても重要なのだ。早くも学齢前から、友達関係は子どもの発達と幸せの鍵を握っている。友達が、所属意識と安心感を与え、ストレスを緩和してくれる。友達を通して、子どもたちは意志疎通し、協力し、他人の感情に反応するすべを学ぶ。友情が子どもの精神衛生に与える影響を示した研究結果もある。例えば、メイン州の小学生230人を3年間にわたって長期的に調査した2010年の研究では、不安感が強く殻にこもりがちな子どもたちの場合、1人でも友達がいることで、不安が抑うつ状態にまで悪化することを防ぐための助けになると判明している。内気で悲しみの情動が強い子どもたちは、思春期に入るとさらに内向的になり悲しさが強まる傾向にあったが、調査期間中に1人でも友達がいたことのある生徒ではその度合いが低く、さらには悲しさが減退したという報告もあった。研究者たちは、友情によって心理的回復力が与えられたと考えている。[*2] そんなわけで、子どもの卒業式や結婚式といった未来を夢見る親もいるが、私の夢はもっと差し迫っている――息子の味方になり、彼の理性の声となり、彼をサポートし応援し、笑わせ、愛してくれる子どもたちがいてくれますように。

男性の友情は、西洋の歴史を通して古くから理想化され、社会、文化、芸術の基盤となってきた。男同士の友情を美化し讃えた記録は、はるか古代ギリシャ時代から存在する。アリストテレスは友人を「第二の自己」と呼んだし、聖書のダビデは、友人ヨナタンから向けられる愛は「女性の愛にまさる素晴らしいもの」だと語っている。ルネッサンス期のヨーロッパでは、フランスの哲学者ミシェル・ド・モンテーニュが随想「友情について」の中で、亡くなった友人との絆を「魂が互いに混ざり合い、あまりに完全に融合しているために、そのつなぎ目もわからないほどだ」と表現している。

女性が男性と対等とみなされる以前、そして結婚が、恋愛感情や友愛に基づく男女の結合へと変化する以前は、こういった男同士の絆こそが至上とされていた。その中には、現代であればゲイと認識されるであろう性的な関係も含まれていた。しかし、一個の感情的・社会的・政治的アイデンティティとしてのホモセクシュアリティは現代になってできた概念である。そのため、このような過去の友情の性質を遡って再考するべきか否か、また、エイブラハム・リンカーンのような歴史上人物の性的指向について再考するべきか否か、という熱心な論争も起こっている。のちに米大統領となる青年時代のリンカーンは、親しい男性の友人たちとひとつのベッドで寝る習慣があった――住居が限られており夜の寒さが厳しい19世紀のアメリカ中西部で、これは特に珍しいことでもないのだが（参考までに付け加えると、そんな友人の1人はリンカーンの伝記作家に「彼の太ももは、人間としてこの上ないほど完璧だった」と語ったとされている）[*3]。この友人とリンカーンの関係がどんなものだったかはともかく、男性の友人同士で公然と愛情表現をしたり、愛を伝え合ったりするのは、比較的最近まで、よくある普通のことだったのだ。

このような状況は18世紀から19世紀を通して続いた。当時は、監督者のいる集まりや家族集団内のほかでは、女性と男性が交流する機会はほとんどなかった。そのため、男女とも感情的な支えを同性の相手に見出すことになった。当時の女性が記した手紙や日記には、相手の女性に向けた永遠の（たいていはプラトニックな）愛が熱く感傷的に綴られており、歴史学者や社会学者はここに女性同士の「ロマンティックな友情」の存在を指摘する。当時の男性も、似たような状況にあった。職業組合や仕事場、宗教的共同体、大学や学校、社会奉仕クラブ、スポーツチーム、軍隊といった男だけの社会の中では、特に若い未婚男性のあいだに、互いに敬愛し合う友情関係が育まれていった。

しかし、ここで文化は方向転換する。19世紀末から20世紀初頭になると、女性は家庭から外へ出はじめた。一部の女性たちは奴隷解放運動、婦人参政権運動、労働運動といった社会正義活動で中心的な役割を果たすようになる。職場や学校や政治活動は男性だけの領域ではなくなり、公共生活において次第に男女の統合が進んでいった。男女の社会領域が重なり始めると、男同士の友情と男性社会集団に代わり、愛に基づく結婚と核家族が、文化と社会の中心として据えられるようになった。

同時に、ひとつのアイデンティティとしてのホモセクシュアリティは、より可視化されるようになった。ジェンダーの流動性と同じく、同性への欲望や同性愛行為は、人間の歴史を通してほぼすべての文化に存在している。しかしそれまでは、セックスは行為として理解されており、アイデンティティではなかった。西洋で異性愛と同性愛というカテゴリーがつくられたのは1800年代半ばになってからのことである。1800年代末のヨーロッパでは、リヒャルト・フォン・クラフト＝エビング、ハヴロック・エリス、マグヌス・ヒルシュフェルト、ジークムント・フロイトといった医者や科学者たちが人間の幅広い性行動について研究や分類に取り組み始めていた。イギリスでは、1895年、劇作家オスカー・ワイルドが猥褻行為——具体的には男性との性行為――に及んだとして罪に問われた衝撃的な裁判によって、ロンドンに栄えていたゲイ・アンダーグラウンドの姿が明らかになる。ヒルシュフェルトのような科学者は寛容を訴えたが、社会は同性愛をヴィクトリア朝的な価値を脅かす倒錯であると見なした。この同性愛への恐怖感から、じきにプラトニックな男性同士の友情も疑わしい目で見られるようになる。こうして、女性の躍進、核家族の理想化、同性愛の可視化という変化が合わさり、今日までマン・ボックスの中に残り続ける、男らしさの新たな定義が形成されることになった――女性の対極としての男性、一家の稼ぎ頭で大黒柱としての男性、異性愛者としての男性である。

1985年の記念碑的名著『男同士の絆―イギリス文学とホモソーシャルな欲望―』(上原早苗、亀澤美由紀訳 名古屋大学出版会、2001年刊)において、文化理論学者のイヴ・コゾフスキー・セジウィックは、ゲイというアイデンティティがより可視化され広く知られるにつれ、「ホモソーシャル」な関係と「ホモセクシュアル」な関係との区別が表れてきた、と考察している。前者は男性集団への帰属意識に関する感情的なもので(「仲間」や「相棒」のイメージ)、後者は性的欲望に関するものだ(ゲイの恋愛・セックスのイメージ)。女性同士の関係は、連続性のあるスペクトラム上に存在している――女性や女の子は、さまざまなかたちで互いにつながり合い、愛し合うことができ、それらは相互背反的ではない。女性は、母・姉妹・娘・友達・恋人としてお互いをいたわり合うことができ、それらの関係のいずれも女性らしさの定義をくつがえすことはない、と理解されている（一部の男役のレズビアンや、マスキュリンさをアイデンティティとする女性は例外だろう）。しかし、同じことが男性や男の子にはあてはまらない。男性が男性を愛することは疑わしく不自然なことだと思われるようになって以来、ホモソーシャルな関係とホモセクシュアルな関係のあいだには、明確な線引きがされている。さらに、ホモソーシャルな連帯においては、その連帯に性的欲望が含まれるかもしれないという一切の疑念を否定するために、しばしば同性愛嫌悪的な中傷やこき下ろしの表現が使用される。このような新しいマスキュリニティのルールのもと、同性間の親密なつながりは「真の男」像と相容れないものになってしまった。そして、その代償はあまりにも大きい。

＊

2017年、アメリカの元公衆衛生局長官ヴィヴェク・マーシーは、国民の健康に対する最大の危険要素は、心臓病でも糖尿病でも癌でもなく、孤独であると発表した。ハーバード・ビジネス・レビュー」に掲載された論文で、孤立して社会的なつながりが薄れることは「タバコを毎日15本吸うのと同じくらい寿命を縮めることになり、その影響は肥満よりも甚大である。孤独は、心血管疾患や認知症、不安障害のリスクを高めることにもつながる」[*4]と述べている。マーシーの論文は、合計300万人以上を調査対象とする、世界各地の200件以上の研究から集められた膨大なリサーチを参照しており、それらの結果からは、私たちのあいだに蔓延する孤独という病が浮かび上がっている。原因として挙げられるのは、現代社会の流動性（移動や転職が多い）、社会奉仕団体や信仰グループのようなコミュニティ団体の弱体化、自由度は高いが対面して触れあうことの少ないギグエコノミーなどである。ソーシャルメディアの拡大も影響している。FacebookやTwitter、Instagramのおかげで巨大なソーシャルネットワークが手に入るかもしれないが、オンラインのつながりや関わり方は、実生活上の友達ほどの信頼性とサポート力をもたないことが多い。

とくに男性のほうが、孤独の病に侵されやすく、付随する抑うつ感や絶望感に苦しむことが多い。男性は年をとるにつれて同性の友人とのつながりが途絶える傾向にあり、社会的な絆も少なくなってしまう。社会的な絆は、幸福感を増強し、トラウマへの対処を助け、長寿に貢献すると明らかにされており、孤独の病に対して予防的な効果をもつ。男性は、親密な対話よりも、スポーツや仕事のような活動を基盤として友達関係を築くことが多いため、それらのつながりはどちらかというとカジュアルで持続が難しいものになる。また、男らしさの掟のために、男性は弱さを見せたり助けを求めたりすることに消極的で、苦しんでいるときにもほかの男性の力を借りたり、新しい知り合いにアプローチして友達関係を深めようとしたりすることが少ない。

ゲイだと思われること、女性的だと思われることに対する恐怖感もある。ストレートの男性や男の子がお互いにつながり、弱さを見せ合おうと思えば、それには「男らしさ税」とでも言うべき対価が伴う――男性同士のプラトニックな親密性には、ホモセクシュアリティの拒絶と、男らしくないとみなされるものすべてに対する敵意が要求されるのだ。例えば「bros before hoes（訳註：ブロズ・ビフォー・ホーズ。「アバズレ（＝女全般）より仲間」の意）」という言い回しに表れているのは、女性を貶めることを前提とした男の絆である。あるいは、1990年代後半に登場したスラング表現「no homo（訳註：ノー・ホモ。「ホモではない」の意）」。これは、フェミニンすぎると受け取られるかもしれない発言をした後で、自分が異性愛者であることを念押しするべく、呪文のように用いられた表現である。例えば、男性が男性に向かって「I love you, man.（愛してるよ）」と言ったあと、すぐに「no homo（ホモじゃないぜ）」と付け加えるのだ。

さらに最近になって登場した言葉「ブロマンス」は、愛嬌のある表現ながら、男性間の愛情に対する一種の不安意識を映し出している。無骨な「ブロ（訳註：brother の略で、呼びかけに使われる。「仲間」のような意）」とキラキラした「ロマンス」を組み合わせてつくられたこの表現は、湿度高めの男の友情を指して用いられるものだ。2016年、バラク・オバマがジャスティン・トルドーをホワイトハウスに招いて開催した会談と公式晩餐会では、互いに敬愛し合う2人のあいだにブロマンスが花開いていると報じられた。しかし「ブロマンス」という表現には、同性間の愛情を好ましいものとして讃えながら、同時に含み笑いをしているようなニュアンスがある――2人の男性がお互いを大切にし合うさまを、説明や正当化の必要なしに素直に受け止めることが、私たちにとっては難しいのかもしれない。

もちろん、男の友情が消えてしまったわけではない。むしろ、現実世界で多くの男性が同性間の親密なつながりを築き維持することに苦心しているぶん、男の絆というイメージへの愛着は増しているようだ。私の Facebook で、ポップカルチャーに見られる男の友情の例（実在の人物でも架空のキャラクターでも）を挙げてほしいと呼びかけてみたところ、知り合いの男性たちから大量のコメントが寄せられた。映画からは「スタンド・バイ・ミー」の少年たち、「ショーシャンクの空に」のアンディとレッド、ハロルドとクーマー、フロドとサム。テレビからはバートとアーニー、フェリックスとオスカー、カーク船長とミスター・スポック。コミックからはアーチーとジャグヘッド、バットマンとロビン。児童文学からはがまくんとかえるくん、ハリー・ポッターとロン・ウィーズリー。スポーツからは、サッカーのネイマールとリオネル・メッシ、NHL（北米ホッケーリーグ）のマイク・リチャーズとジェフ・カーター、NBA（全米バスケットボール協会）のカイル・ラウリーとデマー・デローザン。

終わりなき友達集めにいそしむ息子のお気に入りのアクション映画が「ワイルド・スピード」シリーズだというのも不思議ではない。2001年にスタートしたこのシリーズは、批評的観点からはどうしたって名作と呼べるものではないが、とにかく派手さとスピード感、そして作品世界のありえなさが魅力である。人種区分が取り払われたファンタジー世界を舞台に活躍するのは、多民族の入り混じった、カーレーサーと泥棒たちの魅力的な一団だ。このヒップな代替家族的集団の中心にあるのが、ポール・ウォーカー演じるブライアン・オコナーと、ヴィン・ディーゼル演じるドミニク（ドム）・トレットの友情である。しかしシリーズ7作目を撮影中だった2013年、ウォーカーは現実の車の事故で亡くなってしまう。のちに、彼の死はシリーズのストーリーに組み込まれ、CGIとスタントダブルを駆使して蘇えらせたブライアンの役柄も、2015年に公開された7作目の中で死亡する（訳註：ブライアンを死亡とするのは誤り）。この映画の最後に流れるのが、ウィズ・カリファとチャーリー・プースによるトリビュートソング「シー・ユー・アゲイン」である。２０１５年の夏は、ブライアンとドムの絆を悼み男の友情を讃えるこの曲がラジオから流れ続け、耳から離れなかった。息子も、周りにいる男の子たちのほとんどと同様にこの曲が大好きで、車に乗っていてラジオから流れてくると、息子も友達も熱心に合唱するのだった。同曲は、映画「タイタニック」の主題歌であるセリーヌ・ディオンの壮大な感傷的バラード「マイ・ハート・ウィル・ゴー・オン」とも比較されているが、どっぷりとセンチメンタルなこのサウンドトラックと共に、ウォーカー／ブライアンの死とディーゼル／ドムの悲しみの物語は、古来の英雄伝さながらの輝きを放つようになった。

*

ナイオビ・ウェイは、30年近くにわたり、最初は高校のカウンセラーとして、現在はニューヨーク大学の心理学教授として、男の子たちの内面生活と友情について研究してきた。彼女はこれまで、10代の男の子たち１５００人ほどと対話や聞き取りを行なってきたが、彼らはその中で、時には激しい口調で、時には優しく、友達がどれだけ重要な存在かを語ってくれたと言う。15歳のジャスティンは、ある男の子との関係をこのように表現した。「（ぼくと親友は）お互いのことが大好きなんだ……。人生では、ときどき、2人の人間が本当に心から理解し合って、信頼し、尊敬し、愛し合えるってことがあると思う。それはただ、人間として自然に起こることなんだ」。*5

ウェイの2011年の著書『Deep Secrets: Boys' Friendships and the Crisis of Connection（深い秘密：男の子の友情、つながりの危機）』には、ジャスティンのように、親密さと愛情について語る男の子たちがたくさん登場する。ウェイが紹介する、アメリカ北東部の都市部に暮らす何百人もの男の子たち――大部分は黒人系・ラテン系・アジア系で、多くは貧しい労働者階級である――のストーリーには、思春期を過ごす彼らの友達関係をめぐるさまざまな情況が記録されている。何人かの男の子たちには、数年にわたり複数回の聞き取りを行なった。幸せと精神の健康のために、友情がいかに重要であるか、彼らははっきりと語ってくれている。

この10年のあいだに、若い男性たちの境遇や「男の子の危機」について懸念する内容の本や記事はたくさん書かれているが、彼らの心理的健康や社会的健康について分析したものはほとんどない。しかし、ウェイの描き出す少年たちは、一貫して感情的サポートと愛情の必要性を訴えている。14歳のカイはこう語る。「友達は必要だよ。友達がいないと、落ち込んで、幸せじゃなくなるし、自殺したくなると思う」。親友のどんなところが好きかを聞かれたベンジャミンは、このように答えている。「ほとんど全部。親切なところや、全部だよ。周りの人を大切にするし、それはぼくも同じなんだ」。*6

男の子は女の子よりもコミュニケーション力が低く、弱さを見せたり親密な関係を築いたりすることが苦手だという考えが定着しているが、男の子も同じくらいそれらの能力をもっていることを、ウェイは明らかにしている。「男の子には、とても豊かな感情がありますが、どういうわけかそれが見過ごされています」と、ウェイは私に語る。一男一女の母であるウェイが男の子の感情的発達について興味をもち始めたのは、10代の頃、友達を失って苦しむ弟の姿を見たときだと言う。弟にはとても仲の良い男の子の友達がいたのだが、ある日突然、2人はけんか別れしてしまう。弟は仲直りをしようと何度も相手の家に行って玄関をノックするが、そのたびに忙しい、会いたくないと言われていたことを、ウェイは覚えていると言う。この友情の終わりは弟の心を深く傷つけ、今日まで痛ましい記憶になっている。

聞き取りを行なった少年たちについて、ウェイはこのように考察している。「彼らにとっていちばん親しい友達との関係性は、小説で言うなら『蝿の王』というより『ラブ・ストーリー』に近いものがある。男の子たちは、同性間の友情に大きな価値を置いており、健康のために友情は欠かせない要素だと考えていた。その理由は、男らしさを競う上で友達が格好の競争相手であるからではなく、考えや感情――つまりもっとも深い秘密――を共有することができるからである」。[*7]

また、思春期前半の14歳~15歳の男の子たちは、女の子よりもほかの男の子との友達関係を求めていることがわかった(これは思春期後半に変化する。その頃になると本格的に恋愛に興味が向き始め、女の子との感情的親密性を求めるようになる)。10代前半の男の子たちが男同士の友情を大切にし、守ろうとするのは、スポーツやビデオゲームのような「男の子らしい」共通の興味のためではなく、共有している感情的領域のためだ。この年頃の男の子が同性との友情を優先するのは「声変わりが始まり、身体の変化に違和感を感じているちょうどそのときに、ほかの男の子とつながりたいという欲求が高まるからかもしれない」とウェイは考察する。「同じような変化を経験しているらしい相手以外に無防備な自分を見せることは、不安に感じるのかもしれない」。[*8]

しかし、子ども時代の友達関係がこれほど重要であるにも関わらず、男の子たちは思春期の後半になると同性の親しい友達を失い始める、とウェイは指摘する。関係は薄れ、距離が開いてしまう。この年頃になると、お互いへの不信感が出てきて、それまでのように安心して感情表現ができなくなるのだ。ストレートの男の子は大人に近づくにつれ、同性間の親密性について気にするようになり、その代わりに、恋愛関係に意識が向かっていく。この思春期後期には抑うつや孤立感に苦しむ男の子が増えるが、それも偶然ではなく、友達関係がより表面的なものになり、以前のような感情的サポートを得られなくなるからだ、とウェイは言う。若者たちが経験している「つながりの危機」は、少なからず、真の男同士は親密であってはいけないと教わることから起こっている、というのがウェイの考えだ。

＊

メディアの言うことから判断すれば、男の子というのはみんなどうしようもなく不器用で、自分の感情を把握できないものなのだ、と思ってしまうだろう。女の子は小さい頃から社交能力があり、感情の読み取りがうまく、共感力のような「ソフトスキル」を備えていると考えられている一方で、男の子の社会化についての研究では、攻撃性や感情の欠如、男の子を理解することの難しさにばかり焦点が当てられている。しかし、スタンフォード大学の心理学者ジュディ・Y・チューは、アメリカ北東部にある私立小学校で、キンダーガーテン入学前から小学校1年までの2年間（訳註：キンダーガーテンは1年間で、5歳になる年に入学する。一般的に小学校に併設されており、義務教育に含まれる）にわたり6人の男の子の感情的・社会的発達を観察した結果、大きく異なる事実を発見した。チューは2年間を通して教室内で授業を見学し、校庭や昼食室のようすを観察し、子どもたち、親、先生と定期的に対話をもった。

チューがこの学校を訪れて最初の数日で、4歳の男の子たちについて気付いたのは、みんな銃ごっこが大好きだということであった。この学校にはおもちゃの銃はなかったが、子どもたちはブロックで銃をつくったり、指を銃に見立てたりして遊んでいた。先生たちは、暴力的な衝動や攻撃性の表れではないかと懸念して、この遊びを禁止していた。チューも最初は同じように考えたが、じきに、銃ごっこが男の子にとってもつ意味は、大人にとっての意味とは異なることに気付いた。第一に、男の子たちが表現していたのは怒りでも敵意でもない。追いかけ追いかけられ、「手を挙げろ」と脅したり、撃ったり撃たれたりする真似をすることを楽しんでいたのだ。

さらによく観察していると、銃ごっこは主に「男の子たちにとって、お互いにかかわり合い、仲良くなるための、手早く、効果的で、明確に『男らしい』方法である」ことが理解できた。*9 すでに4歳になる頃には、着せ替え遊びが「女の子のもの」であるのと同様に、銃は「男の子のもの」であることを彼らは理解していて――「ピストルかパールか」の性別お披露目パーティを思い出してほしい――ほかの男の子たちの仲間に入る方法として、銃ごっこという選択をしているのだ。また、彼らは銃ごっこだけをするわけではなく、ブロックやパズルなど、あまりジェンダーの関係ないおもちゃで遊んだり、お絵かきや読書もする。しかし、先生や親が気付いて注意するのは銃ごっこである。銃ごっこに反対するのも理不尽なことではない。「ワシントン・ポスト」紙の記事によると、2015年のアメリカでは、幼児が銃を見つけて人を撃ってしまう事件が週に1回のペースで起こっているのだ。[*10] 確かに、銃器について子どもたちが受け取るメッセージには配慮しなくてはならないし、我々が発砲事件に鈍感になってしまっていることには注意が必要だ。

しかし、チューの要点は、男の子たちの銃ごっこが含む意味について親や先生は誤解している、ということである。男の子たちは、生来の凶暴性からこの遊びに惹きつけられているわけではない。銃ごっこは、ほかの男の子と遊ぶ機会を提供してくれるのだ。年齢が上がるにつれ、銃への興味は薄れ、代わりにポケモンカードで遊んだり、スポーツをするようになる。おもちゃや遊び方は変わっても、ほかの男の子と仲良くなり共感をもちたい、という欲求は変わらない。

チューが観察した6人の男の子には、いくつか共通の興味はあったものの、ひとりひとり性格や好みが異なっており、いつ男らしい行動を取るか（タフにふるまったり、威張ったり、女の子っぽいものをからかったりなど）については、そのときどきの希望や必要性に応じて各自が意図的に決めていた。マイクやミンヘンのように、ステータスと権力を好む子たちは、男の子の標準型とされる競争性のような性質に則った行動をすることがもっとも多かった。一方、男の子だけでなく女の子ともすぐに遊べるのんきな性格のダンや、最近お母さんが再婚したことで生活の変化に戸惑っている内気なトニーは、男の子たちのグループに入ることにそれほど興味がなかったり、あるいは入りにくかったりするようだった。すべての男の子に、大人がいるときには行動を加減して控えめにする傾向が見られ、自分たちは女の子よりもいたずらで手間がかかると思われていることを感じ取っていた。その典型的な例が、ミンヘンがブロックをつなげてつくったライフル型の物体をマイクに見せていたときのことだ。マイクが感心したように「すごく長い銃だね！」と言うと、その会話が耳に入ったミンヘンの母親が、それは銃じゃないと言ってたしなめた。しばらく2人とも無言になる。そしてミンヘンの母親が立ち去り、周りに大人がいなくなったと思うと、ミンヘンはマイクに向かって、これは絶対に銃だよ、と自信満々に告げたのだ。

チューは、この調査からの発見を2014年の著書『When Boys Become Boys: Development, Relationships, and Masculinity（男の子が男の子になるとき：発達、対人関係、マスキュリニティ）』にまとめている。タイトルには彼女の結論が端的に表われている――つまり、一般的に男の子に結び付けられている特性や性質は、生まれつき備わっているわけでも全員に共通するわけでもなく、社会的条件付けと文化的期待を受けて、意図的に計算されて起こる反応なのだ、という主張である。「男の子が男らしいふるまいの標準型に適応するのは、無意識でも不可避なことでもなかった」と彼女は述べる。[*11] 男の子たちは、どの程度「男の子らしく」するかを選んでおり、その選択理由は個人によって、自分の好みや性向に合っているからであったり、グループに順応し所属したいからであったりする。

男の子は「男の子」として生まれてくるのではなく、「男の子」になることを選ぶ（あるいはチューの言うように「自らのジェンダー社会化に積極的に参加する」）のだ、という考えには大きな意義がある。赤ちゃんの頃から、男の子たちは感情を無視したり抑制するように、さりげなく、あるいは無意識のうちに指導されていることや、大人は男の赤ちゃんを攻撃的・反抗的であると受け止めていることを示す研究もあるが、それらの研究結果とも整合性がある。前章で紹介した神経科学者のリーズ・エリオットが著作内で取り上げた研究では、大人は男の赤ちゃんを女の赤ちゃんよりも怒りっぽいと感じ、女の赤ちゃんを男の赤ちゃんよりも社交的だと捉えていることがわかっている（実際には、赤ちゃんを見ている人たちには逆の性別が教えられていた――つまり「怒りっぽい男の子」と思われたのは実際は女の子である）。[*12] そのほかの小規模な研究からは、親は子どもと感情について話すときに、子どもが男の子の場合よりも女の子の場合のほうが、長く複雑な語彙を使うことがわかっている。こうして、男の子はもともと競争意識が高く感情面で鈍感であるという誤った社会通念は強化される。その結果、男の子が成長していくなかで、親密な友達関係を築き維持するのに役立つ共感力やコミュニケーション能力といったスキルが育成されることは少なくなるのだ。

しかし、私たちもチューやウェイのように、ストイックでタフであるべきという期待に逆らっている男の子たちの姿に注目してみてはどうだろう。この抵抗力、レジスタンスを育てていくことはできないだろうか？

＊

2016年の春、私はトロントのすぐ北に位置する小さな町の学校を訪れた。タウンハウスや新築の平屋が袋小路に配置されたのどかな住宅街があり、6車線の大通り沿いには、商店、シナゴーグ、モスク、教会、大型小売店、ホッケー場などが並ぶ——トロントを囲む多くの郊外コミュニティによく見られる風景である。以前はイタリア系とユダヤ系住民の多い地域だったが、この20年間の移民増加により、町の人口構成も多様化した。現在は、黒人系、中国系、韓国系、ペルシア系、ロシア系、南アジア系、フィリピン系カナダ人が混在しており、この学校に通う500名ほどの生徒たちも、ほぼ町の人口構成を反映している。ただ、この学校には通常のカリキュラムのほかに5年生から8年生向けの選抜アーツアカデミーがあり、学区全体から生徒が集まってくる。そのため、周囲の移民が多い中流階級地域に比べると、少しばかり白人と富裕層の生徒が多い傾向にある。

1日の授業の終わりを告げるベルが鳴った。私はこれから、7年生と8年生向けの放課後プログラム「ネクスト・ジェン・メン」（訳註：Next Gen Men、「次世代の男性たち」の意）」のセッションを参観させてもらう。運営しているのは20代の男性3人組だ。友達同士の3人は、1年前にこのアイデアを思いつき、男の子と男性の精神保健に貢献する活動に贈られる少額の立ち上げ助成金を使ってプログラムを設立した。週に一度、全10回のセッションの中で、スポーツ、チームビルディングの練習、チェックイン（訳註：セッションの初めにそれぞれの体験したことをグループに話して共有すること。グループのコミュニティ意識を強める目的がある）などを通し、男の子たちの共感力と自己認識力を高め、うまく感情を扱えるようになる手助けをするのが、ネクスト・ジェン・メンの活動だ。

この放課後プログラムを担当するのはジャーマル・アレインだ。男の子たちが1日の終わりに余ったエネルギーをバスケットボールで燃焼するあいだ、私は体育館の脇でアレインと話していた。スニーカーを履いて眼鏡をかけ、体育会系の思索家といった風貌のアレインは、少年時代はチェス部に所属しつつ、スポーツ選手としても大会に出場していた。ネクスト・ジェン・メンを立ち上げる前は、公衆衛生学の学位を取り、青少年団体でケースマネジャーとして働いていた。私たちが話しているあいだも、少年たちが彼の周りに集まり、ボールをパスしたり、ゲームに誘ったりする。大学以来の親友同士だったアレインとジェイク・スティカに、もう1人の友人ジェイソン・タン・デ・ビビアナが加わって、ネクスト・ジェン・メンをつくる時に目指したのは、自分たちが中学生の頃にあればよかったのにと思うようなプログラムだった。仲間からの同調圧力、悲しみ、恋、友情、嫉妬心といった、男の子にとって話し合うのが難しい問題に取り組んでくれるプログラムである。

「楽しいことが必須です」と彼は言う。「宿題みたいに感じるようではダメだと思いました。そして、安心して参加できること。安心して自分の感情について話すことができ、否定されたり笑いものにされたりする心配なしに自分の考えが言えることです」。

バスケットボールが終わると、10人の少年たちを集めて輪をつくり、チェックインからセッションを始める。全体的に、あまり積極的な雰囲気ではない。誰かの誕生日会の話や、好きなビデオゲームの話が出る。ある男の子が週末をお父さんと過ごしたことを話すと、ほかの男の子2人がにわかに反応した。「よかったな」「いいね」と言葉をかける（私はあとで知ったのだが、両親が離婚していて父親に会う機会の少ない少年にとって、これは重大な出来事だった。ほかの少年たちはその事情を知っていたのだ）。一方で、この学校に来たばかりだという東ヨーロッパ訛りの背が高い男の子は、じっと座っていられない。何度も立ち上がり、体育館の端まで歩いて行っては、グループ内にいる痩せっぽちで眼鏡をかけた少年の弟と妹を追いかけ回している。全員が話し終えるまで、アレインは辛抱強く何度も彼を輪の中に呼び戻す。

その後、アレインは少年たちを3、4人のグループに分け、ジェンダーステレオタイプについての短いエクササイズを始めた。リストをふたつつくり、ひとつには女性や女の子を表現する言葉、もうひとつには男性や男の子を表現する言葉を書くようにとみんなに指示する。最近お父さんと会った男の子は、何か罠があると感じたようだ。「ステレオタイプってこと？　それとも現実世界っていうか、実際のこと?」アレインは、とにかく思い浮かんだことを書くように、と言う。そして、再びみんなで集まってまとめてみると、女性のリストにはこのような表現が並んでいた——賢い、愛情深い、楽しい、母、感情的、美しい、マブい(これは笑いが起こった)、アート好き、優しい、幸せ、繊細。男性のリストには——運動能力、強い、タフ、軍隊、ギャング、お金、タキシード、銃、勇敢、怖いものなし、クリエイティブ。アレインはみんなと一緒に、その性質がなぜ男性あるいは女性に属すると思ったのかを考えていく。「誰か知っている男性の中に、例えば、繊細な人はいないかな?」と問いかけると、おしゃべりな巻き毛の男の子が元気よく手を挙げる。「ぼく! ぼく、すっごい繊細!」

ジェンダー分析も長くは続かない。長身の少年は体育館の中をうろうろし続けている。痩せっぽちの少年の膝の上には弟と妹がなだれかかり、おやつをねだっている。先ほどの繊細な子は、狩猟する男性と採集する女性と進化についてよくわからない話を延々と続けている。何分か経って、リストづくりが始まってからそれまでほとんど発言していなかった猫背の男の子が彼の話を中断させると、繊細な男の子は泣き声混じりに訴え始めた。「なんでいつもみんな、ぼくが話してると黙れって言うの?」セッションは収拾がつかなくなりそうだったが、そこで両親が離婚した少年が割って入り、2人ともやり合うのはやめて、みんなでおやつの時間にしようよ、と落ち着いて仲裁する。アレインは話し合った内容をまとめてから、最後に1人ずつ、ほかの人の良いところを言ってセッションを締めくくろう、と言う。少年たちがお互いにかけ合う言葉は優しく、真摯で、具体的だ。「今日はよく頑張ったよ」「バスケットボールがかなり上達したね」「君はぼくが知ってる中で最強のリーグ・オブ・レジェンドのプレイヤーだと思う」「君はいつもいい友達でいてくれる」。

ネクスト・ジェン・メンは、こういった少年たちのグループに加え、成人男性向けに、身体イメージや対人関係、心の健康などについて話し合う「ウルフパック」（訳註：「オオカミの群れ」の意）という集まりも定期的に開催している。こういった集まりによって、あらゆる側面を包括する健康的なマスキュリニティ像を推進し、男性同士が友達関係を築く手助けをしたい、というのが彼らの希望だ。アレインは、「男という文化」の中では、弱く見られたり批判されたりする恐れから、本物の対話やつながりの入る余地がほとんどないと言う。大人からも男の子からも、自分たちは「もともと悪い人間」だと思っている、という声をよく聞くそうだ。セクシュアルハラスメントや虐待行為で多くの男性が非難を浴びている今、この傾向は特に顕著になっている。アレインは、女性の力になりたい男性たち、過去にしてしまったかもしれない加害行為について見つめ直したいという男性たちは大勢いるが、みんな、自分が間違ったことをしたり言ったりしてしまうのではないかと心配しているのだと言う。「みんな悪い人間じゃありません。彼らは今、理解しようと苦心しているところなんです。私はそれぞれの段階にいる彼らに共感をもって接することを努めています」。

少年たちのグループのなかには、明らかに人気者の子が何人かいるのがわかる。1人の少年はピカピカのヴァンズのスケートシューズを履いており、ほかの子たちは彼のファッションセンスについてひやかしながらも、そこには称賛の念が込められている。彼はほかの男の子たち3人と特に親しく、その4人グループにはみんなが入り込めない雰囲気がある。4人は床に寝そべって男性/女性のリストを書いているときも、お互いの肩やひざにもたれかかっている。ほかの何人か——例えば猫背の彼、繊細な彼、長身の彼などは、明らかにこのグループからは外れており、人気者の少年たちのように自信のある様子ではない(猫背の子があとで話してくれたのだが、彼の親友は2年前に引っ越してしまい、それ以来本当の友達と呼べる存在がいないそうだ)。アレインは、彼らがほかの子と仲良くなろうとアプローチして失敗する姿を見ることがあると言う。私が見ているときにも、長身の男の子が悪意のない様子でファッショナブルな男の子——グループでいちばん小柄だ——に近づき、彼を抱え上げた。不器用なアピール方法である。小柄な男の子は笑ってごまかそうとするが、ばつの悪さを感じていることは明らかだ。

多くの男の子にとって難しいのは、一度つながろうとしてみてうまくいかなければ、再び試すことなく諦めてしまうことなのだと、アレインは言う。彼らにとって、弱みを見せること、自分をさらけ出して拒絶されることは辛すぎるのだ。アレインに対してさえそれは同じで、少年たちの誰かが個人的なことを話しに来たときに、ほかのことに気を取られていたり忙しかったりして話を聞くタイミングを逃すと、もう一度心を許して話してくれるまで数週間かかることもあると言う。「すでに10歳か11歳になる頃には、男は自分で解決方法を見つけるもの、という考えが染みついています」とアレインは言う。「助けを必要とするということは、自分は男として出来損ないなのだ、というメッセージを受け取っているんです。だから、勇気を出して手を伸ばしたときに応えてもらえなければ、マスキュリニティの健全なありかたを知らない男の子たちは、それでもう殻に閉じこもってしまうこともあります」。

これが、チューの研究で指摘されている、男の子たちの「負のフィードバックループ」である。男性としての承認を受けたいという欲求から、男の子たちは警戒し自己抑制的になり、それがお互いの絆をつくることを妨げる。真の男になるために必要とされるスキルは、真の人間として成長するためにはマイナスとなるのだ。あるいは、ナイオビ・ウェイはこのように説明している。「男の子の問題は、根本的には、生物学や心理学に関わる問題ではない。男の子（男性、女の子、女性も）が単なるジェンダー集団を超えた存在であると認めようとしない文化――あるいは有色人種の男の子が人種ステレオタイプを超えた存在であると認めようとしない文化――に関係する問題なのだ。これらのジェンダーや人種ステレオタイプは、その性質上、男の子が健全に育つためにまさに必要としている社会的・感情的スキルが育まれることを阻んでしまう」。*13

希望がないように聞こえるかもしれないが、実はこれが希望のもとでもある。男の子たちには、共感し、つながり、優しさと愛情を感じ表現する能力があるのだから、そういった性質を促す方法を見つけさえすればよいのだ。深く親密な友情は、男の子が従来的なマスキュリニティの慣習に抵抗するためのひとつの手段になる、とウェイは言う。その例として、2年ほど前、ニューヨーク市の中学校の男の子たちを対象に行なった講演の話をしてくれた。彼女は『深い秘密』からの引用をいくつか紹介し、それをどのように解釈するか、みんなにたずねた。男の子同士の友情について、自分たちはどんなふうに考えているのだろうか？　1時間ほど話し合いが続いたあとで、1人の男の子が前に出て、ある男の子と友達になりたかったけれど拒絶されたときの話をした。それほど大きな学校でもなかったので、誰のことを言っているのか、みんなわかっていた。ウェイは、自分の傷ついた感情について、これほど公の場で打ち明けてくれる男の子がいたことに驚いたと言う。

さらに驚いたのは、別の生徒に「先生、この本は誰のために書いたんですか？」と聞かれた時だと言う。その瞬間について、彼女はこう語ってくれた。「完全に不意打ちの質問で、私は、親や先生たちのためだと答えたんです。すると彼はかなり苛立った様子で私を見てこう言いました。『どうしてぼくらのために書かなかったんですか？　だって、こういうのを知っていれば、ぼくらはこんなにひとりぼっちだと感じないで済むのに』。まさに彼の言う通りでした。男の子たちは、自分たちの感情が普通だと思えていない。男の子にとって、恐怖や弱さを感じたり、悲しんだり、傷ついたりすることは普通なのだと教わっていないんです」。

そのあと、さらに別の男の子が、「先生、いい友達をつくるにはどうしたらいいでしょうか？」と言った。ウェイはその質問を投げ返すことにし、「じゃあ、それをみんなで考えて、私に教えてください」と答えた。それから、150人の男の子たちは残りの時間を使って、いい友達の作り方と友達関係を維持する方法について話し合った。「これが、レジスタンスです」とウェイは言う。もしかしたら、男の子たちに教えることは何もないのかもしれない――「私たちに必要なのは、ただ、彼らの声をもっとよく聴くことなのかもしれませんね」。

Chapter

4

ボーイ・クライシス
学校教育から本当に取り残されているのは誰？

ナディア・L・ロペスからは、とにかく無駄が嫌いなひと、という印象を受ける――時間の無駄やお金の無駄、そして何より、才能を無駄にすることが。彼女が設立し、校長を務める公立中学校モット・ホール・ブリッジズ・アカデミーがあるのは、ニューヨーク市でももっとも貧しい地域のひとつ、ブルックリン東部のブラウンズヴィル地区である。2016年の秋の終わりに私が訪問したときの彼女は、学校のカラーである紫と黒（彼女いわく「高貴な色」だ――ロペスも生徒たちも毎日この色を身につけている）でコーディネートしたストレートラインのワンピースとカーディガンをエレガントに着こなし、事務室の中央にある巨大なテーブルを前に座っていた。テーブルの上には、積み重ねられた書類、ノートパソコン、スマートフォンがすぐ手の届く位置に置かれている。私が訪れているあいだにも、ロペスは何度か話を中断して保護者からの電話に出たり、先生からの質問に答えたり、講演の依頼を受けるかどうか判断したりと忙しい。なかでもいちばん大事な仕事は、事務室にやってきた11歳くらいの男の子と話すことだった。その朝は何か辛いことがあったようすで、体の両側で握りしめている小さな手に、やり場のない苛立ちが表れている。

ロペスの生徒たちが住んでいる地域は、問題が多く犯罪率が高いところとして知られている。ブラウンズヴィルは、ブルックリンの中でも高級住宅地化されているパークスロープ地区からわずか数キロ東に位置するが、数百万ドルは下らない価格が付けられたブラウンストーンの家々が並ぶ、誰もが憧れる住宅地は、異国も同然である。子どもの権利擁護のための非営利機関「子どものための市民委員会」が2017年に行なった調査によると、ブラウンズヴィルに住む人々のうち40%が、米連邦政府が設定した貧困ライン（2016年では3人家族の場合に収入が2万1600ドル）を下回る暮らしをしており、地域内に暮らす1万9千人の子どもたちの半数以上は貧困家庭で育っている。[*1] ブラウンズヴィルの大半を占める黒人系とラテンアメリカ系住民は、市や州の議員や政治的実力者に見捨てられていると感じている、という報告もある。これらの住民たちの暮らす地域では、銀行、食料品店、子どもやティーンエイジャー向けの放課後や夏期の課外プログラム、公園、図書館、公共交通機関といった基本的な生活資源が不足している。そのような政治的・経済的に顧みられない状況がブラウンズヴィルの子どもたちにどのような影響を及ぼすかというと、3年生から8年生までの子どものうち充分な数学力や国語力を有しているのは全体の16%以下で、高校生の卒業率は3分の1をわずかに超えるに過ぎない。ロペスは、彼女が何度も口にしている言葉を私にも繰り返した――「私は、刑務所を減らすために学校をつくったのです」。

この学校とロペス校長が有名になったのは、2015年の1月、ニューヨーカーたちを短い文と写真で紹介する人気ブログ「ヒューマンズ・オブ・ニューヨーク」に、生徒のヴィダル・チャスタネット――シェフと俳優になるのが夢だというかわいらしい顔立ちの8年生だ――が取り上げられたことがきっかけだ。サイト設立者のブランドン・スタントンは、ブルックリンの路上でヴィダルに出会い、これまでの人生でもっともインスピレーションを受けた人物は誰かとたずねた。ヴィダルの答えは「ロペス先生」だった。「ぼくらが何か問題になることをしてしまっても、先生は停学処分にしないんだ。そうじゃなく、ぼくらを校長室に呼んで、周りの社会がどんなふうに成り立っているのかを説明してくれる。誰かが学校を退学するたび、刑務所で新しい監房がつくられるって。ある時、先生は生徒全員を1人ずつ順番に立たせて、ひとりひとりに、あなたは大切な存在だと言ってくれたんだ」。

それから数日間で、この投稿は15万回以上シェアされ、Facebookでは100万以上の「いいね」が付いた。スタントンが資金集めのサイトを立ち上げると、すぐに140万ドルの支援が集まった[*2](このお金は、夏期プログラム、大学奨学基金、大学見学旅行のために使われることになっている)。ロペスとヴィダルはホワイトハウスでオバマ大統領と面会し、人気トークショー「エレン」にも出演した。

「ヒューマンズ・オブ・ニューヨーク」の投稿を見た何十万人もの人たちと同じように、私も、ロペスをインスピレーションだというヴィダルの思いに心を打たれた。しかし、彼がロペスの罰則方針について言及したことに、私ははっとした。この年頃の男の子が注目し、コメントするにしては、意外なことに思えたのだ。中学校の校長先生が生徒を停学させたがらない――それを特別だと感じるということは、黒人の13歳の男の子が教育システムの中で経験していること、期待していることについて、何を物語っているだろうか？

彼自身が意識していたにしろいないにしろ、ヴィダルの言葉は、アメリカ、カナダ、イギリスの教育システムにおける男の子（特に有色人種の男の子）の扱いに関する気掛かりな実情を映し出している。教員や学校運営職員は、女の子に比べて男の子をより頻繁に、厳しく罰しており、なかでも特定の人種グループ（アメリカでは黒人・ラテンアメリカ・先住民族系、カナダでは黒人・先住民族系、イギリスでは黒人・カリブ系）の男の子に対しては、それ以外の男の子よりも罰を与えることが多い。

男の子の学校教育について語られるときに浮かび上がるのは、過剰に一般化された男の子像だ。落ち着きがなく乱暴でビデオゲームに夢中、読書よりバスケットボールが好き、優等生名簿に載るより校長室に呼び出されることのほうが多い――そんな男の子である。しかし、このタイプを絵に描いたような子どもの母親である私が思うに、この「典型的な男の子」は、まったく典型的ではない。学校にうまく適応でき、そこそこの成績を取り、特に問題を起こさない男の子たちよりも、息子のような男の子のほうが単に目立ちやすいだけなのだ。しかし、この20年間、教育現場の「ボーイ・クライシス（男の子の危機）」として語られてきたのは、現代の男の子全体がのっぴきならない状況にあり、女の子が躍進する陰で取り残されている、という恐怖のシナリオである。ボーイ・クライシス説を支持する人たちは、小学校の識字レベルや高校卒業後の進学率を男女で比較した統計を引用し、女の子の成功のために男の子が犠牲になっている、と主張する。このため多くの親たちが、息子の将来について心配することになった。確かに、構造的・社会的な不平等や学習障害、家族の問題といったさまざまな理由から学校で苦労している男の子たちはたくさんいる。しかし、ボーイ・クライシスという論理を成立させるには、いくつかの疑わしい前提が必要になる。その前提とは、すべての男の子は似たような能力や興味をもち、基本的に画一であること、すべての男の子に平等な機会が与えられており、教室内での扱いも平等であること、男の子と女の子では脳の構造と化学作用に大きく明確な違いがあること、である。教育の歴史や、私たちがどのように男の子を捉え、彼らの性質や能力を評価しているのかについて詳しく見ていけば、危機感の焦点がずれていることがわかってくる。男の子の危機は実際に存在するが、私たちの懸念は、もっとも助けを必要としている男の子たちに向けられていないのだ。

アカデミーで実施している試みのひとつに、「I matter（訳註：アイ・マター。「ぼくは大切」の意）」という男の子向けのグループがあり、コミュニケーションや人間関係のスキル、性の健康、社会正義といった内容について話し合うことのできるメンター相談会やワークショップを開催している。アカデミーが設立されてまもなく、ロペスは女の子向けのグループをつくっていた。しかしその後、男の子にもこのような場所が必要だと考えるようになり、さまざまな分野で活躍する知り合いやコミュニティリーダーの男性たちを口説き落とし、男の子たちの手本になってもらうべく招き入れたという。「私は学生たちのことを、ひとり残らず大切に思っています。でも、男の子と関わっている時には、とくに切迫した印象を受けるんです」と、彼女は説明する。

「罰則を与えることを繰り返せば、男の子たちに自分の行動を制御するよう教えることはできます。でもそれでは、もともと不安を感じたり問題行動を起こしたりする原因は何なのか、根っこにある問題の解決にはなりません」。有色人種の男子生徒については、「手が付けられない子たちだと思い込まれています」とロペスは言う。

ロペスと話したあと、彼女のアシスタントを務めるドンシャ・ジョーンズが校内を一巡り案内してくれる。外に出るときに、学校の中央廊下を歩いていたロペスとちょうどすれ違った。その朝早く、事務室に憤慨した様子で入って来た小柄な男の子の肩に手を置いている。彼は泣いていたようで、目は腫れて、肩は落ち込み、驚くほど幼く見えた。息子の中学時代に何度も見たことのある姿だ――11、12歳頃に特有の虚勢をせいいっぱい張っているかと思えば、次の瞬間には目に涙をためて抱きついてくる。ロペスは、どうしたのか話してみて、と静かに語りかけている。生徒の頭越しに私と目が合うと、微笑んで、「男の子をやっていくのも、なかなか大変なことがあるのよね」と言った。

*

150年ほど前までは、正規の包括的な教育を受けられるのは、上流階級の白人男子に限られていた。貧しい子どもや、有色人種の子ども、女の子が教育を受けることがあっても、それは職能を身に付けるために見習いに入るか、従順な労働者や妻となるための最低限のことを教わる程度であった。カナダとアメリカで地域ごとに共学の公立学校がつくられるようになったのは19世紀の初め頃で、それから徐々に、生徒の年齢に従って学年分けをし、専門機関で先生を養成し、共通カリキュラムを取り入れた、現在のような小学校のかたちができていった。20世紀前半には、高校は義務教育化された。

普通公教育は、貧しい子どもたちの後押しをし、社会階層間の移動の機会をつくるという点で革命的な制度であった。しかし同時に、社会を統制する力としても働いた。社会改革者たちが先導して19世紀につくられた初期の公立学校の目的のひとつは、しつけが悪く手に負えないと見られていた下層階級の子どもたちに、倫理観や市民としてのありかた、市民道徳を教えることだった。奴隷として働く子どもたちには教育が禁じられており、奴隷に読み書きや計算を教えることを犯罪と定める法律も存在した。ジム・クロウ法時代のアメリカでは、ほとんどの地域の公立学校は人種別に分けられていた。具体的には白人と黒人で分けられていたのだが、一部の州では、先住民族やメキシコ系アメリカ人の子どもたちも白人学校に入ることを禁じられていた。黒人専用の公立学校は、白人学校に比べて圧倒的に財源が少なく、ボロボロの建物を校舎として使っていることも多かった（カナダでも、地域によっては白人の学校運営者がアジア系や黒人系の子どもたちを通わせないよう努めていたため、事実上は人種分離が行なわれていた）。1954年のブラウン対教育委員会裁判で、米最高裁判所が学校の人種分離を定める法律を無効とする判決を下したものの、人種分離解消のための努力は1970年代に入ってもしばらく続くことになる。

一方、カナダの先住民族の子どもたちは、国による強制同化政策に苦しめられていた。これは、当時言われていたような粗野な表現をするなら「子どもの中のインディアンを殺す」ための政策である。19世紀半ばから、先住民族の子どもたちは家族から強制的に引き離され、カナダ連邦政府が設立し教会が運営する全寮制学校に送られるようになる（子どもを手放すことを拒む親は刑務所行きになると脅された）。学校に入ると、子どもたちには新しいヨーロッパ風の名前と番号が与えられ、故郷の家族と接触することは禁じられた（同じ学校に入った兄弟姉妹も引き離されることが多かった）。部族の言葉を話したり伝統文化に従ったりすれば罰を受け、鞭で打たれ殴られることも多かった。設備の不充分な寮では、結核などの病気が蔓延した。教師や聖職者、修道女から性的虐待を受ける子どもたちも多かった。合計でおよそ15万人の先住民族の子どもたちが全寮制学校に送られ、そのうち何千人もが学校生活中に死亡したと推定されている。*3 故郷に戻ることができた子どもたちも、家族とのつながりは深く断絶され、両親と同じ言葉で意思疎通ができないことも多かった。このような学校は1980年代まで存続しており、学校生活を生き延びた数多くの人々が、精神疾患や依存症を含み、後々まで残るトラウマに苦しむことになった。

教育をめぐる法律や政策は変化したかもしれないが、人種的不平等と人種分離は今も残っている。居留地に住む子どもたちに当てられる教育資金は、カナダ全体と比べると30％少ない。遠隔地のコミュニティには高校がないことが多く、子どもたちは教育を受けるために家族から離れて他人の家に下宿せざるを得ないが、この状況は、かつての全寮制学校システムの一面に恐ろしいほどよく似ている。

ほかの地域を見ても、社会的に取り残されている層の生徒たちが住む学区には、同様の支援・資金・機会の格差が存在している。例えばモット・ホール・ブリッジズ・アカデミーがあるのはリベラルで多様性豊かなニューヨーク市だが、ニューヨーク市の公立学校システムは、アメリカの中でも特に人種分離が顕著なのだ。ニューヨークの黒人系・ラテンアメリカ系の子どもたちの大半が通う学校を見てみると、白人の生徒数は10％未満である。公立学校の生徒のうち、白人の子どもたちの占める割合はわずか15％であり、その半数は、市内の公立学校の11％に集中している。そしてこれらの学校のほとんどが、人種的にも経済的にも均質な生徒層の優秀校なのだ。*4

白人の裕福な子どもたちの多い公立学校は、新しいコンピュータ、最新式の化学実験室、すべて揃った楽器といった設備から、各界と人脈があり資金調達やボランティアに協力的な保護者団体の存在まで、より良い資源に恵まれている。アメリカ全体に言えることだが、ニューヨーク市でも、黒人やラテンアメリカ系の生徒が多い学校には経験豊かな教師が少なく、上級コースや最新の情報を反映した教材、現代的な整った設備は不足しがちである。

モット・ホール・ブリッジズ・アカデミーが2010年に設立された目的のひとつは、このような不均衡を是正することであった。横長のブロックのような形をした低層ビルの3階部分がアカデミーの校舎となっており、私が訪れた時には、床はきれいにモップがかけられ、壁は最近ペンキを塗り直したばかりだった。きちんと整理された掲示板には、クラブやイベントのお知らせが掲載されているほか、生徒によるプロジェクトやアート作品が飾られていた。教室の中に入ると、高い窓から光が射し込んでいる。地下のカフェテリアと大体育館は、同じ建物内にある別の学校の生徒たちと共同で使っているのだが、ロペスは3階の教室のひとつを小体育館に改造し、必要なときに生徒たちが動き回ることのできる空間を用意している。別の教室には座り心地のいい椅子やソファが置かれ、休憩室とミーティングルームを兼ねたスペースになっている。ロペスはわずかな資源を工夫して、静かで安全で、生徒たちのやる気が出るような環境をつくり出すことに成功した。「このコミュニティの子どもたちは、最低限の資金や支援でこんなに頑張っているんです」と彼女は言う。「考えてもみてください。もし、豊かな地域の子どもたちと同じくらいの資金がこの子たちに与えられたら、いったいどんなことが起こるでしょうね？」

*

　ロペスに教師と校長として優れた才能があることは間違いないが、彼女の出している成果は、その幅広い教育学的スキルだけによるのではないだろう。彼女が個人的に生徒たちに思い入れをもっており、また、生徒たちが自分自身を彼女に重ねることができるからこそなのだと、私は思う。ロペスは黒人で、移民の両親のもとに生まれ、ブラウンズヴィルからも遠くない、同じくブルックリンのクラウンハイツ地区で育った。両親の応援を受けて学業に秀でた彼女は、学生たちにも自分と同じ可能性を見出しているのだ。

　教師や学校運営者と生徒との関係は、子どもの――特に男の子の――歩む人生に非常に大きな影響を与えうる。黒人の先生に教わったことのある黒人の子どもたちは、英才プログラムに推薦される可能性が高くなることが、研究によって明らかになっている。ノースカロライナ州の公立学校に通う10万人の黒人生徒たちを対象とした長期調査によると、低所得層の黒人生徒たちが小学校時代にひとりでも黒人の先生に教わった経験がある場合、高校を卒業し大学進学を考える確率は大きく上昇することがわかった。貧しい黒人の男子生徒のあいだでは、たったひとり黒人の先生がいることが、退学率の40％近い低下という飛躍的な変化につながっている。[*5]また、低所得層の黒人の男の子と女の子の両方において、3年生から5年生のあいだに1人でも黒人の先生に教わった経験がある場合、のちに4年制大学への進学を希望する傾向が高くなった。

アメリカの学校における人種分離廃止の予期せぬ副作用のひとつは、黒人の先生や学校運営者が急激に減少したことであった。1954年のブラウン対教育委員会の判決ののち、黒人専用学校は閉校され、黒人の子どもたちはそれまで白人専用だった学校に編入された。黒人の教師陣は大量に解雇されてしまう――白人で構成された教育委員会は、白人の生徒が黒人の先生に教わることを見苦しいと考えたからだ。それ以来、黒人の教師数は回復していない。現在、アメリカの公立学校で教える先生のうち、黒人男性はわずか2％である。[*6]つまり、アメリカに暮らす黒人の男の子が、自分たちと同じような見た目の、自分たちとある程度同じような経験をしてきた人物に教わることができる確率は、非常に低いのだ。

もちろん、黒人でない先生が全員あからさまな差別主義者で、有色人種の子どもたちの進歩をわざと阻害していると言っているわけではない。しかし、カナダやアメリカの公教育システム自体はますます多様性が広がっているにもかかわらず、教師のほとんどが白人であるということがどのような意味をもつのか、考えてみる価値はある。白人の先生たち自身は善意であるだろうが、それでも、男子生徒や有色人種の生徒に対する無意識バイアスがあり、ほかの生徒よりも低い期待をかけているという可能性が、いくつかの研究によって示されている。

教育分野における無意識バイアスは、社会科学者たちのあいだで関心の高まっている研究分野だ。私たちは全員、どれだけ自分が心の広い人間だと思っていても、人種・ジェンダー・性的指向・年齢などに関して無意識の先入観をもっている、というのが無意識バイアスの概念である。喜ばしいのは、いったん自らの反射的な偏見に気付けば、学習によってそれを軽減することができる、という研究結果が出ていることだ。無意識バイアスは、多くの場合、特定集団へのなじみが薄いことや、その集団に対する根強いステレオタイプがあることに起因している。しかし一方で、危険なのは、無意識バイアスをそのままにしておけば——子どもの能力に目を向けず、将来性なしと切り捨ててしまえば——偏見を向けられた人々の人生や希望を破壊するような影響を与えかねないことだ。

教師や警察官などを含む大人たちが特定集団の子どもに対して抱いている無意識バイアスに

ついて、いくつか小規模な研究が行なわれている。ひとつの研究では、大学生の被験者グループに対し、ある子どもが問題行動をしているという仮定の話を聞かせたあとで、ランダムに選んだ子どもの写真を見せた。[*7] 黒人の子どもの写真を見せられた大学生は、白人やラテンアメリカ系の子どもの写真を見せられた大学生に比べ、その子どもの行動について無害だと評価する傾向はかなり低くなり、非難に値すると評価する傾向が大幅に高くなった。また被験者は、写真に登場した黒人の男の子たちについて、実際の年齢よりも平均で4.5歳上であると推測していた。

子どもの無垢性という考えは、私たちの文化に原則として存在し、子どもを守る法律の基盤になっている。労働、結婚、車の運転、飲酒、軍への入隊などに年齢条件があり、法に触れる事件の報道で子どもの名前が公表されないのもそのためだ。しかし、このような子どもの原則的な無罪という概念が、すべての子どもに平等に与えられているわけではない。クリーブランドで警察官に撃たれた12歳のタミル・ライスの例を考えてみてほしい。公園でおもちゃのペレット銃で遊んでいたライスを見かけて警察に通報した人は、通信指令係に、人物は「少年」であり、銃は「おそらく偽物」だと伝えている。しかし、現場に到着した警察官のひとりは、パトカーから降りて数秒でライスに発砲した。クリーブランド警察巡査協会の会長は、ライスを殺害した男性を擁護してこのように発言している。「タミル・ライスに非がある。彼は脅威を感じさせる。彼の身長は5フィート7インチ、体重は191ポンドだ。皆さんが写真で見たような幼い子どもではない。大人の体をした12歳だ」。[*8]

このように、子どもを実年齢や発育年齢よりも年長であると認識し、そのため子どもが自身の行動について実年齢に期待されるよりも重い責任をもち、重いとがめを受けるべきだと認識することを、子どもの「成人化」と言う。男女問わず、黒人の子どもたちは、一般的に成人化されることが多いようである。権威的立場の大人が、子どもたちの年齢や成熟度について実年齢よりどのくらい上と推定するかが、与える罰の重さを決定する一要因になっていることも、研究によって示されている。さらには、このように人種と性別に基づいて責任を帰することは、子どもたちがごく幼い頃から始まっているのだ。イェール大学のチャイルド・スタディ・センターが行なった研究の例を見てみよう。大規模なカンファレンスに集まった幼稚園・保育園の先生たちの中から被験者を募り、生徒に対する認識と罰の与え方に関して無意識バイアスがどのような影響を与えるかを調査したものだ。[*9] ある実験では、先生たちをノートパソコンの画面の前に座らせ、これから4人の学齢前の子どもたち——白人男児、白人女児、黒人男児、黒人女児——が登場するビデオを見て、実際に子どもが問題行動を起こす前に前兆となるふるまいを察知できるかをテストします、と告げた。実際には、ビデオに登場する子どもたちは誰も不適切なふるまいをしない。このセリフは、先生たちが問題を探すように仕向けるための仕掛けである。ビデオを見ているあいだ、先生たちの視線の方向と注視の持続時間をモニターし、どの子どもにいちばん注目しているかを調べた。

その結果、被験者は女の子よりも男の子を長く見つめており、さらに黒人の男の子を見つめている時間がもっとも長いことがわかった。どの子どもにいちばん注意を向けていたかという直接の質問に対しては、先生たちの42％が黒人の男の子と答え、次いで34％が白人の男の子と答えた。[*10] これらの結果から、幼稚園や保育園の先生たちは、生徒の態度について、人種や性別によって異なる期待をもっている可能性が示唆される。この無意識バイアスによって、男の子（とくに黒人の男の子）の停学・退学処分が偏って多くなっている理由が説明できるかもしれない。アメリカの就学前教育機関において、男の子が一度以上の停学処分を受ける確率は女の子の3倍で、黒人の子どもが一度以上の停学処分を受ける確率は白人の子どもの3．6倍となっている。

どんな子どもでも、当然、時には好ましくないふるまいをする。そのような行動が多い子もいれば、少ない子もいる。しかし、先生や学校運営者が先入観をもっていれば、子どもの起こした行動をどのように解釈し、どのような対処をするかは変わってくるだろう。落ち着きなく手遊びをしていたり、クラスメートをつついたり、苛立って算数のプリントを破ったりする男の子を目にしたとき、先生は、この子は家庭で問題があるのか、お腹が空いているのか、疲れているのか、と考えるだろうか？　それともただ、この子は問題児だ、と思うだろうか？　もし後者なら、問題児として扱われ続けるうち、その子どもは必然的に本物の問題児になる。そしておそらく、学校は守られた学びの場所ではなく、邪魔者の自分がいるべきでない場所だと考えるようになるだろう。

学校から停学や退学処分を受けた子ども（その多くは貧困の中で育ったり、虐待やネグレクトを受けていたり、学習障害があったりする）は、のちに法に触れる問題を起こす可能性が統計的に高いことを表す「学校から刑務所へのパイプライン」という言葉があるが、上記のような学習される態度が、この現象の一因となっているのではないだろうか。イギリスの国営刑務所を管轄する行刑庁長官を務めたマーティン・ネアリーは、国内のこのような傾向に気付き、「若者たちが学校から追い出されるときに、将来刑務所に入る日程を言い渡しておいたほうが早いようなものだ」と述べている。イギリスやカナダの停学・退学率のデータを見ると、アメリカと同じような人種偏向があることがわかる。イギリスでは、黒人系カリビアンと黒人・白人系混血カリビアンの子どもたちが停退学処分を受ける確率は、白人の子どもたちに比べて3倍となっている。[*11] カナダのトロント教育委員会の統計によると、2012年から2016年のあいだに退学処分を受けた子どもたちのうち48％が黒人で、一方、白人の子どもたちは10％であった。[*12]

1980年代から90年代にかけての社会では「犯罪徹底取り締まり」の流れが起こっていた。これに従ってアメリカでは麻薬撲滅戦争や強制的最低量刑といった政策が進められ、拘禁率が急増したが、同時代に学校で導入された「ゼロトレランス（不寛容）」罰則方針も、その考え方の延長であった。また、ゼロトレランスは、当時流行していた「割れ窓理論」――器物損壊やグラフィティといった軽微な違法行為が、より重大な犯罪や暴力につながるという考え――の実践例でもあった。割れ窓理論によれば、小さな違反を徹底的に取り締まることで、より大きな問題を未然に防ぐことができる。しかし、ニューヨークなどの都市では、警察が頻繁に通行人を呼び止めて職務質問や所持品検査を行ない、わずかな違反にも罰金を科すようになり、警察の職権乱用に対する苦情が激増した。現在では、割れ窓理論に基づく取り締まりは利益よりも害を多くもたらしたというのが、一部の社会学者や犯罪学者たちのあいだでは共通認識となっている。この30年間で、アメリカとカナダの凶悪犯罪は急激に減少したが、ゼロトレランス政策がその成果に与えた影響はわずかに過ぎない。広範かつ継続的に犯罪数が低下している理由は、人口構成の変化（高齢化すると犯罪数は減る）、移民の増加（移民が増えると犯罪率は下がる傾向がある）、そしてクラックコカイン使用が減少したことである。*13

それにもかかわらず、近年増えてきているチャータースクールと呼ばれる学校の多くでは、割れ窓理論――あるいは「言い訳無用の原則」――に基づいた方針が取られている。チャータースクールは、公的資金で設立され、民間が非営利あるいは営利事業として運営する学校だ。その大部分は、ブルックリンのブラウンズヴィル地区のような、貧しい都市部の、黒人とラテンアメリカ系の多い、成績不振の学区内につくられている（ハリケーン・カトリーナによる被災後のニューオーリンズでは、貧しい黒人地区で損傷や全壊した公立学校に替わってつくられたのは、ほぼすべてがチャータースクールであった）。特に極端な学校では、生徒たちは厳格でバカバカしい校則に従わなくてはならず、例えば、廊下は常に縦一列歩行、シャツの裾を外に出すのは禁止、決まった方法以外で挙手してはならない、といったルールがある。チャータースクールは、いわゆる「高リスク」と見なされる子どもたちに規律を教え込むという点で評価されている一方、停学・退学率が高いことで批判を受けている。例えば、ワシントンDCでは、2011―12学年度の停学・退学人数がもっとも多かった50校のうち、40校がチャータースクールであった。地域の生徒数全体のうち、チャータースクールに通っているのは41%に過ぎないにもかかわらず、である（そして、これらの生徒のほとんどが低所得の人種マイノリティが住む地域に集中している）。[*14]

さらに悪いことには、停学・退学処分は、生徒に規律を教えるうえで効果的な手段ではない。子どもを学校から追い出しても、問題を抱えたままその子を別のところに追いやっているに過ぎず、さらに統計的に見れば、最終的に行きつく場所は刑務所である。ダイヴァージョン（訳註：調停により司法手続を回避して、非刑罰的な措置を取ること）や修復的司法プログラムのように、カウンセリングや調停を通して暴力や非行の理由を探ることに焦点を当てる方法のほうが、頻繁に問題を起こす子どもたちが同じことの繰り返しを避けるために、ずっと有効であることは証明されている。

一部のチャータースクールは、識字率や卒業率を上げることに成功しているし、[*15]貧しい地域に住む親たちの多くが、チャータースクールは子どもたちにとって、より安全で豊かで整った環境であると感じている。しかし、集団と一体化することを求める「言い訳無用」の学校文化は、子どもたちのいきいきとした個性を押しつぶしてしまうこともある。アーティスティックでちょっと変わった子どもや、引っ込み思案な子ども、感受性が強く傷つきやすい子どもたちの居場所はない。また、現在の教育の方向性は、実験的で自主性を尊重する学習へと向かっており、英才クラスや外国語習得のための没入コースのような専門プログラムや、スポーツ、ロボット工学、プログラミング、ビジュアルアーツ、パフォーミングアーツに特化した学校が増えているが、厳格な規律を重視するアプローチは明らかにこのような流れに逆らっている。

ブルックリンのモット・ホール・ブリッジズ・アカデミーで、ロペス校長と私が話していたことのひとつは、ブラウンズヴィルのような地域の場合、保護者や教師が生徒を応援し後押ししようとするときに、自己表現や好奇心よりも、勤勉や努力や規律といった性質の大切さを強調しがちだ、ということであった。後者のような性質に価値はあるし、そちらのほうが重視されるのも理解できないことではない。ロペスいわく、ギャングに危害を加えられたり勧誘されたり、警察に不良少年として目を付けられたりと、少年たちにとって日常が暴力と隣り合わせのブラウンズヴィルでは、ただ生き延びていくために、覚悟と警戒心が必要なのだ。しかし、ストリートのタフな体面と、学校での完全従属という両極間を切り替え続けるとなれば、失敗が許される余裕はほとんどなく、子どもらしい遊び心や好奇心をのびのびと表現することはできない。アカデミーの先生たちの課題のひとつは、男の子たちの警戒を解きながら、同時に、卒業までどうにかこぎつけるという以上の目標をもってもらうことである。ロペスは、アカデミーの子どもたちがいろいろなことを自由に試せる環境をつくり、間違ってもいいのだということを学んでほしいと言う。「質問することや、新しい考えを言い出すことを不安がる子どもたちが多いのです。バカなことを言っているとか、挑戦的だと思われたくないんですね」。ロペスは生徒たちに、自分たちには大きな明るい未来を手に入れる価値があるのだ、という権利意識をもってほしいと言う。だからこそ、上の学年の子どもたちが大学見学ツアーで訪れる学校も、ハーバード、イェール、コロンビア、ハワード大と、あえて名門校を選んでいる。

＊

私自身の息子の学校遍歴も、なかなか複雑だ。彼は8歳までに2回停学処分を受けている。愛情深く、愉快で、素直で、人好きのする子だが、衝動的で、過剰な反応をしてしまうことも多い。暦の上の年齢よりもふるまいが幼い、いわゆる「年齢不相応」なところがある。4年生の時に、アンガーマネジメントプログラムに参加するようにアドバイスを受けた。そのプログラムには保護者のためのコースもあり、子どもたちが快活で熱心なソーシャルワーカーと一緒にロールプレイをして感情調整テクニックを学んでいるあいだ、親たちは大きなテーブルを囲んで、問題行動を引き起こすきっかけとなることがら――就寝時間への移行、食料品店での買い物、宿題など――をどのように緩和させるかを話し合った。2回目のセッションを終える頃には、子どもたちの全員――ひとり残らず男の子だ――が何らかの障害（自閉症スペクトラム、ADHD、不安障害）を抱えており、親たちはみんな、これまで学校で適切なサポートをしてもらおうと必死に働きかけてきたことがわかった。そうした努力が実らず、予測不能な行動を起こす息子たちが「いじめっ子」「問題児」「手に負えない」というレッテルを張られてしまったからこそ、私たちはこの場所に集まっているのだった。

息子には問題を起こしやすい傾向がある、と私たちが警告されたのは、彼がまだほんの幼い頃だった。担当医から、万が一警察の世話になるようなことをしてしまったときに理解してもらえるようにと、障害について記載したブレスレット型のメディカルアラート（医療識別票）をつけることを勧められたのは、5歳か6歳のときだった。その後は、校長先生から電話があったり、停学処分を受けたりということが続いた。息子は苛立って癇癪を爆発させることもあれば、からかわれてやり返すこともあった。クラスで列に並ぶように指示されると、息子はほかの子どもたちを肘で押しのけながら一番前に走っていく。叱られると、教室と校舎から飛び出し、校庭のいちばん端まで走っていって隠れているのだった。

ゼロトレランスの時代において、悪い子と良い子、加害者と被害者の境界線は、くっきりと引かれている。もちろんいじめは深刻な問題であり、ソーシャルメディアがそれをさらに悪化させている。ほかの生徒たちから長期間にわたって苦しめられ、あまりの辛さに自傷行為や自殺をする子どももいる。しかし、子ども時代によくあるけんかについても、衝突が相互的なものである可能性や、そこに至るまでの状況を理解することなく、「いじめ」という名称があまりに早急に用いられていることは多い。息子の例を挙げるなら、彼は暴力を受ける側になったこともある。ある時は年上の男の子に顔を殴られて鼻血を出したし、学校仲間の1人に押さえつけられて唾を吐きかけられたこともある。私はよく、息子がやられる側だった時には、少なくとも今回はほかの子どもに非があるのだ、と奇妙な安堵感を感じてしまうことがあった。それだけ私たちは、子ども同士の攻撃行為を、許されざる悪だと見なすようになっているのだろう。

もちろん、いじめっ子たち自身も、学校システムや、構造的不平等や、親たちの被害者なのかもしれない。感情的な助けを求めて、あるいは障害があるために、暴力的な行動をとってしまうこともある。その子どもの攻撃性は、自分の住む地域で遭遇する暴力を反映しているのかもしれず、そこでは先制パンチをしてタフさを見せることこそ、賢明な生き残りのテクニックなのかもしれない。確かに、いじめっ子だった子どもが成長して虐待者や反社会的人間になるという少数のケースもある。しかし、本当に問題を抱えている子どもを助けようと思えば、仲裁やカウンセリング、ダイヴァージョンプログラムがきわめて大きな効果をもたらし得る。それに、子どものときに意地悪だったけれども大人として問題なく成長している人はたくさんいる。大人になった兄弟姉妹同士に、子どもの頃、お互いにどんな仕打ちをしていたかたずねてみてほしい。クローゼットに閉じ込められた弟や、背中に噛みつかれた跡の残っている姉（ちなみにこれは私の姉だ）——拷問のような体験が出てくるはずだ。共感力、協調性、自制、境界の尊重、分かち合いの精神などは、ほとんどの人にとって自然に身に付くものではない。これらの性質は、教えられることが必要なのだ。

　いじめやけんかに対する解決方法として重い罰を与えることは、このような実情に即していない。エミリー・バゼロンは、著書『ある日、私は友達をクビになった』（高橋由紀子訳　早川書房、2014年刊）の中で、「『いじめっ子』というレッテルを貼ることは、慎重に行なうべきである。子どもたちに消えない恥辱を負わせることになり、そのために問題解決がより難しくなるからだ」[*16]と述べている。一旦、「悪い子」「いじめっ子」として負の烙印を押されてしまった子どもたちは、それ以外の受け止められかたをすることはほとんど不可能になる。停学や退学処分を与えても、生徒間の確執を解決する代わりに、問題を学校の外に出すに過ぎない——停学させられて感情調整能力や問題解決能力を学べるわけではないし、いちばん助けを必要としている子どもたちがさらに周縁へと追いやられる結果になる。先ほどの統計結果を思い出してほしい。もっとも停学・退学させられることが多いのは、男の子――有色人種の男の子、貧困層の男の子、障害をもつ男の子であり、その結果、これらの男の子たちは学校に通うことを諦めてしまう確率も特に高くなっている。私の住むオンタリオ州でゼロトレランス熱が最高潮に達したのは、州首相マイク・ハリスの率いる保守政権のもとで学校安全法が通過した2000年代の初め頃だった。2001年から2008年まで有効であったこの法律は、一切の例外なく、あらゆる攻撃的なふるまいをした生徒に停学や退学処分を与えることを校長に課すものであった。その影響はすぐに表れ、破壊的な効果をもたらした。オンタリオ州で2002-03学年度に停学処分を受けた生徒数は、その2年前に比べて5万人近く跳ね上がり、15万7436人となった。停学処分を受けた生徒のおよそ5人に1人は、学習障害をもつことや特別支援が必要であることが以前から認識されていた子どもたちであった。[*17]

このような障害をもつと認識されている子どもは、女の子よりも男の子に多い。この20年間で、ADHDや自閉症スペクトラム障害(ASD)の診断数は急激に増加している。米疾病対策センターによると、アメリカでは、一度でもADHDと診断されたことがある子どもは全体の10．4％だが、女の子の6．4％が診断を受けているのに対し、男の子の診断率は14．2％となっている。[18] 自閉症スペクトラム障害と診断されているのは、男の子のほうが約4．5倍多い。診断数の増加については、このような症例が近年よりよく認識されるようになってきただけなのか、それとも症例自体が実際に増加しているのか、はっきりとした理由は解明されていない。[19] また、原因についてもほとんど理解されていないが、5か国が参加した2015年の大規模な研究では、受胎時の親の年齢とASD発症リスクに相関関係があることが明らかになっている。高齢の親――40歳を超えた女性、50歳を超えた男性――および10代の母親から生まれた子どもたちは、のちにASDと診断される確率が高くなった。[20]

　男の子のほうが発症率が高い理由も不明である。脳の配線や脳内化学物質の違いが反映されているのかもしれない。男の子と女の子では症状の表れかたが異なり、結果として女の子は診断が下されにくいとも考えられる。あるいは、専門医の受診を勧める際のジェンダーバイアスが反映されているのかもしれない。男の子のほうが、ASDやADHDの特徴的な一部の症状――ASDの場合は社会的スキルの欠如、感情的な隔たり、こだわりの強さ、ADHDの場合は衝動性、注意力散漫、じっとしていられないなど――が表れたときに、より危険な問題行動であるとみなされやすく、学校の先生が検査や医療的対策を勧めたり、保護者がそれを希望したりすることが多いという可能性もある。

これらの症状と、「男の子らしさ」に特徴的とされる性質とが非常に似通っている、という点は指摘してもよいだろう。そうすると、男の子たちはむしろ過剰診断されているのではないか、という疑問も出てくる。いわゆる「オタク」的な子どもたち（頭脳派で、対人関係に不器用で、ゲームやマンガに熱中している）に対し、「自閉スペクトラム」というレッテルを尚早に貼っていないだろうか？　エネルギッシュで、よく動き回り、反抗的であること――つまり古典的な男の子像――を臨床的用語で言い換えればＡＤＨＤになるのではないか？　「我々は、男の子であることを病的なものと見なしているんです」と、精神科医で『Driven to Distraction（注意散漫に陥って）』『Delivered from Distraction（注意散漫からの脱出）』の共著者であるエドワード（ネッド）・ハロウェルは、２０１４年、「エスクァイア」誌に語っている。「小学校は、全体的に女子化されています。少しでも教室に混乱をもたらすような行動は罪で、『君は悪い子だ。お医者さんに行っていい子になるように薬を飲みなさい』という『道徳的診断』が下される。これでは、本来なされるべきこととまったくの逆です。もともと、大半の男の子は大半の女の子に比べると落ち着きがないですが、私に言わせればそれは良いことです。でも学校は、じっと座って言われたことに従うようなおりこうさんを求めている。まるでロボットです。男の子本来のありかたと相いれません」。[*21]

どんなふるまいであれ、「男の子本来のありかた」という枠組みに入れてしまうのは要注意だ。行動や社会化に影響を及ぼすADHDやASDといった障害が、能力よりも道徳性の観点から捉えられがちである、というハロウェルの考えには私も同感である。しかし、女の子にとって自然なふるまい（おりこうさん、ロボット）、男の子にとって自然なふるまい（落ち着きがない）、という彼の特徴づけは、あまりに単純だ。誤った診断を下され、不要な薬を処方されている一部の子どもたちがいることは間違いない。しかし、私自身ADHDの息子の親として、また複雑な学習障害や精神疾患を抱える息子をもつ何十人もの親たちと話をしてみて思うのだが、本当に差し迫った問題は、他人と打ち解けにくかったり活発すぎたりするだけの典型的な子どもに誤ったレッテルを貼ってしまうことではない。本当に危機的状況にあるのは、正しい診断を下されていながら、学校で適切な対応を受けられない、あるいは学校から追い出されてしまう子どもたちである。自閉症スペクトラム障害、不安障害、ADHDの診断数が増えるにつれ、多くの教育システムにおいて、障害をもつ子どもたちを通常クラスに統合する試みが増えてきている。この背景にあるのは、一体化することで障害をもつ子どもたちの負のイメージや孤立感を軽減し、障害のない子どもたちには寛容性を学ばせる、という考えかたである。しかし実際には、適切な設備や教員トレーニングもなく、クラスメートたちは障害について何の知識も教わらないまま、統合が進められていることが多い。

さらに、自閉症やＡＤＨＤなど、実行機能——計画し、集中し、感情を調整し、指示を記憶し、作業から作業へと移る能力を制御する脳のプロセス——が低下する障害をもつ子どもたちの場合、一般的な規律を適用することは効果的でない。彼らにおいては、意図的に行なったと受け取られる行為が、実際はしばしば反射的であったり、まったく衝動的な行為であったりする。コミュニケーション能力の低い子どもは、疲れているときに「疲れた」と言うことができないために、先生を蹴とばしてしまうこともある。表情を読めない子どもは、先生の厳しい顔つきに「静かにしなさい」という意味が込められていることがわからず、おしゃべりを続けることになる。強迫性障害やチック障害の子どもたちは、繰り返し何かに触ったり、腕を振り回したり、叫び声をあげたりするが、それは瞬きやくしゃみと同じことで、自分自身で動きを制御することができないのだ。とはいえ、これらの子どもたちが自己制御や社会的スキルを学習できないわけではない。ただそのためには、多くの学校が覚悟している以上の労力や資金が必要なのだ。

そんなわけで、トレーニングや支援がないために、学校では障害のある子どもが停学処分にされ、あるいは警察を呼ばれて逮捕されることさえある。さらに、障害をもつ子どもが男の子で、黒人や先住民族であるなら、停学処分にあう確率は数倍に跳ね上がる。アメリカでは、黒人・先住民族・マルチレイシャル・太平洋諸島系の男の子、かつ障害をもつと認識されている生徒の4人に1人以上が、2011-12学年度内に少なくとも一度は学校から停学処分を受けている[*22]（同期間中、アジア系の男の子全体の3％、白人の男の子全体の6％が停学処分を受けている）。

特別支援を必要とする子どもたちの教育についての記事[*23]を執筆していた2016年の春、私は12歳の少年コナー（家族の要望により仮名）に会いに、トロント郊外の町へと向かった。コナーは、自閉症スペクトラム障害、注意欠陥障害、チック障害、不安症を含む、複雑に絡まり合ったいくつもの障害を抱えている。そのうえ、コナーは恐ろしく頭がいい。ピアノで「スター・ウォーズ」のテーマ曲を演奏しながら私を迎え入れてくれ、ファーストパーソンシューティングゲームの話をしてちょっと距離が近づいたところで、コナーは私に、およそ学校というのは「悪の根源」だと思う、と話してくれた。

それまでの8年間で、コナーは9つの学校を転々としていた。過敏症で行動が独特であるため、じっと座っていること、作業に集中すること、言外のメッセージを読み取ること、自分の感情を調整すること、落ち着いて黙っていること、読みやすく文字を書くことが難しい。一般的な小学校の教室は、彼にとっては耐え難いほど厳しい環境に感じられる。コナーは、汚い言葉で罵ったり、先生を侮辱したこともあるし、癇癪を爆発させて壁のポスターを引きはがしながら廊下を走ったこともある。また、怒鳴られ、拘束され、家に送り返されたこともある。

コナーがビデオゲームをしに2階に上がったあとで、これまでの詳しい学校遍歴について、お母さんが説明してくれた。就学前教育からずっと、公立校、私立校、特殊教育学級、家庭教師、英才プログラムを行ったり来たりしているという。コナーは年齢のわりに背が高く言語能力が早熟だが、精神的には幼い。手に余り、時には危険だと見なされたこともある。幾度か、クラスや学校から彼を排除してほしいと保護者たちが学校に働きかけたこともあったそうだ。まるで「鍬を振りかざす村人たちに追い立てられる」ようだったと、お母さんは言う。冗談ではなく、コナーは本当に怪物であるかのような扱いを受けていたのだ。

彼女は息子の問題を過小評価しているわけではない――好戦的で、一度言い出すと意地を張り通すし、罵りの語彙は「それは見事なもの」だ。しかし一方で、複雑な障害をもつ子どもについて理解のある、専門の教育知識をもつ先生たちに教わった経験は、これまでほとんどない。その結果、罰という処置が下されることになる。「でも、障害をもつ子どもを停学にして、社会的スキルや感情的スキルを学ぶ助けになるでしょうか?」と彼女は言う。私が訪れた時、コナーはちょうど新しい学校に入ったところだった。今回のプログラムは希望がありそうに見えたが、コナーとお母さんはもう何度も同じ道を通ってきているため、警戒心しかもてないようだった。

私の息子はコナーほどには苦労していないが、少なくとも時々は、彼も学校を悪の根源だと考えているように思う。親切で共感してくれる先生も何人かはいた。4年生までは先住民族の子どもたちのために専門につくられた学校に通っており、そこでは言葉や文化(主にオジブワ族とクリー族のもの)が教えられ、先住民族の伝統や歴史に沿った行事が行なわれた。しかし、息子が必要とする特殊な教育サポートがなかったため、ほかの学校に移らなければならなかった。息子はこれまで、「問題児」のレッテルを貼られ、罰を受け、課外活動や遠足に参加させてもらえないこともあった。彼は先生たちが自分のことを嫌っていると感じ取っていた。さらに私と妻が懸念していたのは、人種的バイアスが息子の扱いに影響している場合もあるのではないか、という点だった。ある先生は息子への学年末の手紙の中で「がっかりさせられた」と書いたことがある。

最終的に息子は、授業内容の調整や行動についてのカウンセリングなど、特別なサポートを受けられる小規模なクラスに入った。息子はそれまでよりも楽しく過ごせるようになり、成績も改善した。でも、こうしてうまくいっているときでさえ、私は彼の脆弱性について考えずにはいられない。子どもが誘拐されたり車にひかれたりという、親なら誰でも心配することがらに加えて、日常の中に存在するレイシズムや、先住民族のティーンエイジャーとして息子が世間からどのように見られているのか、ということを常に意識している。私たちがどれだけ彼を愛し、必死に守ろうとも、周りの大人や権威ある立場の人々は彼のような男の子たちにひときわ厳しいのだ、という事実を忘れることはできない。

*

「男の子の危機」は現実なのだろうか？　私が知っているほとんどの親のように、みなさんもこの10年か20年のあいだ性別と学校と成績をめぐる話題やニュースを追ってきたなら、おそらく本当のことだと確信しているはずだ。教育や就職の場面で男の子たちが社会的にも文化的にも政治的にも劣勢になっている、と言ってメディアがパニックを煽る状況は、１９９０年代以来、周期的に起こり続けてきた。そして今また、雑誌の特集やテレビのドキュメンタリー、新聞記事、さらに近年目立ち始めたネット上の男性の権利擁護者グループらによって、男の子たちの窮状が取り上げられるようになっている。これらに登場する専門家やコメンテーターが言うには、問題は、我々の文化や教育現場の中で男の子への敵意が高まっていることであり、このままでは男の子たちは大きな後れをとり、再び追いつくことは不可能になってしまう。男の子の危機について記録してきた代表的な保守論客であるクリスティーナ・ホフ・ソマーズは、2000年の「アトランティック」誌の記事で、「現代のアメリカは、男の子に損になっている」と警告した。[*24] さらに2013年の「タイム」誌ではこのように書いている。「あと数週間で新学期が始まる今、男の子をもつ親はちょっと考えてみてほしい――うちの息子は本当に歓迎されているのだろうか、と」。[*25]『The Wonder of Boys（すばらしき男の子）』（1996）の著者で心理学者のマイケル・グリアンや、『Why Gender Matters』（2005）（訳註：邦訳書は『男の子の脳、女の子の脳：こんなにちがう見え方、聞こえ方、学び方』谷川漣訳　草思社、2006年刊）の著者で医者のレナード・サックスなど、性別による差異は先天的で不変であり、男の子の脳は女の子の脳と根本的に異なると主張する人たちもいる。彼らの理論によると、感情的知性と読み書きを重視する現代の教育システムは、男の子には生来適しておらず、ソフトスキルを得意とする女の子の脳が評価されるようにできている。そういうわけで現在は、成績が良く、女性の先生に好かれる女子生徒が優勢になっているのだと言う。女の子のほうが話し始めるのも、字を読み始めるのも早く、自己制御に長けているから。

男の子の学業成績についてのデータは一貫していないにもかかわらず、このような恐怖感は強まっている。事例証拠なら、いくらでも見つかる。先にも書いたように、男の子のADHDと自閉症は増えているし、ティーンエイジャーの息子が地下の自室に閉じこもったまま社会に出られないでいる、という親が知り合いにいる人も多いだろう。2016年の米大統領選の結果を受けて、メディアでは白人労働者階級の少年や男性たちの苦境が盛んに取り上げられるようになった。オートメーション化と国際化によってブルーカラーの仕事が失われ、これらの若者たちの多くが失業し、行き場をなくし、怒っている――そして、アメリカを再び偉大にしたいと願っているのだと。

確かに、若く優秀な女性たちは大勢いるし、彼女たちは野心をもって懸命に前進を続けている。息子が8学年を卒業（訳註：中学校卒業に相当）するとき、同級の100名ほどが集まって大ホールで卒業証書授与式が開かれた。ホールには、学校設立時からの一連の校長先生の写真が飾られている。いかめしい顔つきの白人男性たちの写真が見守る下で、次から次へと女の子――有色人種の女の子ばかりだ――が名前を呼ばれて舞台に上がり、成績優秀賞やリーダーシップ賞を授与されているようすは、なんだか面白い光景だった。

しかしここで、父権社会は死んだ、と宣言する前に、確実なデータをよく見てみよう。苦しんでいる男の子たちは確かに存在する。この章の大半を費やして、彼らを取り巻く状況について書いてきたのだから。しかしそれは、男の子全体が危機にあるという意味ではない。むしろ調査によると、学業成績と卒業率については、男女間の差異よりも、男の子のあいだにある差異のほうが大きいことがわかっている。

学業成績のデータを、性別だけでなくエスニシティと経済状態によって分けると、明確に見えてくるのは、人種間・社会階層間の不均衡である。脳の性差やネッド・ハロウェルが言うような学校の「女子化」よりも、人種差別と貧困のほうが、男の子の窮状を引き起こしている要因としてはずっと大きいのだ。テストスコア、成績評価、卒業率、高校卒業後の進学率を比較したときにもっとも大きな違いが表れるのは、人種間と社会階層間であり、ジェンダー間ではない。例えば、男子のテストスコア分布には偏りがあり、多くが最上位と最下位に近いところに分かれて集中しているのだが、女子のスコアは真ん中あたりに集中している。また、郊外に暮らす白人の中産階級の男の子たちだけに注目してみれば、彼らの状況は良好だ。平均的に言って、このグループは退学することも高校卒業後の進学をあきらめることもない。[*26]

また、教育システムがこの20年か30年のあいだに抜本的に変わり、急に男の子に不利になったわけでもない。一部の学部コースや法科大学院、医科大などでは女子学生の数が男子学生と同じか、少し上回っているものの、技術系や工学系のコースでは今も男子学生が大多数を占めている。男の子全体として以前より振るわないように見えるならば、それは主に、比較して女の子の成績や進学率の向上ペースが目覚ましいからである。驚くには当たらないだろう。競争環境が公平になった結果、男の子がすべての教室でリードし、すべての賞を取ることがなくなったに過ぎない。

男の子脳と女の子脳の違いについてはどうだろうか？　第2章で述べたように、生物学的・物理的な違いがあることは確かだ。しかし、それが能力や知能という点でどのような意味をもつのか――意味があるとしての話だが――現時点で理解されているとはとても言えない。思い出してほしいのだが、女性はあまりに無知なため投票できないと考えられており、知的な刺激を受けすぎると子宮から脳に血が上って不妊症になると医者に警告されていたのは、ほんの1世紀ほど前の話なのである。それが今日では、女性の脳が劣っているとするこのような考えはバカバカしい性差別だったと、当然のように理解されている（はずだ）。神経科学者のリーズ・エリオットが指摘するように、脳の性差に関する研究のほとんどは大人を対象に行なわれたものである。脳の可塑性《かそせい》と、理解が進みつつある遺伝子と環境との複雑な相互作用について考慮すれば、大人にみられる性差が必ずしも先天的で不変なものだと示すような一貫した証拠はない。私たちは、生まれもった性質と文化の両方によってつくられるのだ。何が私たちを女性なり男性なりにするのかと考えたとき、そのいずれか片方の要素だけで決まる部分はほとんどない。

男の子たちが今危機に瀕しているのは脳のせいだ、という主張をしたいなら、都合よく歴史を忘れてしまう必要があるだろう。１９８０年代、90年代までは、卒業生総代やリーダー的役割を務める生徒の大半は男の子であり、彼らが名門大学の枠を埋めていたのだ。男性脳が学校教育に向いていないのなら、こういったかつての成果はどうして可能だったのだろう？　言語や文章を読むことや言葉遊びの能力が男性脳に欠けているなら、西洋文学名作選に含まれる著者にこれほど男性が多いことはどう説明できるだろう？　男の子はじっと座って集中するのが困難なら、会社社長や大学学長や政治家にこれほど男性が多いのはなぜだろう？

女の子が前進すれば男の子が後退させられる、というふうに、教育分野の問題を男女間の戦いという見方で取り上げれば、ずっと人の興味をそそるし、ニュースとして注目されやすくなる。しかし、教育の問題がおもにジェンダーに関するものだと捉えてしまうなら、多くの男の子たちを苦しめている真の問題である、社会のシステムに組み込まれている不平等を見過ごすことになる。

現在の女の子の躍進につながっている要因は何なのか、それを考えてみるのも有効だ。ひとつは、私たちの期待度が変化して、女の子にも上級コースを履修し、スポーツをし、クラブに入り、学級委員に立候補することを奨励するようになったことである。周囲が彼女らに能力があると信じ始めたとき、女の子たちは本当にその能力をもつようになったのだ。また、女の子たちは学業に熱心だ。女の子の方が男の子よりも勉強にかける時間が長く、良い成績を取ることや先生に気に入られることが重要だと考えている割合も高い。

女の子が変わった一方、男の子は変わらなかった。学生リーダー、最優秀学生、トップスポーツ選手といった、伝統的には男の子の領域だったポジションに女の子が進出するにつれ、男の子はアイデンティティの危機を感じるようになったようだ。男の子と女の子が対極と定義されるとすれば、女の子がいい成績を取っているということは何を意味するのか？　男の子はその逆、いい成績を取るべきではないということ？　学校の成績が良ければ、女性的だと思われるのだろうか？　もしかすると、男の子の危機は、脳の違いや、学校文化の反男性的風潮という問題ではないのかもしれない。男の子をつまずかせているのは、学校とマスキュリニティについての捉え方なのかもしれない。

＊

トロントのポルトガル系コミュニティに住む少年たちの経験から、こういった問いの答えの一端が見えてくるのではないだろうか。トロントには約17万人のポルトガル系住民が暮らしている。１９５０年代にポルトガルから大量入国した高齢の移民世代と、その子どもや孫たちである。現在も住民の多くはトロント市西部にあるリトル・ポルトガルに集中しており、ここは労働者階級の地域だが、高級住宅地化が急速に進みつつある。イタリアやインド系など、そのほかの移民グループは移住によって社会的流動性を得たが、ポルトガル系コミュニティの進んできた道は異なる。ポルトガル系男性はトロントの建設業界の中心を担っており、持ち家率は高いため、経済的には安定しているものの、階層間の社会移動はあまり起こっていない。学業レベルは低く、トロント教育委員会のレポートによると、ポルトガル系カナダ人の子どもたちの中途退学率は34％で、トロント市でもっとも高くなっている。また、ポルトガル系カナダ人の男の子と女の子を比較すると、男の子の卒業率のほうが低い。[*27]

なぜこのような数字になるのか、社会学者や教育者たちは頭を悩ませてきた。ひとつの仮説は、母国ポルトガルの労働者階級の低い識字率が、移民第二世代、第三世代の子どもたちに引き継がれている、というものだ。ポルトガル系カナダ人の子どもたちは、期待感の低さという差別を受けている、という仮説もある。父親が建設作業員として、母親が家政婦や清掃員として働く姿は周囲にも見えており、先生はそのような家庭の子どもたちに大学進学を積極的に勧めない、というわけだ。

トロント大学の博士号候補生でポルトガル系のデビッド・ペレイラは、別の仮説を主張する。男の子たちは、学校で良い成績をとることを男らしいと思っていないから、というものである。[*28]ペレイラは修士論文を書くにあたり、10代後半から20代のポルトガル系男性たちから、マスキュリニティについて聴きとりを行なった。彼らが語ったのは、自分たちの家族やコミュニティ内では、男らしさは伝統的で保守的な定義付けをされている、ということだった。男であるということは、自足的で、稼ぎ頭で、持ち家があることを意味しており、それらすべてが肉体的な労働と緊密に結びついていた。「調査参加者が発言したように、お金を払って他人に頼まなくてもいいように自分で何でも修理できるようになることであれ、周囲の援助なしに欲しいものや必要なものを買えるような金銭的余裕と安定を手に入れることであれ、男らしさとは、他人に助けを求めることなく何かを成し遂げることだ、と理解されている」と、ペレイラは述べている（ペレイラの仮説を裏付けるようなアメリカの研究がある。それによると、体を使うブルーカラーの職業に従事する男性が多いコミュニティの、貧しい労働者階級の男の子たちは、学校で良い成績を取ることを「ゲイっぽい」「女っぽい」ことだと考えていた[*29]）。

このことは、いくつかの面で男の子たちの育ち方に影響する。トロントの学生のなかで、アルバイトをする時間がもっとも長く、宿題をする時間がもっとも短いのはポルトガル系の子どもたちだ。アルバイトをしている子どもたちの多くは、収入の一部を家族に渡していた。自立性を重んじるポルトガル系の男の子たちは、先生にも助けを求めたがらない。学校を退学した男の子は親族のネットワークを通じて建設業界での仕事を見つけられるため、学校に留まる動機も少なくなる。

若者たちの多くはこのような価値観を支持していたものの、彼らは同時に、それが自分たちの不利になることもあると認識していた。ペレイラが話を聞いた若者の半数近くが、ポルトガル系であることについていちばん嫌だと思うのは、教育がなく、攻撃的で、怠惰で、肉体労働者であるというネガティブなステレオタイプがあることだと述べている。ブルーノという名前の若者は、彼の友人の少年たちは、絶対に勉強のことで先生に助けを求めない、と語っている。「だったら自分でやるほうがいいし、もし自分でできなければ、何かほかにできることを探すよ。だって、明らかに学校の勉強はぼくらの得意分野じゃないし」とブルーノは言う。「だから、何か向いていることを探したほうがいいんだ」。先生たちは君や友達のことをどう思っているか、とペレイラに聞かれると、ブルーノは「バカな子たち」と答えた。*30

ペレイラが発見したもうひとつの傾向は、高い教育を受けた息子と、それほど教育を受けていない労働者階級の父親とのあいだの葛藤であった。父親は、息子の立身出世に対して複雑な感情をもっていた。息子には成功してより良い経済的機会を得てもらいたいと思う一方で、息子から受ける「優越意識」によって軽視され脅かされている、という感覚ももっていた。この結果、男の子たちは、ポルトガル系男性であることが意味するものと、学校で良い成績を収めるために必要なものという、相対する期待の板挟みになってしまう。片方の世界で成功を得るためのツールが、もう片方の世界では失敗を引き起こすのだ。また、ペレイラは、ポルトガル系の生徒たちに対する偏見があることは間違いないが、男の子たちが自らの学校体験において全くの受け身であるとも思わない、と言う。ペレイラは、学校側が彼らの可能性を認めていないために、そして、学業に秀でることはコミュニティの男性性の概念に反するために、彼らは学業で成功することから「辞退」しているのかもしれない、という説を提示する。

アメリカの研究でも、国内のほかのどのグループよりも学歴レベルが低くなっているネイティブアメリカンの生徒たちについて、似たような傾向が示されている。高校卒業率は、国内平均の89%に対し、ネイティブアメリカンでは46%に過ぎない。[*31] 退学した生徒たちは、退学理由を聞かれると、自分たちに対して先生や生徒が反感をもっていると感じた、と答えている。退屈だったから、という答えもある。ネイティブアメリカンの生徒やコミュニティにとってあまり意味のないカリキュラム内容なのだ。学業不振が理由で退学するネイティブアメリカンの学生はわずか8%である。トロントのポルトガル系の少年たちと同じく、アメリカの先住民族の生徒たちも、学校での成功か、文化的アイデンティティか、どちらかを選ばなければならないと感じていた。

「男の子の危機」について一般化して語ることが有益でないのは、このためだ。男の子たちは学校に通い始めるその日から、ジェンダーや階層や人種や社会的ステータスに関して、複雑に重なり合った一連の期待を背負わされる。この期待は個人的な生い立ちやアイデンティティによって異なり、ある男の子には牢獄が待ち受け、ある男の子には学校を中退し肉体労働者になる、という未来が想定される。

優等生タイプの男の子についてのポジティブなステレオタイプでさえ、抑圧的で有害になり得る。カリフォルニア州の教員バイアスについての研究では、先生たちは東アジア系と南アジア系の男の子たちを、ほかの生徒に比べてより協力的で、自制心があり、頑張り屋で、完璧主義で、成績優秀で、問題行動が少ないと表現していることがわかった。[*32] アジア系の親たちがスパルタ教育ママ・パパであるというステレオタイプが、この見方をいっそう強化している。一見すると、このお決まりの「模範的マイノリティ」のイメージ――アジア系の男の子たちは工学や医学のようなステータスの高い分野で成功すると見られている――は、彼らにとって有利なように思える。しかし、裏返せばこの幻想は、人種分けされたほかのグループ、とくに黒人系の子どもたちとアジア系の子どもたちを対抗させる手段にもなっている。アジア系の子どもたちがこれほど良い成績を上げられるなら、教育システムが人種差別的なわけがない、という主張があるのだ。

しかしこの主張では、アジア系の子どもたちの高い学力の要因がどこにあるのかが見過ごされている。まず、子どもの家族が移住してきたのが最近の場合、彼らは高い技能や教育のある大人を優先する移民政策のもとで受け入れられた人々である、という事実があり、その子どもたちにも、ある程度の社会経済的な優位性が受け継がれている。もうひとつは、人種差別的な態度の表れ方は、対象の人種グループによって異なるという点だ。アメリカのいくつかの史的概観によると、アジア系に対する差別は、黒人に対する差別に比べて、年月とともに軽減している度合いが高いことが示されている。

模範的マイノリティというイメージのもうひとつの問題は、アジア系の子どもたちはほかの子どもたちに比べて消極的で、表現力や社交スキルが低いと思われていることだ。このため、アジア系の子どもたちはガリ勉というステレオタイプに当てはめられていじめられたり、特に男の子の場合はオタクとみなされたりする。また、先生たちが、アジア系の生徒が抱えている問題を見過ごしたり誤解したりする恐れもある。例えば、アジア系の子どもは完璧主義なのが普通だと思っている先生は、不安症のような精神障害の兆候を見逃してしまうかもしれない。

時には、アジア系の生徒は優秀だという見方がいきすぎて、優秀すぎるという反感に変わってしまった場合もある。現在、名門大学などにアジア系学生が多すぎる、という反感は高まっている。2010年、カナダのニュース雑誌「マクリーンズ」は、人種による大学の入学者数割り当て制度について「アジア系が多すぎる?」と題した記事を掲載した。カリフォルニア大学バークレー校で教鞭をとる社会学者のキャロリン・チェンは、アジア系の学生から次のような言葉を聞くという。「自分たちのアイデンティティを恥のように感じる。アジア人学生は、個性のない、オタクっぽい秀才や技巧派の演奏家たちの一群だと思われているように感じる。良い成果を出しても、周りの学生には『アジア系だからね』と片付けられてしまう」。[*33]

アジア系すぎる、黒人すぎる、タフすぎる、多動すぎる、頭が悪すぎる、感情がなさすぎる、危険すぎる、真面目すぎる。ステレオタイプや期待がどんなものであれ、男の子の成長と発達を阻害することは変わらない。しかし、いったん男の子たちが男性としてのアイデンティティを学校でどのように形成しているのかに気付けば、解決策を見つけるのは難しいことではない。ノースカロライナ州の研究を思い出してほしい。黒人の先生が1人いるだけで貧困層の黒人少年たちの退学率が大幅に下がったということは、自分たちと文化的なつながりがあり、ロールモデルになるような先生がいれば、男の子たちは今よりも良い結果を出せる、ということではないか？　これが、２０１2年にカリフォルニア州のオークランド統一学区が始めた「男性としての発展プログラム」のもとになった考え方である。このプログラムでは、3年生から12年生までのアフリカ系アメリカ人の男子生徒を対象に、黒人の歴史・政治・文化に関する一連の選択制コースが用意され、教える先生はすべて黒人の男性だ。同様に、トロントでは、ポルトガル系の教員やソーシャルワーカーたちが、ポルトガル系生徒のために勉強の個人指導やメンターをするグループをつくっている。自分たちのコミュニティ出身で、高校を卒業し進学した大人たちと出会うことで、アイデンティティと学業についての誤った思い込みをなくそうという狙いだ。

２０１６年、私はウエストボルチモアのロバート・Ｗ・コールマン小学校で、このような方式が採用されている例をもうひとつ見つけた。[*34] 私は、体育館の後ろのほうに敷かれたヨガマットの上で脚を組み、くすくす笑っている男の子たち２人と並んで、瞑想セッションに参加していた。リードするのは4年生の生徒だ。「深く息を吸って、吐いて」と、彼は繰り返す。体育館には全部で50人ほどの子どもたちがいて、何人かのインストラクターに教わりながら、交代でみんなの前に立ち、一連のヨガのポーズや短い瞑想を指導する。部屋の中は汗ばむ暑さで、木のポーズ——片足でバランスを取って立ち、もう片足は膝を曲げ、立っているほうの太腿に足の裏をつける——に挑戦する私たちは、ほとんどみんなぐらぐら揺れている。隣でくすくす笑っていた男の子の1人が、私に向かって囁いて指さし、「1か所に目線を定めるといいよ」と、やって見せてくれる。時おり、インストラクターが——ほとんどは10代の終わりか20代初めくらいの若者だ——みんなのあいだを回りながら、おしゃべりしている生徒を注意したり、難しいポーズのお手本を見せたりする。

ウエストボルチモアは、ブラウンズヴィルによく似て、暴力と貧困に苦しんでいる地域だ。生徒の80%以上が、無料か割引価格で給食を受けられる低所得層に該当している。安定した住まいのない子どもたちも多い。家族の誰かが刑務所に入っている、あるいは以前入っていた、という子も何人かいる。多くの生徒からストレスや精神的苦痛の兆候が見てとれる。２０１５年、25歳のフレディ・グレイが警察で身柄拘束中に死亡した事件を受け、この地域は警察の暴力に反対する集団抗議活動の中心地となり、それが暴徒化して放火や略奪行為が頻発した。非常事態宣言が発令されて、この辺りの通りには州兵が送り込まれてパトロールに当たった。

10年近く前、非営利団体「ホリスティック・ライフ・ファウンデーション」は、生徒たちのストレスと不安への対処を手助けするため、そして停学や退学を減らすために、瞑想とヨガを行なう放課後プログラムを始めた。その後、ロバート・コールマン小学校内に常設オフィスを構えるようになり、日中は校内放送を使って短い瞑想を指導し、放課後は課外クラス、宿題サポート、ヨガなどの幅広いプログラムを運営している。この団体を設立したのは、アトマン・スミスとアリ・スミスの兄弟と、アンドレス・ゴンザレスの3人組だ。ヨガクラスの前に、ゴンザレスが校内を案内してくれた。廊下を歩いていると、子どもたちが腕を広げて彼に走り寄って来てハグをする。ホリスティック・ライフの人たちはみんなハグが大好きだ。スタッフやインストラクターを紹介されて、私が握手をしようと手を差し出すと、例外なく引き寄せられてハグをすることになる。

プログラムの一環として、授業中に態度の悪かった生徒たちは「マインドフルタイムの部屋」

へ送られることになっている。クッションやヨガマットがたくさん置かれた静かな空間だ。ここで団体スタッフが、どうして教室から出されることになったのか、子どもたちに事情を話すように促し、呼吸法を行なって、落ち着くための手助けをする。停学処分は劇的に減った。

黒人系やラテン系の若い男性たちのメンターになりたいと考えたゴンザレスとスミス兄弟は、15年前、地域のYMCAで無料のレクリエーションプログラムを開催し始めた。そのうちに、以前からヨガと瞑想を実践していた3人は、少年たちにも呼吸法や簡単なヨガのポーズを教えるようになった。当時はほとんどの子が、ヨガは「高価なピチピチパンツをはいた白人女性だけがするもの」と考えていたが、実際に試してみると、集中力やスポーツのパフォーマンス向上に役立つことに気付いてくれた、とゴンザレスは言う。じきに、男の子たちはフットボールやバスケットボールをするよりもヨガに興味をもつようになった。

ジャマー・ピートも、そんな生徒の1人だった。彼がスミス兄妹とゴンザレスに出会ったのは10歳の時だ。バスケットボールとラクロスをしていた彼が最初にヨガに惹かれた理由は、選手としての能力が向上するからだった。「ヨガが、プレッシャーに対するぼくの秘密兵器だったんだ」と彼は言う。その後、ヨガそのものを目的に行なうようになり、今では先生とメンターとしてホリスティック・ライフで働いている。

大学卒業後、ピートが再び戻ってきてここで仕事に就いたということが、プログラムのすばらしさを証明している。元生徒でインストラクターとして働いている人は何人かおり、生徒からメンターへというポジティブな循環が生まれている。プログラムに参加する男の子たちにとって、男性がヨガを行ない、感情的サポートを提供する姿を目にすることは重要なのだと、ゴンザレスは言う。一般的に男の子は、感情を健全な方法で表すことを教わっていない。「泣いたり、ぶざまな姿を見せたり、弱みを見せたりできないことになっているんです」。だから、小さいころから自分の中に閉じこもってしまう。ヨガと瞑想は、混沌を静め、彼らの生活からは欠けていることの多い安全な感覚をつくり出してくれる、とゴンザレスは言う。子どもたちの心を開いてくれるのだ。子どもたちを前向きに促すたくさんの言葉や、思いやりのあるアプローチを目にしていると、それは私にも伝わってくる。「プログラムに入ったばかりのときは、いつも怒ってばかりの子どもたちがたくさんいます。ある子に『どうしていつもそんなに腹を立ててるの?』と聞いたとき、『ほかにどう感じたらいいかわからない』と言われたことを覚えています」と、ピートは言う。

私たちが話していると、6歳か7歳くらいの小さな男の子がマインドフルタイムの部屋に靴下で駆け込んでいった。ヨガのときに靴を脱いだら、ほかの子がそれをもって帰ってしまったようだ。男の子は激高し、目には涙がたまっている。靴なしでどうやって家に帰ったらいい？　お母さんにどう説明したらいい？　どうしてあの子はぼくから盗んだんだろう？　彼が話し終わるまで、スタッフの男性は辛抱強く聞いている。それから、一緒にいくつか深呼吸をしたあと、男の子を促しながら、これからの行動計画を考えていく。それから数分のうちに、男の子の母親と靴を盗った子の母親に電話で状況が説明され、次の日に靴は返されることになった。落とし物の棚からいらない靴が見つかったので、今夜はそれを履いて帰ることに決めて、男の子は一杯の水とおやつをもらう。30分後、お母さんが迎えに来たころには、男の子はすっかり落ち着いて笑顔になっていた。そしてスタッフと最後のハグをすると、借りた靴を履いて、お母さんと一緒に家路についた。

Chapter

5

「男」になれ

スポーツはいかにして男の子をつくりあげるのか

息子を一時的に預かっていた里親家庭のお母さんと初めて電話で話したとき、彼女が息子についてで教えてくれたことのひとつは、スポーツが好きということだった。彼女と夫はサッカーファンで、テレビに試合が映っていると、いつも息子はボールを目で追うのだが、それはこんなに幼い子どもにしては珍しい行動なのだと言う。きっと彼女は自分の気持ちを投影していたのだろう。でも、当時は乳児や幼児についてほとんど知識がなく、テレビに映るサッカーボールを未来の息子の脳がどんなふうに処理するものか見当もつかなかった私は、彼女の言葉をそのまま信じた。私も自分の希望を投影していたのだと思う。このちょっとしたディテールで、息子の存在が現実味を帯びてきたからだ。それまでに書類から得ていたわずかな情報が肉付けされて、突如、未来のスポーツマンという息子像が私の頭に浮かび上がった。そのイメージには安心感があった。未知のことばかりのうえに、白人でレズビアンの両親の養子となるアニシナベ族の子どもとして、息子はさまざまな面で人と違った来歴や経験をもつことになるだろうと考えると、スポーツへの興味というのは、とても魅力的な「普通さ」に感じられたのだ。正直に言うと、私の心の片隅には、この子には特別な才能があるのかもしれない、という誇りみたいなものも湧きあがってきていた。

里親家族が住む町の児童福祉機関のオフィスで、息子と初めて対面したとき、私たちは一緒に遊べるようにと小さなバスケットボールをもっていった。息子は熱心に私たちとボールを転がしっこしていたが、そのうち飽きると、ハイハイして向こうへ行き、家具によじ登り始めた。その時からずっと、息子の動きが止まったことはない。部屋に入ってくるときでも、まず普通に歩いて入ることはなく、走り込んだり、滑り込んだり、転がり込んでくる。スポーツ天才児とは言えないが、もともと身体調整能力とバランス感覚に長けているため、スケートボード、スキー、野球、水泳、バスケットボール、ロッククライミングと、どんなスポーツでもやってみるとすぐに基本をつかむことができた。

息子にとっていちばんのスポーツは、小学校に上がる前からプレイしているアイスホッケーだ。完全に自分の意志で選んだわけでもない。私の妻も子どもの頃、まだ女の子の選手がほとんどいなかった時代から、娘思いの父親に応援されてアイスホッケーを始めていた。大人になってもプレイを続け、今もボランティアで息子のチームのマネジャーを務めている。彼女にとって、ホッケーは伝統や家族と堅く結びついているスポーツだ。ホッケーを嫌う人たちは、ストイックで、得点がなかなか入らず、目立ったユニークな選手が少ないところがつまらないと言う。コメディアンのジョン・ホッジマンは、ホッケーは「何か起こりそうで起こらない展開を熱心に見守るスポーツ」だと表現したことがある。[*1] しかしそれも、あるいはそれこそが、ファンにとっては魅力だ。勇気と根気のいる過酷で地味なスポーツだからこそ、そのぶん華麗なプレイやスリリングな瞬間が対照的に際立つのだ。そんなわけで、息子にまったく才能や興味がなかった場合を除き、彼がホッケーをするのは決まっていたも同然だった。2歳からスケートのレッスンを始め、5歳になると、初心者版の簡略式ホッケーを始めた。ほとんどのビギナーと同じように、息子も、何度も転びながら氷の上をぎごちなく駆け回っていた。

バスケットボールやフットボールなら、ルールを基本形にそぎ落として、最低限の設備さえあれば、公園や校庭ですぐに楽しむことができる。しかしアイスホッケーは、不自由なく動き回れるようになるだけでも、何か月、あるいは何年もかけてスケートの練習をする必要がある。覚えるのは大変だし、用具は高価でかさばるし、リンクの場所も使える期間も限られている。マルコム・グラッドウェルは、2008年に著したベストセラー『天才！ 成功する人々の法則』（勝間和代訳 講談社、2009年刊）の中で、ジュニアアイスホッケーを例にとり、1万時間の練習の法則――何かの技能を極めるためにはそれだけの時間が必要だと言う――と、初期選別と能力別クラス編成の重視によって、同学年でも生まれ月が遅く体が小さい男の子たちはエリートレベルに進む機会が制限されることを解説している。

私自身がホッケーママとして成長するのにも、何年もかかった。いまだに気乗りしないところはある。*2 以前、息子が競争心の激しいリーグでプレイしていて、周りの選手も親たちも今よりずっとアグレッシブだった頃には、私はよく、試合中に自分の意識を逸らせようと、これまで息子のホッケーのために費やした時間や、レッスン代や参加費や用具代としてかかった金額を合計してみたり、息子の頭がボードに激突したり氷の上に叩きつけられたりする確率を計算して過ごしたりしていたものだ。息子が10歳くらいのとき、試合中に、ゴールネットの金属の枠に頭から全速力で突っ込んでいったことがある。彼は氷の上にくずおれて、そのままぐったりとして動かず、その1分ほどの時間は1世紀にも感じられた。息子は衝撃を受けていたが、脳震とうは起こしていなかった。運が良かったのだ。

それがアイスホッケーだ。荒っぽくて危険で、非常に男性的なスポーツである。ボクシングほどストレートに暴力的ではないし、フットボールほどあからさまな支配欲に突き動かされているわけではない。それでも、早ければ12歳の男の子たちにボディチェック（訳註：体当たりして相手選手をブロックすること）を教える競技である。エンフォーサー（用心棒）という、技術力はそれほどでもないが、氷上に出てグローブを脱ぎ捨て、相手チームの選手と殴り合って観客を湧かせる役割をもつ選手の存在もある。カナダでは、スポーツに関連する子どもの脳損傷がこの10年間で急増しており、緊急治療室を訪れる子どもの数は、10歳から17歳までで45％、9歳以下で78％増加している。これらの子どもたちの62％が男の子であった。[*3] 特にこういった損傷につながりやすいスポーツは、ホッケー、サイクリング、フットボール／ラグビーだ。ホッケーによる脳損傷で病院を訪れる回数は、サイクリング、フットボール／ラグビー、スキー／スノーボードに比べて2倍近くになっている。米疾病対策センターは、スポーツによる脳震とうを青少年のあいだの「エピデミック」と呼んだ。アメリカでスポーツやレクリエーション関連のけがによって緊急治療室で処置を受け、外傷性脳損傷と診断された19歳未満の子どもの数は、２０１２年で３２９２９０人と推定されている。２００１年から２０１２年のあいだに、19歳未満の子どもがスポーツ関連の頭部損傷で緊急治療室を訪れた件数は2倍以上になっている。[*4] このような外傷が、うつ、不安症、希死念慮、あるいは暴力行為などを引き起こし、長期的な影響を及ぼすこともある。

２０１３年、ウェブサイト「スポーツ・オン・アース」は、ジョージア州に住むモネ・バーテルのストーリーを取り上げた。彼女は7歳の息子、パーカーにフットボールを続けさせるかどうか悩んでいた。バーテルの父親も、叔父も、兄弟たちもＮＦＬの選手で、息子にもフットボールをさせることが、彼女の長年の夢だった。パーカーは4歳の時にすでに体重が65ポンドあり、あだ名は「戦車」だった。しかし、彼が最初のリーグに入ったちょうどその頃、ＮＦＬでプレイしていた親類たちが認知症のような慢性外傷性脳症（CTE）の兆候に苦しんでいる、というニュースが耳に入り始めた（慢性外傷性脳症は、死後の病理解剖でしか確実に診断できない）。フットボールは彼女にとって空気のようなもの、生活そのものだったというバーテルは、葛藤した。「心の奥には、パーカーにNFLに行って伝統を受け継いでほしい、と思う部分もありました」と彼女は言う。「フットボールのフィールドに立ってほしいと思うか、というと、もちろんです。それがどんな結果につながるか知っているか？　もちろん。では、息子はプレイするべきだと思うか？　母親としては、絶対にありえません」。*5

私にはバーテルのジレンマがわかる。私の息子が現在プレイしているのはボディチェック禁止のリーグなので、重いけがをする危険性は低いが、以前一緒にプレイしていた男の子たちの中には脳震とうを起こした子が何人かいる。そのうち1人は重症で、ひどい頭痛や気分変動が起こり、回復までには何週間も休養しなくてはならなかった。ホッケーは息子にとって、楽しみであり、身体的な自信や帰属意識を与えてくれ、実生活でも役立つ粘り強さと努力の大切さを教えてくれるものだ。でも、そのためのリスクが高すぎはしないだろうか？

脳震とうを別にしても、男らしさやマスキュリニティの定義付けにスポーツが利用されていることや、その定義が女性らしさや、その延長線上にあるホモセクシュアリティに敵対的であるという点で、スポーツには深刻な危険がある。スポーツは、マン・ボックスの示す男らしい行動規範のまさに中心に位置する。動揺を見せた選手に向かってコーチが「男らしくしろ」「女みたいなプレイはやめろ」と言い、あおりの罵りには必ずと言っていいほど「オカマ」「ホモ野郎」「ビッチ」といった言葉が用いられることにも、それは表れている。

スポーツは男の子を強くする。しかし、優勝レベルのスポーツチームに学校の資金の大半が流れてほかの活動がないがしろにされたり、スター選手はフィールド上で成果を出している限り学業不振や性的不品行が見逃されたりと、ときに彼らに過剰な力を与えてしまうこともある。スポーツは忠誠心を育てるが、同時に、子どもの身を危険にさらすコーチの指示にも疑問を抱かず従うような服従精神も助長する。子どもを思いやり守ろうとする気持ちがもっとも強い親でさえ、親としての直感よりスポーツを優先させてしまうことがあるのだから、それだけ我々は、スポーツには男の子や男性にとって不可欠な意味がある、と考えているのだろう。最終的に、パーカー・バーテルはフットボールをやめた。母親は安堵しながらも、こう語る。「ドラッグやアルコールの依存症みたいです。フットボールを離れるのは、そういった依存を急に断ち切ろうとするのと似ています。抜け出すのはとても難しいですね」。フットボールは男らしさを決定づける要素というだけでなく、アメリカ文化の中心的存在でもあるからだ。

男らしさ、男の子らしさとスポーツとを関連付けるのは、自然なことだと考えられている。スポーツに興味がなければ、男性としての不完全さを疑わせる兆候として捉えられてしまう（「彼、ちょっと変わってるんじゃない？」）。男の子のアイデンティティにおいて、スポーツは重要問題だ。アメリカでは、3年生から5年生の男の子の70％、6年生から8年生の男の子の63％が、スポーツは「自分のアイデンティティの大きな一部」であると答えている（女の子で同様に答えたのは、それぞれの学年グループで35％と40％であった）。しかしとくに注目すべきは、スポーツをしない男の子でさえ、その42％がスポーツは自分の「大きな一部」だと答えていることである。[*6] 社会学者のマイケル・キンメルは、著書『Guyland（ガイランド）』の中で、スポーツへの興味は、男らしさを決定づける特性のひとつだと言う。今もスポーツは男性の領域であり、男性が集団としてのアイデンティティを見出せる場所だ。またスポーツは、喜びや敗北の涙のようなかたちで男性が極端な感情を表現することが許される、数少ない機会のひとつである。「男たちはスポーツのために生き、スポーツを通して生きている」とキンメルは述べている。「スポーツは、実に多くの役割を果たしている。我々の男らしさを証明し、世代間、人種間、社会階層間の壁を取り払い、男性同士の絆を固め、そして、男の世界と女の世界のあいだの境線をいっそう明確にするのだ」。[*7]

意識して周りを見てみると、この境界線についてのメッセージは、組織スポーツやプロスポーツに限らず、公園や校庭で遊びとして行なわれるものも含め、あらゆるスポーツの場面に表れていることがわかる。私が住んでいる地域のＹＭＣＡは、週に数回、ティーンエイジャーが気軽に参加できるバスケットボールクラブを放課後に開催している。私の息子を含め、集まった少年たちは、コートの半分を使って２オン２やホースといったゲームに興じる。誰でも参加できるのだが、私が女の子たちの姿を見かけたのは１回だけだ。その時も、女の子は女の子同士で、スタッフに指導されながら、男の子とは別にプレイしていた。うちの近所にある公共バスケットボールコートでも、事情は同じだ。春から夏にかけて、夜になると男の子たちや若い男性たちでにぎわっているが、女の子や若い女性を見かけることはほとんどない。

このようなカジュアルなスポーツ体験は、ただ楽しみとして機能するだけではない。男の子たちはそこから、交渉のしかた、競争のしかた、他人との関わりかたを学ぶことができる。また彼らは、このような活動を通じて、公園や校庭や体育館といった公共のスペースを自分たちの居場所として主張するすべを学ぶ。女の子が男の子に交じってこのような公共スペースの中にいなければ、その結果として、女の子がその場所を失うだけでなく、男の子は、女の子には自分たちほど公共スペースを占める権利がないのだ、と信じるようになる。男の子と女の子が一緒にプレイし競争しなければ、男の子は女の子をチームメイトや競争相手として見なすことを学べない。そうして徐々に、男の子はほかのスペースを占有することも学習していく。現在、自然に受け入れられているのはこのような考え方だ――スポーツは、男の子や男性が生来もっている才能や攻撃性、競争心から発展してきたもので、本質的に男性の活動であり、そのためスポーツの世界は男性中心なのだと。しかし、実際の歴史はもっと複雑である。

*

近代チームスポーツが誕生し、現代の私たちがサッカー、野球、フットボール、ラグビー、バスケットボール、ホッケーなどとして認識するかたちになり始めたのは、1800年代のことである。スポーツの一般人気を高めた大きなきっかけのひとつは、意外なことに、宗教的価値観についての小説であった。トマス・ヒューズが1857年に著して大きな反響を生んだ『トム・ブラウンの学校生活』は、イギリス上流階級の子息が学ぶ寮制男子校を舞台に、荒っぽい男の子たちが立派なキリスト教徒の紳士へと変身していく過程を描いた物語である。宗教的なメッセージはさておき、この小説が人気となった理由は、ヒューズの描き出すスポーツ――素手のボクシング、ラグビー、徒競走などの生き生きとした描写や、身体の強靭さ、チームワーク、仲間との協力といった美徳の強調――にあった。読者を印象付けたのは、忠誠心あふれる仲間とともにフィールドに出てスポーツをすることで育まれる、恐れを知らない剛健な若者たちの姿である。*8

道徳的に健全な余暇活動として、スポーツの形式化が進んだが、それを後押ししたのが、ヴィクトリア朝時代のセックスに対する潔癖性であった。少年の性的欲望は、破壊的で危険なものだと見なされていた。同性に対するあこがれや恋愛感情が盛んに見られる寄宿男子校ではことさら、スポーツは、特に栄誉や責務といった価値観と組み合わされることで、性衝動のエネルギーを消費し昇華するはけ口となると考えられていた。もちろん、少年たちが毎日のようにロッカールームで心を通わせ、フィールドで取っ組み合っていたことを考えれば、そのような効果があったとはとても言えないのだが。この頃以来ずっと、男性同士の親密さとホモフォビアとの緊張関係は、スポーツにとって悩ましい問題であり続けている。

当初、スポーツは社会的に優位な少年たち（白人でキリスト教徒で上流階級）のための活動だった。19世紀末には、ラグビー、ボート競技、クリケットは教養ある若者の証しとなった。当時、イギリスの超上流階級の少年たちが通うイートン校では、壁に「この寮の下級生でフットボールを1日1回、半休日には1日2回しない者は全員、半クラウンの罰金と足蹴の刑に処す」という張り紙がされていたほどである。[*9] 同時期、北米やヨーロッパなどでは、サッカー、ホッケー、ラクロス、陸上競技、ボクシングが組織化され、ルールやクラブやチームが形成されていった。

労働者階級の少年たちや、イギリス植民地の少年たち、アメリカやカナダに住む黒人や先住民族の少年たちにおいては、スポーツの狙いは異なっていた。はじめは、ヴィクトリア朝時代のアマチュアリズムの信念――スポーツをすることで金銭を受け取ってはならないという考え――に基づいて、組織スポーツやクラブスポーツに報酬なしで参加でき、学校や大学でトレーニングや指導を受けられるだけの金銭的余裕がある者以外は、みなスポーツから排除されていた(現在のスポーツ界でも、大学に巨額の収入をもたらしているアメリカの学生アスリートたちの労力に報酬を支払うべきだという声が高まる中で、アマチュアリズムに織り込まれた社会階層差別は続いている)。労働者階級や有色人種の若者が組織スポーツに参加することが許された最初の理由は、彼らを社会化し、当時の権力構造の仕組みを叩き込むためであった。スポーツのコーチや審判を務めていたのは、慈善団体に所属する白人の成人男性たちだ。そんな慈善団体のひとつ、キリスト教青年会(YMCA)は、産業革命時代の1844年のロンドンで、田舎から仕事を求めて都市に流れ込んで来る貧しい若者たちを助けたいと考えた熱烈なキリスト教徒、ジョージ・ウィリアムズによって設立された。その10年後には、ＹＭＣＡはヨーロッパ各地からアメリカ、カナダ、オーストラリアにまで広まり、「筋肉的キリスト教」と呼ばれる宗教思想を取り入れるようになった。これは、スポーツ・チームワーク・犠牲と義務の精神を尊重し、あらゆる女性的なものや極端に知性主義的なものに対して懐疑的な思想である（１８９１年にバスケットボールを考案したカナダ人の長老教会派牧師で教育者のジェームズ・ネイスミスも筋肉的キリスト教の信奉者であった）。

スポーツ、特にラグビーは、若者に宗教的価値観を教え込むほか、男の子たち、男性たちにとって、女性のあいだに高まってきた独立気運に対抗するための手段にもなった。歴史学や社会学の専門家が指摘するように、ラグビーの粗野で荒々しい伝統が発達した時期と、女性の参政権を求める運動が活発になった時期とはぴったり一致する。イギリスで女性参政権活動家たちがフェンスに自分の体を縛り付けたり、ハンガーストライキをしたり、教会を爆破したり、郵便ポストに放火したりと、まさにジェンダー戦争を仕掛けていたその時、イギリス人男性たちはスポーツというシェルターに退却していた。ラグビーは、男性だけのスポーツであることに加え、女性に向かって尻を出して見せたり、下品な酒宴の歌を歌ったりという付随的活動の効果もあり、男性たちがマスキュリニティを主張する手段となったのだ。

このほかに、19世紀後半から20世紀初頭にかけて、スポーツに関して大きな流れが2つ起こった。フランスでは、貴族で学者のピエール・ド・クーベルタンが、フランスの若い男性たちは肉体的にひ弱で、ほかのヨーロッパの若者に比べて劣っているという考えに取りつかれていた。フランス男児たちを鍛え直すため、体育教育の新しいモデルを探っていたときに彼が出会ったのが、小説『トム・ブラウンの学校生活』だった。クーベルタンはイギリスを訪れていくつか寄宿学校を見学したのち、フランスに戻り、古代オリンピックの復興という大志の実現に向けて着手した。クーベルタンは1896年の初回オリンピック大会から意図的に女性の参加を禁じ、その後も、生涯の大半にわたり女性の参加に反対し続けた。彼も、同時代の男性たちの多くと同様に、スポーツは男性の生得的権利であると信じ、女性は生物学的に言って優れた運動能力を発揮することは不可能だと主張していた。彼はまた、女性が競技に参加する姿は道徳に反し、扇情的な効果を引き起こすと考えていた。「フットボールやボクシングをしたい婦人がいるなら、させればいい。ただし、観客がいない場所で行なうこと。なぜなら、そのような試合に集まる観客の目的は、スポーツ観戦ではないからだ」。*10

アメリカでは、19世紀前半の戦争や領土拡大がひと段落し、若い白人男性たちにとって能力と精力を発揮できる舞台が少なくなっていた。そんなときに登場したのが、ラグビーから派生したアメリカンフットボールで、軍の陣形のようなフォーメーションや、陣地を進めたり奪ったりするゲームであるという点で、戦闘や開拓地での冒険に代わる恰好のスポーツになった。史上初めて行なわれた試合は、1869年のラトガース大学対プリンストン大学戦であった。初期の試合は非常に危険で、パスがほとんどなく乱闘三昧という、まさに流血スポーツであった。パイルアップになると、選手たちは殴りかかり、噛みつき、首を絞め合った。1900年から1905年までのあいだに、少なくとも45人の選手が、首や背中の骨折を含む負傷が原因で死亡している。

1905年頃にはすでにアメリカンフットボールを法律で禁止すべきだという運動が起こっており、いくつかの大学やカレッジでは打ち切り寸前となっていたが、頑健でアメリカらしい男のスポーツであるフットボールを存続させたい、と考えたセオドア・ルーズベルト大統領が介入してこれを食い止めた。ルーズベルトは、男らしさに対して強いこだわりをもっていた。子ども時代の彼は、痩せっぽちで喘息もちで、「四つ目」とあだ名される近眼だったが、ボクシングやレスリングの訓練を通して、大人になる頃には狩猟や乗馬の得意な男らしい男として自己変革を遂げている。*11

新ルールのアメリカン・フットボールでは、選手の配置に間隔をとり、パスを重視して、プレイを広く展開できるようになった。トップはアイビーリーグ大学のチームが占めていたが、革新点の多くを生み出したのは、ペンシルベニア州の小さな高校、カーライル・インディアン工業高校である。カナダの寄宿学校と同様に、カーライル校はネイティブアメリカンの子どもたちを「文明化する」目的で1879年につくられ、子どもたちは髪を切り、ヨーロッパ風の服装をして、英語だけを話すことを強制されていた。フットボールは同化推進のために用いられた手段のひとつだったのだが、彼らはこのスポーツに秀でるようになった。皮肉にも、フォワードパスやスパイラルをかけたオーバーハンド投法などを考案して、フットボールに華やかさとテクニックの面白みを加え、残忍だったスポーツをより洗練されたものに変えたのは、これらの「野蛮な」生徒たちなのである。ハンドオフするふりをして後退しパスを投げるプレイを初めて行なったのも、カーライルのクオーターバックだ。[*12]

資金不足、栄養不足のカーライルの痩せた選手たちは、ハーバード大やペンシルベニア大といった強豪を打ち負かしていった。カーライルの生徒たちにとって、フィールドでの勝利は、部族の土地を奪った人々の息子や孫たちと戦って自分たちの人間性と能力を証明する手段だったのだ。1912年には、奇しくも歴史の再訪と言うべき、カーライル対米陸軍士官学校の試合が実現した。そのわずか22年前に、サウスダコタ州のウンデッド・ニー・クリークで、ラコタ族の大人と子ども合わせて150人以上が、米軍の第7騎兵隊によって虐殺されている（カーライルの生徒の多くはラコタ族だった）。陸軍士官学校と対戦する前の週、カーライルの伝説的コーチ、ポップ・ワーナーは、チームに向かってこう言った。「この試合への心構えは、私が語るまでもないだろう。部屋に戻って歴史の本を読めばいい」。*13 カーライルは27対6で士官学校を破った。

カーライルのもたらした改良点がなければ、フットボールという競技は消滅していたかもしれない。それにもかかわらず、カーライルの影響力はほとんど忘れられている。さらに屈辱的なのは、ほかのプロスポーツにも言えることだが、プロフットボール界には、ブレーブスやレッドスキンズのように、先住民族をモチーフとした不快なマスコットやロゴがあふれていることだ。これらの、どの部族とも関係のない総称化されたインディアン戦士を描いたマンガ風イメージは、先住民族アスリートたちの貢献を抹消すると同時に、先住民族の人々を嘲るものにほかならない。

このような、暴力、性差別、ホモフォビア、人種差別、エリート主義にまみれた歴史も、スポーツがマスキュリニティの概念をつくりあげてきた過程の一部である。これまでの150年間を通して、スポーツは、何かと不安な大人たちによって、青少年を鍛え、愛国心を表明し、人種差別的態度を維持し、恨みを晴らし、性衝動を抑制し、地元経済を活性化するために利用されてきた。しかし何よりスポーツは、「ストイックで、肉体的恐怖をもたず、支配のために突き進む」という、ごく限定的なタイプの男らしさを表現するために使われてきたのである。

＊

「有毒体育会系」とは、バッファロー大学の社会学者、キャスリーン・E・ミラーがつくった名称である。ミラーは、男女の学生アスリートが高校・大学スポーツを通じてアイデンティティと自意識を形成していく過程を研究している。[＊14] 彼女は、スポーツと結び付いた健康的な人格モデルが存在することに気付いた。それが「アスリート・アイデンティティ」と呼ばれる、スキルの体得と優れた人間性を重視するモデルである。男女とも、このような意識をもってスポーツに取り組む学生は、比較的成績が良く、ドラッグやアルコールの摂取が少なく、身体的にも精神的にも良い状態にあった。

一方で、学生アスリートの中には、ミラーが「有毒体育会系」と呼ぶ小集団が存在する。この集団に属する学生の関心は、チームワークやスポーツマンシップよりも、ほかの選手より優れたパフォーマンスをし、スターになることに置かれている。ミラーいわく、有毒体育会系の学生たちは「スポーツ参加の姿勢が自己中心的」であり、フットボール、アイスホッケー、レスリングなど、ステータスと人気の高いコンタクトスポーツをしている傾向が強い。このグループの学生には圧倒的に男子が多く、伝統的なマスキュリニティの概念に強く共感しているというのも、驚くには当たらない。ティーン映画によく出てくる、ハンサムなリーダー格のクオーターバックで、ひ弱な生徒をロッカーにぶちこむようないじめっ子タイプを思い浮かべてほしい――それが有毒体育会系だ。大量飲酒し、学校で問題を起こし、けんかをし、無防備な性行為をするのが彼らである。思春期に入った子どもたちは、ただでさえ危険やリスクの高い行動をしがちだ。一人前の感情調整能力や衝動制御能力が身につくのは、たいてい20代前半に入ってからである。それ以前の若者たちは快楽を追い求めがちで、友達からの承認が行動の主な基準となり、リスク耐性はかなり高い。そこに、向こう見ずな行動が男らしくクールだという文化的メッセージが加われば、男の子たちは、自分や他人を危険にさらすような愚かな真似をするよう、二重にけしかけられることになる。

有毒体育会系は、スポーツ文化のもっとも悪い特性を体現していながら、ポピュラーカルチャーにおいては敬われ、高く評価されている。例えば、エナジードリンク企業[15]は、エクストリームスポーツやビデオゲームに熱中する消費者層をターゲットとしたマーケティング展開において、こういった有毒な傾向を習慣的に利用している。この戦略は大成功で、子どもたちの31％（その大半は12歳から17歳の男の子）が、高レベルのカフェインを含むこれらのドリンクを日常的に消費している。エナジードリンク企業は、モトクロス、スケートボード、総合格闘技といったエクストリームスポーツやビデオゲームのスポンサーにつくことで、若者たちに製品を売り込む。２０１５年の研究では、男らしさについての信念と、エナジードリンクの効能、エナジードリンクの消費量とのあいだにはカスケード効果があることが明らかになった。つまり、男らしさの理想を信じ従っている度合いが高いほど、ドリンクとマスキュリニティを関連付けるマッチョなマーケティングに影響されやすく、ドリンクの消費量が増えていた。[16]要するに、エナジードリンク業界はスポーツやパフォーマンスに関する若い男性たちのジェンダー不安につけこんでいるのである。いくつかの企業は、集中力と耐久力を強化する「ゲーム用燃料」と銘打ったドリンクを、思春期前からティーン世代のゲーマー向けに売り出している。エナジードリンク「Gフュエル」のメーカー、ガンマラブズは、ゲーム「コール・オブ・デューティ」の人気プロプレイヤー集団を金銭的に支援し、彼らを一緒に住まわせて生活をライブストリーミングし、その随所でGフュエルの製品を大量に消費させるというマーケティングを行なった。

危険なのは、無防備な若い男性のエゴに向けてメッセージを発信することで、これらの企業は、若者たちがすでに陥りがちな危険行動を悪化させている可能性があることだ。エナジードリンクに含まれる大量のカフェインには、不安や脱水症、不眠、心血管の障害などを引き起こす有害な影響があることがわかっている。アメリカでは、エナジードリンクやショットの摂取に関連して数人が死亡している。ノルウェーでは2014年、コール・オブ・デューティを16時間にわたってプレイしながら4リットルのエナジードリンクを飲んだ14歳の少年が腎不全で病院に運ばれた。[*17]

スポーツには、少年たちの衝動的で攻撃的な行動をポジティブな方向に誘導させる力がある。しかし同時に、自己防衛本能をないがしろにして、チームやコーチやファンの期待を優先させてしまうこともある。有毒体育会系は極端な例だが、痛みや負傷をおしてプレイを続けることであれ、エナジードリンクをがぶ飲みすることであれ、リスクを顧みずタフにふるまうことを良しとする風潮は、スポーツ文化全体に浸透している。スポーツは軍隊に例えられるが、それにはもっともな理由がある。男の子たちは、戦士として、ヒーローとして、男らしい男として認められたい、という願望を抱くよう教え込まれており、スポーツも軍隊も、この承認欲求を利用して彼らを危険に向かわせることができる。私たちは、男の子自身がこの荒々しい過酷な文化を好むのだ、と思っているかもしれないが、実際は、彼らを危険にさらすのは周囲の大人たちであることが多い。

*

私の息子は、グレーター・トロント・ホッケー・リーグ（GTHL）で3年間プレイしていた。世界最大のアイスホッケー選手育成組織として名を馳せるGTHLでは、500以上のチームで4万人の子どもたちがプレイしている。オランダのトゥーコムスト・ユースアカデミーやスペインのラ・マシアが駿足の子どもをリオネル・メッシのようなサッカー界の巨人に鍛え上げるように、ヴァージニア州のオークヒルアカデミー高校がひょろ長いティーンエイジャーをカーメロ・アンソニーのようなバスケットボール界の魔術師に仕立てるように、GTHLは、リンクを駆け回っているアイスホッケー好きの子どもたちを、P・K・サバンやジョン・タバレスのようなNHLのMVPへと変身させるのだ。優れたスティック技術をもっていたり、ゴールを守る才能があったりする10歳の息子のために、家族全員が遠くは東ヨーロッパからトロントに引っ越してくることも珍しくはない。GTHLの居住条件を満たし、息子に元プロのコーチから指導を受けるチャンスを与えるためである。毎年12月、GTHLはトップ選手たちを集めた試合を開催し、リーグから選び抜かれた15歳、16歳の有望選手40名が力量を披露する。彼らの多くが、その後マイナーリーグに入り、NHLへと進んでいく。

私の息子は、リーグ内で3つに分かれたレベルのいちばん下でプレイしていた。そのレベルに属するチームのうちでも中庸チームの、そのまた中庸プレイヤーを超えることはなかった。プレッシャーの高いGTHLにおいて、この上なく気楽な位置づけである。レクリエーションとしてプレイするよりはわずかに競争意識が激しいが、スキルを身につけてスポーツを楽しむ、という以上に期待していたものはない。それでも、かなり大変な経験だった。ブルーカラーの雰囲気があるアイスホッケーだが、実際にはお金がかかり、近年はさらにエリート化が進むスポーツである。リーグの年間費用は何百ドル、あるいは何千ドルにもなる。用具も高価で、スケート靴は300ドル、スティックは200ドルに上る。さらに精鋭レベルでは、12歳や13歳の息子のため、年間を通した専門トレーニングに5万ドルを支払っている家庭もある。

リーグの少年たちのうち、アイスホッケーをキャリアにできるほどの才能をもつのはほんの一握りだが、野心的な親たちが、その可能性の低さに尻込みすることはない。現代の中流・上位中流階級家庭の父親や母親にとっては、びっしり活動を詰め込んでスケジュールを組んだわが子の生活をマネジメントすること自体が、一種の競技と化している。子育て文化はすでに半狂乱だ。そのうえ子どものスポーツにも時間とお金を費やすことになれば、事態はさらにヒートアップする。それだけ多大なエネルギーをつぎ込んでいる親たちは、子どもの課外生活が自分のものであるかのようにふるまいがちだ。ホッケーママやホッケーパパが子どものチームの話をすると、「今日の私たちの試合、最高だったね」「私たちはネット前の動きが止まりがちだから気を付けないと」と、主語が一人称複数形になっていることは珍しくない。

自分の子どもと、子どもの活動に熱心であることは、愛情の表れだ。しかし、その熱心さが醜い姿に変わることもある。ジュニアホッケーで比較的よく起こりがちな保護者不品行として挙げられるのは、怒鳴ること（子ども、コーチ、ほかの保護者、審判に対して）と、身体的なけんかである。私の知り合いの保護者は、ある父親が更衣室に乱入し、厳しい試合のあとで泣いていた9歳の息子に向かって「女みたいな真似をするな」と言う場面を見たと言う。同じ保護者いわく、試合中に親たちが「やっちまえ！」と叫ぶ声を聞くこともよくあるそうだ。別の母親は、当時10歳だった子どものチームメイトの父親で、試合中ずっとリンク沿いを歩きながら、子どもたちが何か失敗するたび「クソガキどもが！」と言っている人がいた、と話してくれた。あるゲイの父親は、エリートレベルでプレイする息子が12、13歳の頃には日常的に相手チームから「オカマ」「ホモ」というやじを飛ばされていたと言う。彼が聞いたところでは、選手たちの親やコーチがそのような行為を勧めているそうだ。私の周りにいる人たちに話を聞くと、必ずひとつはこういったエピソードが出て来た。どんな種目であれ、スポーツをする息子をもつ親なら、みんな似たような体験をしているのではないだろうか。

私は妻のようにホッケー好きではないが、ホッケーによって息子が多くを得ていることは認めている。私が好きなのは、彼がホッケーを大好きだ、ということである。たいへんなスポーツを、彼が一生懸命に努力して習得した、ということ。転んだあとにどう立ち上がるかを何千回と学び、いかに勝ち、いかに負けるかを学んできたこと。ホッケーが与えてくれる肉体的な勇気。彼が氷の上で自分を表現するときに見せる鮮やかなきらめき。そういったものが私は好きだ。しかし、つらいのは、常にそこに暴力の脅威があることである。たとえボディチェックや殴り合いがなくても、コンタクトは多く、怒りが燃え上がることはしょっちゅうで、ペナルティボックスに送られることが力の誇示行為となる。体を傷つけることであれ、言葉で罵倒することであれ、それを行なうのが選手であれ、コーチであれ、親やファンであれ、アイスホッケーのようなスポーツにおいて、暴力は不運な副産物ではなく、欠かせない中心要素のひとつなのだ。

しかし、脳震とうの知識が広まるにつれ、アイスホッケーやフットボールのようなコンタクトスポーツは徐々に変わりつつある。アメリカのユースフットボールリーグへの入会数は急激に減少しており、その主な理由が脳損傷だ（メイン州、ミズーリ州、ニュージャージー州など複数の州で、参加を希望する生徒数が少ないためにタックルフットボール部を廃止する学校が出てきている）。これに応えて、アマチュアフットボールの全米運営組織であるUSAフットボールは、子ども向けの試合のルールとフォーマットを変更し、暴力性を大幅に削減した。新バージョンでは、従来よりもフィールドが狭く、フィールド内に同時に入る選手の数が少ない。走って衝突するスペースが減り、ぶつかる人間の数も減ったことで、より安全で、単なる力よりもスキルが重視されるスポーツになっている。*18

ユースホッケーを捨てて、比較的コンタクトの少ないバスケットボールやサッカーに移る子どもたちも増えている。いくつかの男子アイスホッケーリーグでは、負傷や頭部へ繰り返し衝撃を受ける危険を減らすため、ボディチェックの導入を13歳か14歳になるまで遅らせるようになった。数年前、私はライアーソン大学の最新型アスレチックセンターで、トロント・ノンコンタクト・ホッケーリーグの試合を観戦した。この会場があるのは、かつてトロント随一のアリーナで、70年近くにわたりトロント・メープルリーフスの本拠地であったメープルリーフ・ガーデンズの跡地だ。メープルリーフ・ガーデンズの建物が外観はそのままに改装され、その一部にアスレチックセンターを擁している。

その夜、手入れの行き届いたリンクの上で対戦したのは、レッドホークスとウルヴァリンズだ。15歳から16歳の少年たちは、思春期の急成長期も後半に入り、巨大である。ボディチェックなしでも、パックを奪い合い、力強く打ち合い、じゅうぶんにタフでスピード感のあるホッケーだった。しかし、もっとも私の印象に残ったのは、少年たちのプレイに、めったに目にしないような軽快さがあったことである。小規模なリーグで、この年齢区分には4チームしかないため、ほとんどの選手が対戦相手と一度は同じチームにいた経験があるのだ。真剣だが重圧感はなく、競争心はあるが、何が何でも勝つ、という雰囲気ではない。少年たちはとにかく楽しんでいた。文化の重みや親の期待を気にせず、子どもたち自身でスポーツを定義することが許されたなら、きっとこんなふうになるのではないか、と思わせるような試合だった。

暴力性を減らしたことで変化したのは少年たちだけではない。家族の反応にも影響があった。騒がしいホッケーママやパパたちの生態を知る人なら誰でも、その夜のスタンドに散らばっている観客が異様に静かなことに気付いただろう。私の後ろにいたカップルは、ウルヴァリンズのパスについて小声で褒め合っていた。ずっと後ろのほうで、男性が「ポイント！　ポイントに戻れ！」と呼びかけ、またすぐに静かになる。レッドホークスが得点すると、ぱらぱらと拍手が起こって、誰かからオーッという喜びの声が上がり、再び観客席は静まり返った。ほかのユース試合では欠けていることの多い礼儀正しさがあり、それに何よりも、親たちの中に、主役は自分たちではないのだという意識が感じられた。

子どもが傷つけられたり、コーチに叱り飛ばされたりすることがあまりに多かったため、抗議の意味を込めて息子をこのリーグに入れた親も多い。ある父親は、前に息子がいたリーグでは、「自分の子どもはＮＨＬ一直線だと信じ切っている」ような親たちの野心に疲れてしまったそうだ。「とにかく、ああいう人たちとは合わなかった」と彼は言う。

自分の息子のチームでコーチを務めている別の父親は、リンクサイドの過熱状態を「狂乱保護者症候群」と呼ぶ。かつては、息子の年齢が上がり、試合がより本格的になるにつれ、緊張と不安感があまりに強くなり、毎回パックが落とされる前には心の準備が必要だったと言う。ほかのコーチ間にある敵対意識や、少年たちが9歳か10歳になる頃にはもう相手を侮辱し挑発するようになっていることも嫌だった。そして限界を迎えたのは、息子が11歳のとき、試合中に相手チームの選手数人のターゲットになって、何度もリンク上で押されたり突き飛ばされたりしたときだった。彼は音を立てて倒れ、父親は怒りがこみ上げるのを感じた。息子を突き飛ばした男の子を怒鳴りつけ、怖がらせ、辱めようとする一歩手前まで来ていた。しかし思いとどまった。大人の自分が子どもに向かって恫喝しようとしている、自分はそんな人間になりたくない、息子に自分がそんな人間になっているところを見せたくない、と思ったのだ。その試合のあとで、彼は息子をノンコンタクト・リーグに移した。

最盛時には175人の選手が加入していたノンコンタクト・リーグは、7シーズン続いたのち、2016年の春に廃止された。ほかの大きなリーグもボディチェックを禁止し始めたため、必要性がなくなったのだ。でも私は今も、高校生になった息子がプレイする姿を見るたび、あの試合のことを思い出す。彼もその後、競争意識と攻撃性の低いリーグに移っているが、ごく幼い頃を除いて見たことがないほど楽しそうに、身軽にプレイしている。

*

2016年の秋、アメリカ大統領選挙のわずか1か月前、「ワシントン・ポスト」紙は、テレビ番組「アクセス・ハリウッド」で10年ほど前に撮影されたビデオテープの映像を受け取った。内容は、当時は大統領候補だったドナルド・トランプが、女性へのアプローチテクニックについて話しているものだった。「美しい女性には自動的に引き寄せられる。自然にキスし始めるんだ。マグネットみたいなもんだ。とにかくキスする。待ったりなんかしない」。これが彼の言葉である。「こっちがスターなら、女は許してくれる。何でもできる。アソコをつかむことだってできる。何でもできるんだ」。彼が言ったことが本当なら、性的暴行をしたと認めていることになる。実際、既に数人の女性が性的暴行で彼を訴えている。しかしトランプは、このニュースが広まったとき、これは単なる「ロッカールームの軽口」*19だった、と説明した。ここに暗示されているのは、合意なしに女性に触ったりキスしたりできると自慢するのは、男だけの空間では普通の会話だ、という意識である。そして、それと同じくらい問題なのは、妻のメラニアがこの発言を「男同士の話」と、まるで男性に想定されていることのように受け流したことである。男とはそういうもの、しかも有名な男性なら、合意なしに女性にキスしたり性器をつかんだりするもの、なのだ。

トランプよりもずっとロッカールームのことをよく知っている、プロ・アマのアスリートたちの反応は素早かった。彼らの多くは不快感をあらわにしていた。オークランドAのピッチャー、ショーン・ドゥーリトルは「アスリートとして、大人になってからずっとロッカールームにいたようなもんだけど、それはロッカールームの話題じゃない」とツイートした。元NBAスター選手のダンテイ・ジョーンズは、「トランプのコメントが『ロッカールームの軽口』だというなら、それはああいう発言が許されるって意味になる。許されるわけがない」と発言した。ポッドキャスト「エッジ・オブ・スポーツ」では、当時デトロイト・ライオンズのラインバッカーだったデアンドレ・レヴィがこのように語っている。「これをロッカールームトークとして受け流せば、次は実際の［性的暴行という］行為を受け流すことになってしまう。ここには、あまりに普通になっていて、いつもだったら考えることもないけど、実はきちんと向き合わなければならない問題があると思うんだ。多くのアスリートがもっている特権意識――トランプが言ったように、有名ならやりたいことが何でもできる、という意識の問題だ」。[*20] この数か月前、レヴィはウェブメディア「プレイヤーズ・トリビューン」に、アスリートと性暴力や家庭内暴力についてのエッセーを寄稿していた。[*21] レヴィがこの問題への取り組みとして行なってきたことのひとつが3万ドルを超える募金活動で、集まったお金は、2009年にデトロイト地域の警察倉庫内に放置されているのを発見された性犯罪証拠採取キット11000個――古いものは1980年代にさかのぼる――の分析を進める資金の一部として使われている（2

017年12月現在で、10000個のキットが分析され、1947件の事件が捜査され、817人のレイプ常習犯が特定された）[22]。

一方、オレゴン州の高校では、学生アスリートのグループが「ワイルド・フェミニスト」というスローガン入りのTシャツを着た自分たちの写真をインターネットで発信した。「性的暴行は、ロッカールームの軽口じゃない」というキャプションを付けたこの画像は大拡散された。

高校生アスリートたちが公の場で性暴力について訴えたのは、これが初めてではない。2014年、オハイオ州クリーブランドの高校の最終学年生で、アメリカンフットボールのラインバッカーだったジェローム・ベイカーは、スター選手として複数の大学から勧誘を受けていた[23]。その数年前、近隣のオハイオ州スチューベンビルで2人の高校フットボール選手が起こし、広く世間に知られた性的暴行事件があった。この事件のことが気に掛かっていたベイカーは、女性たちへの暴力をなくすことを掲げた公約をつくり、仲間の高校生選手たちがそれに署名するというアイデアを思い付いた。ベイカーは、オハイオ州北東部一帯のチームにいる知り合いのトップ選手たち、ロールモデルやリーダー的存在の選手たちにコンタクトを取り、1年も経たないうちに、公約には100人の高校生アスリートたちの署名が集まった。その公約の一部が、次のような文章だ。「私は、決して女性や女の子に対して身体的・性的な暴力を行使しません。また、そのような暴力を許しません。……もし、ほかの誰かが女性や女の子について不快な発言をしたり、性差別的なジョークを言ったりするのを聞いたときには、立ち向かい、声を上げます」。

ベイカーも、オレゴン州の高校生たちや、トランプの発言に抵抗したプロアスリートたちと同じように、自分がスター選手としてもっている影響力の大きさを理解していた。デアンドレ・レヴィが「プレイヤーズ・トリビューン」で言ったように、「私たちがコミュニティ内でもっている名声は、本物の変化を起こすための力になる。私たちが話せば、みんな聞いてくれる」。[*24] ここ何年かのあいだに――特に2012年にフロリダ州でトレイボン・マーティンが射殺され、ブラック・ライブズ・マター運動が始まって以来――スポーツカルチャーとアクティビズムとのつながりはますます強まってきており、アスリートたちが政治的問題に取り組むための下準備が整ってきていた。マーティンが亡くなってまもなく、NBAマイアミ・ヒートの選手たちは、スウェットのフードを被って頭部が隠れた自分たちの写真を撮影し、#俺たちもトレイボン・マーティンだ　#フーディー　#ステレオタイプ　#望みは正義　というハッシュタグとともに公開した。

それ以降も、何人ものプロアスリートたちがレイシズムや警察による暴力に対して声を上げてきた。NBAやNFLに所属する多くの若い黒人選手たちにとって、これらは自分たちの心に訴える、個人的な問題である。[*25] 2014年、NBA選手たち数名が「息ができない」と書かれたTシャツを着て試合前のウォームアップを行なった。ニューヨーク市警察に絞め技で抑え込まれて死亡したエリック・ガーナーが最後に発した言葉である。その2年後、サンフランシスコ・フォーティナイナーズのクオーターバック、コリン・キャパーニックは、暴力と人種的不均衡に抗議する意味で、アメリカ国歌演奏の最中に片膝をつくという行動を始めた。マネジメントやメディアの一部は、スポーツを政治化したとしてキャパーニックを批判したが、モハメド・アリや、1968年のオリンピック表彰台でブラックパワー・サリュートをしたトミー・スミスとジョン・カーロスのような活動家アスリートの系譜を思わせると、好意的に受け止める人々もいた。

このようなプロアスリートたちによる新しいかたちのアクティビズムは、若い世代のファンやアスリートたちを刺激した。キャパーニックを手本に、コロラド州、ネブラスカ州、テキサス州、カリフォルニア州、ニュージャージー州で、中学・高校のフットボール選手たちが試合前の国家演奏で片膝をつき始めた。「キャパーニックが膝をついたとき、ぼくらもできることがある、思いを表現できる、とわかったんだ」。あるコロラド州の学生は「ニューヨーク・タイムズ」紙にこう語っている。[26]

しかし、人種暴力に対してプロや学生のアスリートたちが声を上げるようになった一方で、選手自身による性暴力や近親者暴力というのは、さらに取り組みが難しい問題である。アスリートたちは反論したが、トランプが「ロッカールームトーク」という言い回しにこだわったのには理由がある。スポーツの世界にはびこる、根深い性差別文化である。NFLは、性的不品行やパートナーへの暴力で訴えられた選手に関して、犯罪的と言えるほど処分が甘い。大学フットボール界では、ベイラー大、ノートルダム大、フロリダ州立大、サウスダコタ大の事件のように、悪名高い性的虐待・レイプ事件がいくつも起こっている。女性を性的対象物と見なす風潮は、フットボールというスポーツの一部になっており、早くも入学前の学校見学から、引く手あまたの新入生候補は、魅力的な女性の「ホステス」に出迎えられ、キャンパスを案内される。テキサス州のベイラー大学を相手どった2017年の訴訟では、2011年から2014年のあいだに、同大学のフットボール選手のうち31人が、5件の集団強姦を含み、少なくとも52件の性的暴行を犯したと主張されている。また、この訴訟では、未成年の有望選手候補を誘致するため、ストリップクラブに連れて行くことや、女性をあっせんして性行為をさせることなどが行なわれていたと主張されている。[27]

アメリカンフットボール神話の世界では、選手たちは征服者の英雄として称えられ、お金、セックス、名声という戦利品を得る権利をもつ。このような考えかたがよく表れているのが、2016年、15歳の少女を強姦した罪で告発された10代の少年を擁護して、彼の父親が言ったセリフだ。少年は、全米でもフットボール名門校のひとつに数えられる、カリフォルニア州コンコードのデ・ラ・サール高校の選手だった。少女は、彼から送られた性的に露骨な内容の携帯メッセージについて直接注意したいと思い、話をするため会いに行ったときに暴行されたと主張している。少年の父親はメディアに対し、合意の上の行為だと語った。「息子は背が高くハンサムで魅力的で、デ・ラ・サールの選手なんだ。彼と親しくなりたいと思う女の子はたくさんいる。奔放な若い女の子ならすぐに追いかけるさ」。[*28] このコメントは、2015年1月、男子学生クラブのパーティで意識を失っている女性に性的暴行をした罪で有罪判決を受けたスタンフォード大学の水泳選手、ブロック・ターナーの父親の言葉を彷彿とさせる。[*29] ターナーの父親が書いた手紙には、息子は「もう決して、これまで彼が夢見て、その実現のためにたいへんな努力をしてきたような人生を送ることはできないだろう。これまで20年以上生きてきて、そのうちの20分間の行為のために払う代償としては大きすぎる」と記されていた。

若い男性たちがスポーツ界での成功を追い求める過程で、若い女性たちが報酬として利用され、巻き添え被害にあうということは、繰り返し起こっている。有能な選手の将来がかかっている場合、不品行は――たとえ暴力や暴行でも――見逃されたり隠蔽されたりする。彼らの進路は、本人以外に対しても甚大な影響を及ぼすからだ。スキャンダルが起きると、スポンサーやファンは学校から離れていく。大学スポーツは巨大ビジネスで、トップレベルの運動部やチームは、学校に何百万ドルという利益をもたらすのだ。高校スポーツでさえ、地域経済に大きな影響を与えている。オハイオ州スチューベンビルは、かつて鉄鋼の町として栄えたが、製鉄所の閉鎖が始まってからは人口が急速に減り、繁華街はシャッター街化し、住民たちのあいだに麻薬依存が広がった。そんななかで、州大会で優勝するような地元高校フットボールチーム「ビッグレッド」は、貴重な希望の星であり、収入源だった。試合があると、1万人を超えるファンが地域から集まってくる。16歳から17歳の選手たちは学校の人気者であると同時に、町の支えでもあり、面倒なことからは守ってやるべき存在として理解されていた。2012年にチームの選手2名が起こした性的暴行事件の調査では、コーチが彼らの行為に気付いていながら、警察に通報しなかったことが明らかになっている。そのほかにも3名の学校関係者が、別の複数の性的虐待事件を隠蔽したとして、司法妨害で起訴された。[*30]

ランディ・ジャクソンは、そんなコーチとは違う。テキサス州、ダラス・フォートワース都市圏の郊外の町グレイプバインで高校フットボール部のヘッドコーチを務めるジャクソンは、トランプの「ロッカールーム」発言が暴露された翌週、代表チームと二軍チームの選手たちをロッカールームに集めた。ジャクソンは、選手のカリキュラムの中に、人格形成のための指導の時間を定期的に組み込んでいる。彼いわく「少年たちが話を聞かざるを得ない状況を利用して」、チームワーク、敬意、高潔さ、良き人間とは何か、といった内容について話すのだ。時事問題をテーマに取りあげることも多い。例えば、2014年に、NFLのランニングバックだったレイ・ライスがホテルのエレベーター内でガールフレンドを殴っている姿を監視カメラに捉えられたときもそうだ。ジャクソンは、トランプの「ロッカールームの軽口」という発言を耳にしたとき、嘆かわしく思う一方で、また教育の機会が来た、と考えた。女性をおとしめることは決して許されることではない、と彼は少年たちに向かって説いた。トランプが自慢していたこと――合意なしに女性に触ったりキスしたりすること――は、明白な暴行である。たとえ誰かが、ロッカールームのような男だけの空間で、仲間に格好つけようとして卑猥なことを言った場合でも、その発言を軽視したり、ジョークとして聞き流したりしてはならない。「人格というのは使い分けることができないんだ」と、ジャクソンは語った。[*31]

トランプが大統領に選ばれた翌日、私は電話でジャクソンと話をした。彼はコーチ歴26年で、直近の3年間はグレイプバイン高校のコーチを務めていた。学校があるのは、ジャクソンの言葉を借りれば「コーヒー1杯に6ドル払えるような人たちが住むところ」、つまり住民の大半が上位中流階級の地域である。そんなグレイプバインの選手たちは、どちらかというと世慣れていない、守られて育った子どもたちだ。「だから、意識してタフさを身に付けさせる必要があります」と、彼は説明する。やはり何といっても、フットボールは精神的にも肉体的にも根性が必要なタフなスポーツで、選手もコーチ陣も、強い野心と競争心をもつアグレッシブなタイプの人々が集まってくる。そんな世界で通用しなくてはならないからだ。しかし、少年たちがフィールドを出たとき、いかに攻撃性のスイッチをオフにするかを教えることもコーチの役目だ。「とにかく競争や、支配のために戦うことが重視されますから、気を付けていないと、つい支配欲の強い選手ばかり優遇したり褒めたりしてしまいます。自分の欲しいものを欲しいときに奪い取るタイプの選手です」と彼は言う。「試合の外では、他人を気づかい、女性や女の子に敬意をもって接し、いじめられている生徒がいたら守ってやるのが本物の男なのだと、意識的に選手たちに示していく必要があります」。

伝統的な価値観と進歩的な考え方とは、しばしば相いれないことがある。ジャクソンは、多くの面で伝統的な男性だ。聖書を引用し、自分やほかのコーチのことを若者たちの「伝道者」と表現し、私に対する言葉遣いにも古風な礼儀正しさがある。しかし彼は、選手たちのもつ「男らしいふるまい」の概念を広げ、恋愛関係や家族関係で温かく相手を思いやることも男らしさだ、と教えることには矛盾を感じていない。彼もアシスタントコーチたちも、定期的に選手を自宅のディナーに招いている。この目的のひとつは、チームに家族のような雰囲気をつくり出すためだ。そしてもうひとつは、良き夫、良き父とはどのようなものか、身をもって見本を示すためである。「妻を大切にし、皿を洗い、おむつを替えるのが真の男だ」という、男の子たちに向けた意図的なメッセージが込められているのだ。

私がジャクソンと話した1か月後、2万6千人が所属するテキサス州高校コーチ連盟は、性暴力や性的合意について青少年アスリートたちを教育するプログラムを州全体で導入することを発表した。このような問題が話し合われる場所は、テキサス州では貴重である。2015−16学年度、テキサス州の公立学区のうち4分の1ではまったく性教育が行なわれず、60％近くの学区では、禁欲のみを教えるカリキュラムであった。禁欲を基本とする性教育のほとんどでは、男の子はみんな性欲過剰で、女の子は助けが必要なか弱い乙女というふうに、ステレオタイプ化されたジェンダー描写が満載であった。[*32] それ以外のかたちの性教育がない状況では、ジャクソンのようなコーチたちによる取り組みは非常に重要だ。スポーツ界の風潮や男性たちの好ましくない行動を、真剣に、永続するかたちで変えようとするなら、アイデンティティや価値観を形成している途上にある子どもたちから、そのプロセスを始めなくてはならない。「息子がちゃんと話を聞くのはチームのコーチだけなんです、と、いつも親御さんたちに言われます」。ジャクソンと話したとき、彼は最後にそう言っていた。

ワシントンDCでスポーツライターやコメンテーターとして活躍し、スポーツ界の政治的側面や文化に詳しいデイブ・ザイリンからも、これとよく似た話を聞いた。ザイリンは「ネーション」誌の編集者で、ポッドキャスト「エッジ・オブ・スポーツ」のホストも務める。また、彼自身も父親でありコーチだ。「ユーススポーツ内の文化は、子どもたちがコーチからどんな指導を受けるかによってかなり変わってきます」と彼は言う。「男の子とスポーツという組み合わせは、自由にさせておくと悪い結果に向かっていきがちです。地球めがけて飛んでくる隕石を放っておくようなものです」。スポーツについて語るときに用いられる言葉でさえ、対戦相手を「つぶす」「全滅させる」「破壊する」というふうに、一番にならなければやる意味がない、というメッセージを感じさせるものが多い、とザイリンは言う。

ザイリンはニューヨーク市で育ち、学校ではバスケットボールをしていた。チームメイトたちは、性差別的、同性愛嫌悪的な侮蔑表現をひっきりなしに口にしていたと言う。女の子と同じチームに入れられることは恥だった、と、ザイリンは振り返る。さらに悪いのは、コーチに「女みたいなプレイだった」と言われることで、そして最悪なのは「やわなやつ」だと言われることだった——女性的、あるいはゲイであることを示唆する表現だからである。このような話し方は反射的なもので、子ども時代のコーチがみんな自分たちの言葉遣いと性差別との関連性を理解していたとは思わない、とザイリンは言う。

彼が高校1年生のとき、ロッカールームで起こったあるエピソードが、際立って記憶に残っていると言う。チームでいちばん物静かな少年が、おしゃべりを遮り、みんなに向かって、「オカマ」や「ホモ」のようなゲイに対する侮蔑表現を使うのはやめてほしい、と言ったのだ。彼の父親はゲイで、みんなにもそのことを尊重してほしい、という理由だった。「部屋の中は静まり返りました」とザイリンは言う。チームには団結が要求され、分をわきまえずに話したり、ほかの選手の態度を批判したりするのは、ありえないことだ。だが、これは信じられないほど勇気ある行動でもあった。「みんな、自分たちのことが恥ずかしくなり、その少年の強さに畏敬の念を抱きました。彼のような感受性の高さは、ふつうなら良しとされません。でも、ああいう発言をするのがどれだけ勇気のいることか、私たちには理解できたんです。それ以降は、誰もホモフォビア的な言葉を使わないようになりました」。

私がザイリンと話をする数週間前、彼のポッドキャストでロッカールーム文化の問題が取り上げられていた。私自身は男子更衣室で過ごした経験がないので、実際はどんな雰囲気なのか教えてもらえませんか、と聞いてみた。トランプの発言を受けて、たくさんのアスリートたちが我先にとロッカールーム内の品行について擁護していたことで、私は好奇心をそそられていたのだ。本当に、選手たちが言うような高尚で聖なる空間なのだろうか？　性差別的、同性愛嫌悪的なこきおろしや、しごき、いじめも、ロッカールームの伝統としてあるのではないか？

ロッカールームを特徴づけるのは親密さと無防備さであると、ザイリンは説明する。スポーツは、男の子や男性が感情を表すことを良しとされ、ほかの男性に対して身体的に愛情表現をすることが許される、数少ない場所だ。ロッカールームでは裸になることが多く、それに伴って、好奇心、当惑、競争心も頻繁に現れる。本物の友情やチームメイトとの絆がある一方で、「ロッカールームではろくでもない話を聞くこともたくさんある」とザイリンは言う。例えば、女性との行為を自慢したり、相手より優位に立とうと言い争ったりすることは、見せてしまった弱みや愛情や感情を相殺するための行動であることが多い。チームスポーツは選手のあいだに家族やコミュニティのような意識を育むかもしれないが、一方で、そこには傭兵的な文化もある。選手たちは、クビになることやトレードされる可能性を常に意識している。隣に座っている選手が自分のラインナップのポジションを狙っていることもわかっている。それでも、ロッカールームの親密性には大きな可能性があり、特に感受性が強い中学生や高校生の選手にとってはなおさらだ、とザイリンは言う。スポーツ文化を変えるためには、国歌演奏で膝をついた高校生や、性暴力に反対して声を上げた高校生のような、学生たちによるアクティビズムが不可欠なのだ、とザイリンは指摘する――ゲイの父親をもつ、あの勇敢な男の子がザイリンの高校バスケットボールチームの意識を変えたように。

＊

アメリカの非営利団体「ユー・キャン・プレイ」は、ザイリンのかつてのチームメイトのような子どもたちをサポートする目的で設立され、コーチや選手向けの多様性推進ワークショップや、一般向けの意識向上キャンペーンを行なっている。チームワーク・規律・実力勝負というスポーツのポジティブな側面に注目し、それを子どもたちの生活に生かすことで、性差別・人種差別・ホモフォビアに基づくいじめを減らすことが狙いだ。２０１４年にボストン小児病院が行なった研究では、性的マイノリティの子どもたち（レズビアン、ゲイ、バイセクシュアル、トランスジェンダーと自認する子どもたち）は、ストレートの子どもたちよりもチームスポーツへの参加がずっと少ないことが明らかになった。[*33] ゲイの男の子たちは、自分の運動能力についてネガティブな見方をしている度合いがかなり高く、チームスポーツに参加しない理由として、自尊心の低さといじめられるかもしれない恐怖を挙げていた。チームスポーツに参加しないことによる影響は深刻だ。ＬＧＢＴの子どもたちは、チームの一員になるという社会的利益を得られないだけでなく、身体的に活動不足になることで、ストレスやうつのリスクも高くなる。

活動家、講演家として活躍し、ユー・キャン・プレイのプロスポーツ連携ディレクターを務めるウェイド・デイビスは、元ＮＦＬのディフェンシブ・バックで、プロで活躍していた男性アスリートとしては珍しく、ゲイであることを公表している。[*34] 彼にとってフットボールは、ほかでは見つからなかったような連帯感と仲間意識を与えてくれるものだった。ティーンエイジャーになり、自分がゲイだと認識したときには、フットボールがカモフラージュにもなった。運動能力と、体育会系としての特権のおかげで、彼のマスキュリニティが疑われる余地はなかったからだ。その例として、彼は私に、フットボール選手グループの一員ではない、ある学校の友達の話をしてくれた。その少年はおそらくゲイであったが、デイビスとは異なり、ゲイであることを隠せていなかった。デイビスは彼が好きだったが、フットボール仲間が周りにいるときには彼を「オカマ」と呼んでいた。デイビスは、ひどい態度を取ったことを今も後悔しているが、それは彼自身がゲイだと知られる恐怖からしてしまった行為だ、と説明する。「ほかのおおぜいの男の子たちと一緒で、ゲイだとか弱いやつと思われている子に優しくしているところを見られてはまずいと、直感的にわかっていたんです。自分も同じだと思われるからです」。

デイビスは、スポーツ文化に性差別とホモフォビアという悩ましい問題があることは認めるが、アスリートたちのもつ知性や寛容性が正当に評価されていることも少ない、と言う。彼は負傷が原因で2004年にNFLを引退したが、元チームメイトたちにゲイであることを告白したのは、それから数年が過ぎた頃だった。チームメイトたちは彼を温かく受け入れてくれ、誰ひとりとして否定的な反応をする人はいなかったと言う。この経験が、彼が高校や大学で講演をするときのアプローチにつながっている。「スポーツ選手は同性愛嫌悪的だ、というイメージが広まっていて、特にアフリカ系アメリカ人のアスリートは同性愛に対し否定的で、寛容でないと思われています。この見方があまりに根強いため、実際には黒人コミュニティやロッカールームに存在する、愛情と受容と支援のストーリーを耳にすることはありません」。「オカマ」のような罵りの言葉は、男性集団への従属性を強化するために用いられるが、この集団従属性が、時にはポジティブな方向に作用することもある。デイビスのチームメートたちが彼を受け入れ応援したのは、チームの同胞意識が何よりも最優先されるからである。どんな人種、ジェンダー、セクシュアリティであろうとも、チームメイトはチームメイト――ユー・キャン・プレイが取り込もうと狙っているのは、そのような忠誠と結束の精神なのだ。

デイビスは、アスリートたちの言葉使いについて、その意図と影響とを区別して考えていると言う。彼らが女性やゲイの男性についてジョークを言うのは、多くの場合、実際に憎しみや軽蔑の念があるからではなく、自分たちはそういう態度を取るものだ、と思い込んでいるからだ。ユー・キャン・プレイの支援を受けてアルバータ大学が作成した2016年の調査報告書からも、これと似た状況が明らかになっている。調査に携わったスポーツ社会学者のシェリル・マクドナルドは、15歳から18歳までのエリートレベルの男子ホッケー選手100人近くを対象に、ジェンダー、ホモセクシュアリティ、マスキュリニティについて聞き取りを行なった。[*35] 結果は、彼女が予想していたよりも複雑だった。男の子たちが性差別的・反同性愛的な発言をするのは、既に定着している粗野で乱暴なホッケー文化のしきたりから、そうするものだと学習してきたからである。しかし同時に、彼らはより広範な文化の産物であり、フェミニストのポップスター、同性結婚、ユニセックストイレが当たり前の21世紀の世界で育ってきた子どもたちである。「彼らは、ゲイのチームメイト——少なくともゲイだと公表しているチームメイトがいた経験はなくても、自分の好むと好まざるとに関わらず、将来的にはそれが普通になるだろうし、それでみんなうまくやっていけるだろう、と理解していた」と、マクドナルドは記している。

この、「別にたいしたことじゃないし、どうにかなるよ」という態度こそ、ザイリンの指摘していた可能性だ。ランディ・ジャクソンのように、ロッカールームという空間を利用して、偏見に向き合い、勇気をもって発言するよう少年たちを促すコーチたちも、そんな可能性を育んでいる。ゲイであることを公表している元プロアスリートとして、デイビスは、もしもレブロン・ジェームズくらいの知名度と才能のあるスーパースターがカミングアウトしたらどうなるだろうか、という質問を受けることが多い。彼は、1人の有名選手がスポーツ界から偏見を消し去ってくれるだろう、と期待して待ち望んでいる人が多すぎる、と言う。「もしもトム・ブレイディがカミングアウトしたならすべてが変わるはずだ、と思われていますが、そうはならないでしょう。本当に革命的な変化を起こし、スポーツ界にある性差別とホモフォビアの文化を変えるためは、親が息子に、コーチが若い選手に対して、多様性の受け入れや、正義や愛について話し始めることです。そして、若い男性が弱さや無防備なところを見せることを、私たちみんなが認めてあげること。そのせいで男らしさや強さが損なわれることはない、と教えてあげることです」。

Chapter 6

ゲームボーイズ

男の子とポピュラーカルチャー

白いタンクトップを着て、顔にはフクロウのマスクという出で立ちの「グランド・セフト・オート：サンアンドレアス」の主人公、カール・ジョンソン（CJ）が、架空の町、ロスサントス郊外の丘をバイクに乗って走り抜けていく。コントローラを操ってCJを動かしているのは、いたずらっぽい顔立ちにソフトモヒカンヘアの、10歳のおとなしい男の子だ。CJにいろんなバリエーションのジャンプをさせて、何度か転倒させつつロスサントス市内に入ると、女性をカージャックして高級車を奪い、ぼろぼろのバイクを捨てて乗り換える。このゲームは、世界的ベストセラー「グランド・セフト・オート（GTA）」シリーズの一作として、2004年にプレイステーション2向けに初リリースされたものである。黒人男性のCJは、はびこる暴力を逃れて地元を離れていたが、母親の葬儀のために帰郷する。しかし、戻ったとたん罠にはめられて犯罪の濡れ衣を着せられ、再び街で力を握ろうと狙っている昔のギャング仲間と再会する――これがストーリーの背景だ。

このストーリーはフィクションだが、部分的には、1980年代のクラックコカイン蔓延や1992年のロサンゼルス暴動など、実際の出来事に基づく要素も取り入れている。とはいえ、現実との類似点はそこまでだ。GTAを生み出したのは、アメリカ生活に関する知識は大部分を映画から得ていたというスコットランドのデベロッパー集団[*1]であり、「GTA：サンアンドレアス」の世界観についても、1990年代のヒップホップのミュージックビデオのほか、「ボーイズン・ザ・フッド」「ポケットいっぱいの涙」のようなフッド・ムービー（訳註：犯罪や暴力の多い都市部地域に暮らす有色人種の若者たちを描いた映画）からの影響が大きい。生々しい暴力描写、難易度の高さ、鮮烈なビジュアルで知られる本作は、ゲームファンや批評家たちから史上最高のビデオゲームのひとつとして讃えられている。GTAシリーズ全体の合計販売本数は数億本に上るが、アフリカ系、ラテン系、イタリア系アメリカ人の人種ステレオタイプを意図的に活用し、性的特徴が極端に誇張された女性像を売りにしていることも、このシリーズの特徴だ。[*2]新作が出るたびに、その暴力性や女性蔑視について、そしてそれらが若い男性プレイヤーにもたらす影響について、繰り返し批判が巻き起こる。[*3]

コントローラを握る10歳のニックは、そんなことはまったく意に介していないようだ。もっぱら彼の興味があるのは車（とマスク）だけである。私はニックの両親に招かれ、トロントの自宅の屋根裏にあるプレイルームで、彼が遊ぶ様子を見学している。トランスフォーマーやスパイダーマンのステッカーで覆われた壁には、スポンジ弾のトイガンシリーズ「ナーフ」の武器がいくつも飾られている。私にとってGTAが実際にプレイされているところを見るのは初めてで、これは、記事のための取材であると同時に、個人的な調査ミッションでもある。私と妻は、息子が13歳になるまで、プレイステーションのソフトをティーン向けと指定されているものだけに限っていた。何か月ものあいだ、息子はGTAが欲しいとねだっていたのだが、このゲームの暴力性や人種・ジェンダーのステレオタイプについて読んだことがあった私たちは、実物を見ることなしに拒否していた。息子は、家ではマインクラフトやNBAやNFLなどスポーツのゲームをしていたが、きっと友達の家ではファーストパーソンシューティングゲームも試していただろう。たいていの子どもたちがそうであるように、いちばん禁じられているものが欲しくなるのだ。

こうして私は、実際にGTAがどんなものか目にする機会を得たわけだが、これまでのところ、どうということのない印象だ。ニックは車や派手なスタントのほうに興味があるようで、ギャングの活動にはほとんど参加していない(私がいるために、意識的に子どもらしいプレイを選んでいる可能性も考えられる)。ニックの父親はたまにゲームをするが(つい先ほどコール・オブ・デューティでニックに大敗したところらしい)、母親は私と同様、ゲーマーではない。それでも彼女は、ニックのゲーム遊びにあまり規制を加えていない。息子にとってゲームは、オンライン友達であれ現実世界の友達であれ、みんなと一緒に遊ぶ手段であるというのが彼女の考えで、複雑な物語世界と没入体験型のプレイからは、問題解決スキルを学び、テクノロジーの理解を深めることができる、と言う。今度のニックの誕生日には、友達も連れてVR遊園地に行くことにしているそうだ（プライバシーへの配慮から、ニックの母親は一家が特定されないよう希望している）。

私が、自分の息子にGTAをさせることを迷っていることを話すと、彼女は控えめに、もしかしたら用心しすぎて過剰反応しているのかも、と言った。彼女は科学者で、育児上の選択については慎重だ。ビデオゲームの害についての研究にも目を通している。暴力的なビデオゲームについて世間はさんざん心配しているが、それでも現実世界の暴力との因果関係は証明されていない[*4]（また、アメリカではゲームをする人の数が飛躍的に増加した一方で、少年による暴力事件の件数は急激に減っている点にも触れておきたい。2014年の全米少年司法センターの調査によれば、暴力犯罪による少年の逮捕数と、18歳未満の少年によって殺害された被害者の数は、それまでの30年間で最低を記録している[*5]）。しかし、子育て方針というのは、しばしば衝動で決まりがちなもので、必ずしも証拠など必要ない。特に、親にとって親しみのないテクノロジーやポピュラーカルチャーに関してはなおさらだ。ゲームによって、子どもたちが実生活で暴力的に、反社会的になっているような「気がする」――心配の種となり、あるいはスケープゴートを仕立て上げるには、それで充分なのだ。

「私たちが子どもの頃は、ドロケイをしたり、棒やおもちゃの銃を使って戦いごっこをしたりしていました。今の子どもたちにとって、その代わりがこれなんです」と、画面を指しながら彼女は言う。「技術が進歩しただけです。親が怖がっているのは、技術の新しさでしょう」。

私はまだ、完全には納得していない。私が覚えている子どもの頃のドロケイ遊びには、走行中の車から発砲したり、ストリップクラブに行ったり、セックスワーカーを殺したりという内容は含まれていなかった。しかしGTAシリーズではこれらすべてがプレイヤーの選択肢に入っている(もちろん、ゲームの世界で自分がどの程度暴力的になるか、プレイヤーに託される自由度はかなり大きい。ニックのように、乗り物のためにプレイすることだってできる)。たとえゲームの空想世界のことであっても、私の息子がこのような選択肢に遭遇するのは早すぎると感じたのだ。それでも、ニックの母親と話したあとで、私自身もビデオゲームをめぐるパニックに流されていたことに気付いて、考えが少し和らいだ。息子のポップカルチャー消費に干渉し、彼の吸収するストーリーやイメージを選別しようとする努力は今も続いているが、特に息子の年齢が上がり独立性が高まるにつれて、本当に重要なところにだけ制限を加えるほうが賢明だとわかってきた。その日家に帰ると、私は息子と話し、まだGTAはだめだが、ファーストパーソンシューティングゲームについては妥協する、ということで落ち着いた。「コール・オブ・デューティ」を買ってもいいが、残虐性と罵り言葉を制限するペアレンタルコントロールをオンにする、という条件付きだ。それでも今、「コール・オブ・デューティ」で楽しげにキル数を稼いでいく息子を横目に見ながら、私は、もしかしてこの妥協策に合理性などなく、息子の安全のためというより、私自身がコントロールできている気分になりたいだけなのではないか、と考える。しかし、私のような親がほかにもたくさんいることを、私は知っている。

映画の女性キャラクターはなぜ被害者や脇役が多いのか、なぜアジア系、黒人系、ラテンアメリカ系の主人公がこれほど少ないのか、といった、ポップカルチャーにおけるジェンダーや人種ステレオタイプについて、私と妻は長年にわたり、息子と何度も話し合ってきた。好きなゲームで自分に似せたアバター（顔の特徴や肌の色を組みあわせてつくる主人公のキャラクター）をつくれなかったときには、メインストリームのゲームに先住民族のキャラクターが少ないのはなぜなのかについて話し合った。彼の大好きなアクション映画で描かれる暴力について話し合い、そういった映画に出てくる男性たちはなぜ人を殺すことをこれほど楽しんでいる――というのが言いすぎならば、少なくとも人を殺すことを苦にしていない――ように見えるのだろうか、と考えてみる。女の子たちが中心の映画「アナと雪の女王」を観たがらない男の子が多いのはなぜだと思う？　と聞いてみる。息子が好きな音楽と私たちが好きな音楽の歌詞の言葉遣いについて考え、Nワード（訳註：黒人を意味する侮蔑的なタブー表現niggerを指す）や「ビッチ」という単語を使うことが許されているのは誰だろうか、と話し合う。

きっと私たちは、なんて面倒くさい親だろう、と思われるに違いない。息子も同感のはずだ。しかし、ポピュラーメディアは、私たちが社会全体として男の子にどのように接するか、そして男の子自身が自分をどう定義するかを決めるうえで、また、私たちのジェンダー観やジェンダー役割意識を形成し、それらに影響を与えるという点で、とても重要な役割を担っているのだ。ポップカルチャーが女の子の自尊心やアイデンティティに与える影響については、「眠れる森の美女」のげんなりするような無力さから「モアナと伝説の海」の機知に富んだガールパワーまで、あるいはSNS上の女子同士のいじめからフェミニストポップソングの歌詞まで、広く分析され、批判されてきた。娘をもつフェミニストの友人たちを見ても、たいていみんな、娘にプリンセス好きの兆候が見られようものなら心配し、ワンダーウーマンやサッカーに興味を向けさせようと努めている。

その一方で、男の子とポピュラーカルチャーとの関係はどうだろうか？　男の子たちはどんなふうにポピュラーカルチャーと関わり、反応しているのだろうか？　非常に暴力的なゲームのように極端な例についての懸念はさておき、ポップカルチャーや大衆メディアは、男の子の精神的・社会的な自己イメージに対して、マスキュリニティの捉えかたに対して、自尊心に対して、どのような影響を与えているのだろうか？　このような疑問が取りあげられることが少ないのは、不思議である。男の子たち、特に白人でストレートの男の子たちは、多くのメディアにおいてターゲット視聴者層に設定されることが圧倒的に多く（だからこそコミックやSF映画シリーズの新作が続々と生み出されるのだ）、しばしば彼らがストーリー進行の中核を担っているからである。彼らの意見や興味――あるいは、彼らの意見や興味として想定されているもの――が中心に据えられているゆえに、ジェンダーやマスキュリニティについてのメッセージが彼らに及ぼす影響について考察されることは少ない。時おり、ポピュラーカルチャーが男の子に与える影響が注目されることがあるなら、それは道徳的なパニックというかたちで現れる。

これはなにも新しいことではない。1895年、エミリー・クームズという女性が、ロンドンの自宅で刺殺されているのが発見された。警察が殺人容疑で逮捕したのは、彼女の2人の息子、13歳のロバートと12歳のナティだった。クームズ家の捜査で見つかったのが、子どもたちがため込んでいた雑誌である。「ペニー・ドレッドフル」と呼ばれる類の、センセーショナルな連載小説を売りにしている労働者階級の男の子向けの安価な雑誌で、これが子どもたちの罪の証拠に挙げられた。最盛期にはイギリス国内で週に100万部以上を売り上げたこれらの少年雑誌は、当時におけるビデオゲームやYouTubeチャンネルのような存在と言える。ペニー・ドレッドフルは、窃盗から殺人までさまざまな犯罪を引き起こすとされ、ひいては1886年の新聞社説が主張したように「民主主義を支える男性存在を破壊する脅威である」と非難された。クームズ事件で検視陪審が評決を下したときには、「現在流通している煽情的で衝撃的な読み物が多くの凶悪犯罪につながっているというのが我々の見解であり、立法府はこれらの読み物を取り締まるため方策を講じるべきである」と提言している。[*6]

世代が下り、親たちは、映画やテレビや音楽が与える危険な影響を警戒するようになる。1985年、アメリカではペアレンツ・ミュージック・リソース・センター（PMRC）という名の強力な活動団体が登場し、マドンナ、プリンス、トゥイステッド・シスター、ジューダス・プリーストといったアーティストの作品を含む、当時もっとも不快と判断した楽曲を集めて「汚らわしい15曲」と名付けたリストを発表した（ギャングスタ・ラップも非難の対象であった）。最終的に、PMRCによる音楽業界への働き掛けが成功し、CDに保護者への勧告を示す警告ステッカーが貼られるようになる。その14年後の1999年、コロンバイン高校の銃乱射事件発生からまもなく、メディアは犯人のエリック・ハリスとディラン・クレボルドがマリリン・マンソンの音楽に影響されていたと報道した。*7

男の子とポピュラーカルチャーに関するこういった主張の主な不備がどこにあるかというと、まるで男の子たちがみんな同じ音楽を聴き、同じセレブリティを崇拝し、同じビデオゲームをし、同じファッションを好むかのように、男の子の生態が単一の標準に従っていると想定されていることだ。男の子たちはみんな、同程度に大衆メディアの影響を受けやすく、常に一定の形でポップカルチャーを体験するものと見なされ、そのうえ彼らは受け身であり、消費するイメージについて批判的に考える能力がないと捉えられている。

男の子たちの体験を一般化して、そしてパニックに陥るのではなく、男の子たち自身がポップカルチャーをどのように解釈し、利用しているのか、何を受け入れ、何を拒絶しているのかに目を向けてみる価値はある。ブロックバスター映画やビデオゲーム、そのほか彼らに向けてつくられたメディア作品に映し出されているのは、男の子たち自身の姿だろうか？　それとも、大人たちが彼らに対して抱いているイメージや恐れ、あるいは願望だろうか？

＊

20世紀の「少年らしさ」というのは、20世紀の少年を憂慮する意識からつくりだされた概念である。男の子とスポーツについての5章で取り上げたように、1900年代初めに起こった社会的・経済的な変化は、男性のありかたについて大きな不安を引き起こした。イギリス陸軍の職業軍人、ロバート・ベーデン＝パウエルは、インドとアフリカで30年間従軍したのち、1910年にイングランドに戻ると、イギリスの男の子たちのありさまにたちまち嫌悪感を抱いた。上流階級の少年たちは怠け者で身体がたるんでおり、下流階級の少年たちは堕落して弱々しい。ベーデン＝パウエルは、まもなく大きな戦争がやってくると確信しており、こんな少年たちにイギリスを守ることはできない、という恐れにかられた。そこで、イギリスの国力を再び強化させることを願って、疑似軍隊的な訓練を行なう場として設立したのが、ボーイスカウト協会である。

スカウトを設立するにあたってバーデン・パウエルのインスピレーションとなったのは、アメリカの西部開拓物語や、旅回りのカウボーイショー、ラドヤード・キプリングの『ジャングル・ブック』などに見られる、重度に理想化されたイメージであった。また、彼の思い描いたボーイスカウト像、およびその年少版のカブスカウト像は、2つの相反する衝動から形成されていた。一方には、未開拓地の「純潔」や自由奔放な精神（いわゆる「高潔な野蛮人」や、キプリングの野生少年モウグリが象徴するもの）への畏敬の念があり、もう一方には、文明化し、手なずけ、征服したいという欲求がある。先住民族を土地から追い立て、民族の慣習にならうことや言語を話すことを禁じていた当時の帝国主義的植民地において、彼のビジョンは支配勢力のあいだに深い共感を呼んだ。スカウトはまもなくオーストラリア、カナダ、アメリカ、チリ、アルゼンチン、ブラジルへと広まった。

ボーイスカウトも、スポーツ推進運動と同様に、「少年時代とは何か」という本質について、広く浸透していた考えを強化するものであった。この考えによると、子どもから大人の男性になることとは、規律を身に付け、キャンプ、狩猟、畑仕事、スポーツといった男らしい活動をすることで、生来の野生的な性質を制圧する過程なのである。*8 獣のような子どもから理性と分別ある成人男性へと進歩していく少年時代には、啓蒙に向かう人間の姿が凝縮されている、と理解されていた。少年を対象とし、また少年を主人公とする初期のポピュラーカルチャーには、このテーマが繰り返し見受けられる。1900年代初期には、成長することを拒んだ「迷子」の男の子、ピーター・パンがJ・M・バリーの童話に登場した。その数十年後、ウィリアム・ゴールディングの1952年の小説『蠅の王』では、育ちのいい少年たちが離島で隔離されて過ごすうち急速に凶暴化していくさまが描かれている。一方で、白人以外の男の子たちは、危険な野蛮人であれ、エキゾチックで高貴な存在であれ、みな永遠に進歩しない野生児として描写されていた。そして、この「野生」対「文明」という、男性としての2つの発達状態のあいだにある緊張関係が、早くは少年向け冒険小説やラジオドラマに、のちには西部劇映画に表れるようになる。

トロントで映画プロデュースとプログラム編成の仕事をするオジブワ族のジェシー・ウェンティは、西部劇は自らが破壊しようとする世界に対してノスタルジーを感じていた、と言う。ハリウッド西部劇の核になっているのは、西部へ拡大して先住民の土地を奪うことこそアメリカ入植者に定められた天命であるという、19世紀に広く信じられていた「自明の宿命説」なのだ、と彼は言う。「アメリカ人白人男性のヒーローが、自然に打ち勝ち、大地を制圧するという筋書きです。そういった映画に出てくるネイティブの男性は、邪悪な戦士か、もう先の短い哲学的な賢者の長老か、どちらかです」。これらは英雄的な役回りではない。なぜなら「カウボーイがヒーローになるためには、インディアンには消えてもらう必要があるからです」。クリー族の映画監督ニール・ダイアモンドは、ハリウッド映画における先住民族描写をテーマとした2009年のドキュメンタリー「Reel Injun（リール・インジャン）」のなかで、このようなストーリーや、自分と同じような人々が悪役となり殺戮される姿を見ることから及ぼされる精神的影響について語っている。子どもの頃、土曜の夜に教会の地下で見ていた古い西部劇を回想するナレーションで、彼は言う。「ぼくたちはカウボーイを応援した。自分がインディアンだとは、まったく自覚していなかったから」。

現在のポピュラーカルチャーでさえ、先住民族の人々について、ポジティブで詳細な描写がされていることはめったにない。一般のメディアで取り上げられるのは、たいてい、彼らが直面している苦境か、あるいは歴史の傷跡に限られている。私の息子は、小学校で伝統的な教えについて学び、パウワウや儀式やスウェットロッジにも参加した。しかし、彼が大好きなビデオゲームやアクション映画やコメディ番組の中で、自分と同じような見た目の、自分と同じような文化的背景をもつ人たちを目にすることはほとんどない。マオリ族とユダヤ人の血を引くニュージーランドの映画監督タイカ・ワイティティは、現代のマオリ族の少年たちを主人公に、「ボーイ」（2010）、「ハント・フォー・ザ・ワイルダーピープル」（2016）という2本の映画を制作している。いずれもユーモア満載の傑作だ。後者は、里親のもとで暮らす、トゥパック・シャクールが大好きな男の子の物語で、ニュージーランドで最高興行収入を記録している。その後、ワイティティが2017年に監督した「マイティ・ソー バトルロイヤル」では、脇役キャストに先住民族の俳優たちが多数採用されている。しかし、これらの映画を除けば、メインストリームメディアで見られる先住民族の男の子は、単純化されていたり、悲劇的に描かれていたり、あるいは歴史上の存在として扱われていることがほとんどである。

そのように限定的な描写しか存在しなかったことが、バンクーバーに住むクリー族の映画監督ジュールズ・クスタチンにとって、2014年に先住民族テレビ局APTNのリアリティ番組シリーズ「AskiBOYZ(アスキボーイズ)」を制作するきっかけのひとつになった(Askiはクリー語で「土地」の意味)。主役は彼女の2人の息子、アシヴァクとマヒーガンだ。シャギーヘアでスケボー好きの、トロント育ちの都会っ子である彼らが、メンターのカシアス・スピアーズ(ナラガンセット族)に導かれて、毎回さまざまな先住民族コミュニティを訪れ、狩猟、仕掛け罠、植物を使った薬づくりなどの伝統技術を学ぶ。とても魅力的で面白い番組で、同じくトロント育ちの都会っ子で、同じくシャギーヘアでスケボー好きの我が息子はすぐに気に入った。親しみやすく、彼の住む世界と同じような世界が映し出されており、先住民族的なマスキュリニティが、今の時代においても価値あるものとして描かれていたからだ。

私との電話でクスタチンは、メディアでいつも取り上げられるような、先住民族の若者のネガティブで限られたステレオタイプに対抗するイメージをつくりだすことが重要だった、と語る。「私は、学ぶことの素晴らしさ、困難に直面しても立ち直る力の大切さを伝えるような番組をつくりたかったんです。クリー族の若者たちが苦労したり落ち込んだりしている姿ばかりを見せられることにはうんざりしていました」。アシヴァクとマヒーガンはどんなときも、たとえうまくいかないときでも、快活さを失うことはない。伝統技術をマスターする難しさを見せることこそ、この番組のユーモアの源なのだ。

「息子たちは、企業ロゴは見分けることができても、鳥や木の名前は知りませんでした」とクスタチンは言う。彼女がこの番組で表したいと思ったのは、若者たちを大地とつなげることだけでなく、長老たちや知恵を守る人々とつなげることの価値だった。「植民地主義的な男らしさのたわごと」に批判的なクスタチンは、クリー族のジェンダー役割はそれほど厳格に定められていないと言うが、それでも、息子たちがクリー男性としてどうあるべきかを教えるときに、自分では役不足だと感じることもあった。彼女の祖父は、狩猟と捕獲の名人で、コミュニティのリーダーだったが、男の子たちが小さいときに亡くなり、教えを授けることができなかった。そこでこの番組が、ある意味で祖父の代理的存在となっているのだ。その後、私はアシヴァクにも話を聞いた。彼は、番組が終わってから数年経った今もまだ、学んだことを消化しきれていないと言う。いちばん深い発見は、自らの文化の慣習や教えとつながることを通して、強い先住民族の男性としてどうあるべきかを理解したことだった、と彼は語る。「環境を力で支配するのではなく、一連のスキルを身に付けて、環境のなかを歩み、環境と調和して生きる力をもつことが男らしさなのだ、と学びました。母なる大地を支配することはできません。できるのは、彼女と上手に踊る方法を学ぶことだけです」。

*

現代のハリウッド映画に登場する男性主人公には、西部劇から確立されたひな型が存在する。ストイックで、しばしばどこか陰があり、完全な力をもち、人には頼らない一匹狼という役柄だ。無敵のスーパーマンや、究極の兵士キャプテン・アメリカといったコミック原作のスーパーヒーローから、伝説のジェダイ、ルーク・スカイウォーカーや宇宙のカウボーイ、ハン・ソロといったSFキャラクターまで、男の子や若い男性向けに示されるヒーロー像は、このようなマスキュリニティの王道に合致している。

もちろん、このイメージにはバリエーションもある。例えばハリー・ポッターは、大半のヒーローたちに比べると、より複雑な性質をもつ。ヴォルデモートを打ち負かすという予言された使命と並行して、恋やチームスポーツのような、普通の少年らしい学校生活の楽しさも描かれる。また、単独で行動する多くの男性主人公とは異なり、ハリーの周りにはたくさんの友達や助言者がいる。同様に、「ロード・オブ・ザ・リング」のフロドは、ミドル・アースの住人たちの一団と旅を共にし、親友のサムワイズと深い絆で結ばれている。しかし、これらも根本的には男性を主人公とした男性目線の物語であることは変わらない。さらに、これらは世界共通の文化基準とも言える作品のため、彼らは男の子だけのヒーローにとどまらず、万人のヒーローとなる。女性や女の子たちがこれらの物語で果たす役割は二次的なものだ。「ロード・オブ・ザ・リング」に至っては女性キャラクターはほとんど登場しない。レイア姫やハーマイオニーが最高にかっこいいことは間違いないが、それでも彼女らの第一の存在理由は、ルークやハリーの冒険の過程で彼らを助けることである。男性主人公のストーリーを進めるために必要な要素を除き、彼女ら自身の人生や動機についてはほとんど触れられることがない。デイジー・リドリー演じるジェダイのレイが「スター・ウォーズ」シリーズで初の女性主人公として投入されたのは、2015年という最近のことである。DCやマーベルのコミック世界に目を向ければ、ジャスティス・リーグやアベンジャーズといったヒーロー集団の女性メンバーは、ワンダーウーマンやブラック・ウィドウのように、最精鋭に限り定員1名というのがお約束である。製作者側は、パワフルな女性が2人集まることで男性の力が吸い取られてしまうことを恐れているかのようだ。

2018年には、「ブラックパンサー」と「アクアマン」が、マーベルとDCシリーズで初めて白人以外を主演に据えたスーパーヒーロー映画として、歴史に名を刻まれることになるだろう。ブラックパンサー／ティ・チャラはアフリカ人で、チャドウィック・ボーズマンが演じる。アクアマンを演じるのは、ネイティブハワイアン、ネイティブアメリカン、ヨーロッパ系の先祖をもつジェイソン・モモアだ。これまで、架空のヒーロー物語の世界では、多様性の問題には脇役で対応するのが常であった。白人のイギリス人俳優、トム・ホランドが主演する「スパイダーマン：ホームカミング」（2017）は、リアリスティックな多様性が表現されたニューヨークが舞台である。ピーター・パーカーのクラスメートたちは多文化集団で、親友のネッドを演じるのはフィリピン系アメリカ人のジェイコブ・バタロン、ピーターの恋愛対象となる2人の女の子たちはいずれも黒人で、ゼンデイヤとローラ・ハリアーが演じている。特殊能力を授かった高校生グループが活躍する1990年代の実写テレビシリーズを2017年にリブートした映画「パワーレンジャー」では、アジア系の男の子、レズビアンと思われるラテンアメリカ系の女の子、自閉症の黒人の男の子がメインキャラクターに含まれ、多様性への配慮が感じられることは喜ばしい。しかし、主役のレッドレンジャーは、これまでどおり白人でストレートの男性であった。

観客を動員し続けられる限り、こういった映画や主人公が支配的であるという状況は変わらないだろう。ジェシー・ウェンティは、白人男性ヒーローがこれほどたくさんのメインストリーム大衆文化の中心に居座り続けることで、「男の子は女性が主役の映画を観に来ない」という通説が助長されている、と言う。この通説が本当かどうかはともかく（ウェンティは大成功した「ハンガー・ゲーム」シリーズを例外として指摘する）、一般に広く信じられていることは事実だ。加えて、ハリウッドの監督やプロデューサーのあいだに多様性が乏しいことを考えると、これほど多くのメインストリーム映画がいまだに白人男性の興味関心や経験ばかりを反映していても驚くには当たらない、とウェンティは言う。

同じことが、児童文学にも当てはまる。1900年から2000年のあいだに出版された児童書6千冊近くを対象とした2011年の調査によると、各年に出版された本のうち57％で男性が主要な登場人物だったが、女性を主要な登場人物としていた本は31％にとどまった。人間以外のキャラクターさえ、この格差を反映しており、23％の本で主要キャラクターがオスの動物であったのに対し、メスの動物の場合はわずか7．5％であった。研究者たちは、このような状況は「社会における女の人や女の子の役割は、男の人や男の子の役割ほど重要でない」というメッセージを子どもたちに発している、と言う。[*9]

児童書は、人種面から見ても多様性に優れているとは言えない。ウィスコンシン大学マディソン校の協同児童図書センターでは、1985年以来、児童書における多様性と人種描写についてのデータを収集している。2015年に出版された書籍では、登場人物の73.3％が白人であった。さらには、黒人（7.6％）、アジア系（3.3％）、ネイティブアメリカンおよび先住民族（1％未満）の登場人物をすべて合計しても、人間以外のキャラクターの数に及ばない。12.5％は、動物のほか、言葉を話すトラックのような無生物が登場する本なのである。[*10]

子どものポピュラーカルチャーが、これだけ白人と男性のキャラクターに偏向していることをふまえ、なぜ、白人の男の子たちには想像力を働かせることが求められていないのだろうか、と考えてみる価値はある。白人の女の子、有色人種の男の子・女の子は、小さい頃からずっと、自分たちの姿を反映していない物語に自己投影しなければならない。そうすることで、あらゆる人種・民族・ジェンダーに属する何百万人もの子どもたちが、ハリー・ポッターのようなキャラクターを愛し、理解してきた。しかし、白人の男の子たちが、自分たちとは違う視点に立って世界を眺め、自分たちとは違う誰かを応援することを求められる機会はほとんどない。文学には、子どもたちに登場人物の動機や感情を理解することを教え、新しい可能性や知らない世界への扉を開くという役割がある。もし、男の子たちが、さまざまな背景や経験をもつ人たちが登場する物語に触れず、自分と似たような姿をしたヒーロー像ばかり目にしていたなら、共感力、謙虚さ、想像力を育てる機会を失ってしまう。そうしてできる世界観は、非常に退屈で狭いものだ。

しかも、その世界観はますます狭くなっているようだ。スーパーヒーローの救世主というイメージを裏返せば、男性にとって厄介なこともある。彼らのような男らしさ基準を満たせる男性は、ほとんどいないからである。例えば、近年人気が再燃しているコミック原作映画シリーズを考えてみよう。少し前までは、コミックといえばオタクっぽいアウトサイダー文化で、しばしば、「クール」の基準からはみ出てしまう子どもたちが逃げ込める場所であった。それが今ではメインストリームとなった。そして、ポピュラーカルチャーにおけるマスキュリニティ像として浸透するにつれ、スーパーヒーローたちはますます筋骨隆々、無敵に進化している。アダム・ウェストのバットマンはお父さん体型だったが、ベン・アフレックのバットマンは鋼鉄のような胸板である。クリストファー・リーブのスーパーマンが逞しかったなら、ヘンリー・カヴィルのスーパーマンは鍛え抜かれた彫像のようだ。

心理学者や医者は、これらの極端な理想体型と、男性や男の子に増えている摂食障害とのあいだに関連性があると考えている。イギリスの国民保健サービスは、摂食障害で入院した成人男性の数は2010年から2016年のあいだに70%増加したと報告している。これは女性と同じ増加率である。2012年にアメリカで行なわれた、都市部の中学・高校20校に通う2500人以上の生徒を対象とした調査では、男子生徒の3分の2以上が筋肉の量を増やしたり質感を改善するために食生活を変えたと回答し、34.7%がプロテインパウダーやシェイクを使用、5.9%がステロイドを使用、10.5%がその他の筋肉増強剤を使用したと回答している。[*11]

かつてのスーパーヒーローの魅力は、必ずしも無敵の強さではなく、むしろ彼らの人間臭いところにあったと言える。高いビルをひと息に飛び越えられるスーパーマンも、ロイス・レーンの前ではメロメロだし、地球人としてのアイデンティティであるクラーク・ケントは眼鏡をかけた冴えないやつだ。バットマンは、ブルース・ウェインとしての悲惨な子ども時代の背景がなければ、趣味で悪と戦っている富豪に過ぎないだろう。スーパーヒーローの中でもひときわ愉快な存在のスパイダーマンは、基本的には、予期せず手に入れた能力が楽しくてたまらない普通のティーンエイジャーである。しかし、岩のように堅い腹筋や破壊不能な超人性がますます強調され、マッチョで陰鬱な雰囲気をもつようになった現代版のコミックヒーローたちは、もはや男性たちも感情移入できないほど、ハイパーマスキュリンになってしまっている。

＊

ピューディパイは、30歳以上の人の大半が知らない、世界でもっとも有名な人物だろう。スウェーデン生まれのピューディパイことフェリックス・シェルバーグは、驚異的な人気のYouTubeチャンネルを主宰し、そこで公開しているゲーム実況シリーズで億万長者になった（初心者のために説明すると、ゲーム実況とは、ビデオゲームのプレイ画面をプレイヤーのコメントとともに見せる動画である。YouTubeのトップ収入ランキングの多数を占めるジャンルであり、ゲーム実況をライブストリーミングするサイト「トウィッチ」には月間1億人以上のユニークユーザーがいる）。

プレイ中のピューディパイは、忙しく、騒がしい。ジョークを飛ばしたり技を決めたりするたびに、効果音のように嬌声をあげる。どこかの学生がふざけているだけに見えるかもしれないが、これが恐ろしくお金になるのだ。２０１１年、ピューディパイは大学を中退後、ホットドッグスタンドで働きながら、ゲームと動画制作のための資金を稼いでいた。そのわずか4年後、彼のチャンネルはYouTube史上初の１００億ビュー超えを達成し、ピューディパイはインターネット最大のスターの仲間入りをする。2017年度に予測されている収入は1500万ドル（広告、グッズ販売、ブランド契約から）、現時点のチャンネル登録者数は5700万人に上る。[*12]

拡大し続けるゲーム人気とYouTubeのようなオンライン動画プラットフォームの人気、現代の名声がもつグローバルな流動性、そしてインターネット世界の一部に見られる、圧倒的に男性中心でしばしば敵対的な文化という、いくつかの社会的・文化的風潮が重なって生まれたのが、ピューディパイの名声だ。この最後の点については、ピューディパイ自身の人物像も象徴的である。彼はファンたちを「ブロ軍団」と呼び、レイプをネタにしたジョークで自分の中傷者たちを挑発し、人種差別用語や「知恵遅れ」といった表現を悪びれず使用する。2017年前半には、反ユダヤ主義的なジョークが原因でディズニーとの契約を打ち切られた。

アンチ権威主義的な精神は、ネット文化の大きな魅力だ。ネット空間には、検閲の目を気にせず、思うまま自由につながり、創造できる場所が存在する。YouTubeでは、ちょっと変わった才能が一大ビジネスとして花開くこともある。テキサス州に住むキリスト教徒のスポーツ好き青年5人組「デュード・パーフェクト」はその好例で、トリックショットやスタントを撮影した動画シリーズのチャンネル登録者数は2400万人以上となり、莫大な収入を得ている。[*13]

しかし、多くの男の子たち、男性たちにとって残念なことに、インターネットの一部、特にゲーム関連の世界では、マスキュリニティのもっとも悪い側面も助長されてしまう。彼らに権威と巨大な発言の場がある世界では、男の楽しみを邪魔したがる口うるさいフェミニストや、ユーモアのわからない女たち（と彼らが思うところの相手）に対して、好きなだけ反抗することができる。

ゲームは「逃避マスキュリニティ」を提供するとも言われる。ゲームの世界は、主要キャラクターのほとんどが男性、もしくは極端に肉体の強調されたかわいこちゃんたちという世界――ギークが支配するファンタジー世界だ。ゲーマーのアーサー・チューは、ネット上の男性の多くには「オタク特権」の意識があると言う。チューが言うこれらの男性は、子どもの頃から人気者ではなく、クールでも魅力的でもなかった人たちである。コンピュータやゲームのようなオタクっぽい興味のためにいじめられ、拒絶されてきたかもしれない。しかし彼らは、インターネット上に、自分たちが権力を握る世界を見つけたのだ。

ゲーム業界で活躍する女性たちが攻撃される、いわゆる「ゲーマーゲート」問題について、チューはウェブメディア「デイリービースト」に寄稿した記事の中でこのように述べている。「ぼくらは、テレビドラマなどからこんな筋書きばかり詰め込まれて育ってきている――ぼくら（男の）オタクたちは、自分には『手が届かない』女の子に欲望を抱く。そんな高嶺の花の美女たちは、ぼくらのSFやコミックに対する知的興味を理解できないから、必ず、間違いなくぼくらを拒絶する。そして代わりに体育会系のバカと付き合う――そんなストーリーだ」。[*14]

だからこそ、そのような「美女たち」がゲームをデザインしたりプレイしたり批評したりする側に回ったとき、女性叩きのターゲットとなった。ウェブサイト「フェミニスト・フリークエンシー」の批評家でゲーム理論研究者のアニタ・サーキシアンの体験を考えてみよう。彼女は2012年、ビデオゲームにおける女性の定型描写（「捕らわれの乙女」、「邪悪な誘惑者」、「助手キャラ」など）を分析する動画シリーズを開始した。このような使い古された女性のステレオタイプと、男性主人公が圧倒的多数であることが組み合わさり、多くの女性や女の子たちがゲーム体験に疎外感を感じている、というのが彼女の主張である。

これをきっかけに、サーキシアンだけでなく、ほかのフェミニストゲーマーや批評家にも大量のレイプ予告や殺害予告が送られ、脅迫されるようになった。複雑でパワーをもつ存在として描かれた女性像を求めることは、チューが指摘するように、男性中心に進むゲームの物語世界を妨害することになるのだ。「根本的には、文化の問題なのだ。ぼくらが自分のストーリーの主人公であるのと同じように、女性も自分のストーリーの主人公である、つまり彼女らも人間である、と捉えるのではなく、女性は男性が『獲得し』『手に入れる』ものだと教わる文化、粘り強く頑張ればいつか必ず女の子をゲットできる、と教わる文化である。まるで人生がビデオゲームで、女性はお金やステータスと同じ類の、成功することで得られる報酬の一部に過ぎないかのように」。

とはいえ、ゲーム文化がすべて女性嫌悪的であるわけではない。むしろ、ゲームは自由と開放に向かっていく巨大な可能性を秘めている。「ワイアード」誌のコラムニストで著述家のクライブ・トンプソンは、アタリやアーケードゲーム時代からの年季の入ったゲーマーだ。ゲーム好きの息子2人の父親でもある彼は、ゲームを含む新しいテクノロジーが、互いにつながり創造するための、かつてない豊かで強力なプラットフォームになりうると、多数の著述のなかで主張している。2013年の著書『Smarter Than You Think: How Technology Is Changing Our Minds for the Better（もっと賢くなれる：テクノロジーが改良していく私たちの知性）』では、電子機器類は私たちを――あるいは私たちの子どもたちを――ガジェットに依存した怠け者にしてしまうのではなく、むしろ、政治的にも社会的にも積極的に世界と関わる新しい機会を生み出しているのだ、と述べている。ニューヨークのブルックリンにある彼の自宅近くのレストランで朝食をとりながら、トンプソンは、多くの子どもたちにとってゲームは社会的実験なのだ、と説明してくれた。「直接会ってでも、オンラインでも、子どもはほかの子どもたちと一緒にゲームをしています。そしてプレイしているあいだは、自分の動きについて話したり、お互いにアドバイスしたり、常に会話をしていることが多いのです」と彼は言う。*15 ゲームは子どもたちの害となり、孤立させてしまうのではなく、境界のないグローバルなコラボレーションがゲームによって可能になり、子どもたちは有意義なつながりを築くことができる、というのが彼の意見だ。

彼が例に挙げたのが、絶大な人気を誇る「マインクラフト」である。ユーザーは1億人を超え、これまでにもっとも売れているゲームのひとつだ。四角いブロック調のクラシックなグラフィックからは、レゴがゲームに進化したような印象も受ける。このゲームで目指すのは、世界をつくることだ。スタート時の世界はまっさらな荒野のような状態で、そこから、プレイヤーは道具や武器をつくり、貴金属を採掘し、家やそのほかの建物を建て、辺りを歩いている野生動物を飼いならすなり殺すなりする。そこまでは基本で、さらにプレイヤーは、ゲーム内ゲームやパズルをつくることも、世界中にいるプレイヤーとコラボレーションすることもできる。実在の都市や架空の都市（よく見られるのは「ゲーム・オブ・スローンズ」と「スターウォーズ」に登場する町だ）を再現する人も多い。息子のクラスでは、新入生のオリエンテーションに役立つ道案内ツールとして、学校のレプリカを作成したことがある。注目したいのは、トンプソンが指摘するように、このゲームは男女ともに人気があること、そして、殺傷よりも創造に焦点が置かれていることである（ただしサバイバルモードに設定すれば、空腹やモンスターとの戦いもプレイに含まれる）。

暴力的なゲームの影響に関して、ニックの母親は正しかった。心理学者のパトリック・マーキーとクリストファー・ファーガソンは、2017年の著書『Moral Combat: Why the War on Violent Video Games Is Wrong（モラル・コンバット：暴力的なビデオゲームとの戦いはなぜ間違っているのか）』の中で、これまでの研究を精査し、暴力的なビデオゲームをすること（あるいは暴力的な映画を観ること、暴力的な音楽を聴くこと）と実生活における暴力行為との相関関係を示す証拠がほとんど存在しないことを明らかにしている。マーキーとファーガソンは、メディアで大きく取り上げられる暴力犯罪、なかでも特に若い男性による犯罪をビデオゲームと結び付けようとする傾向を「グランド・セフトのまやかし」と表現する。これも一種の確証バイアスで、人々はもともと自分のもっている考えを裏付ける情報を求めているだけなのだ。

「ニューヨーク」誌のインタビューで、ファーガソンは、このような誤解が起こっている理由をこう語っている。「しばしば上の世代は、単にゲームが理解できない、魅力がわからないだけなんです。自分が新しいメディアやアートの価値を理解できないために、そのメディアが子どもたちの魂を吸い取っているように感じてしまうのです」。[*16]
「ゲームというのは、とにかく本当に楽しいんです」。この単純な事実が、大人たちが理解していない重要なポイントであると、トンプソンは言う。ゲームの魅力は、なにも病的で有毒な性質のものではなく、とにかくストレートな面白さなのだ。彼はまた、ゲームはプレイヤーを試し、繰り返し挑戦させることを狙って設計されていることを指摘する。警戒心を煽る人たちが中毒的と言う特性も、彼の見かたでは頭脳と人格を育成するものだ。「自分の持久力と忍耐力の限界を安全に試してみることができる状況というのは、何か哲学的な深いものがあります。私たちの日常生活では、能力の限界まで追いやられて本当の力を試されるような状況に、なかなか出会えるものじゃありません」と、彼は説明する。多くの男の子たちにとって、ほかにはないようなスリルと目的意識を提供してくれるのがゲームなのかもしれない。
だからこそ、親たちはパニックに陥る前にゲームをやってみるべきだ。男の子や男性の心理を専門とするオタワの心理学者、ジャック・ルゴーは、心配する親たちに、自分もゲーマーになってみることを勧めている。「コントローラの操作をマスターするまで多少手間取ったが、根気よくやっていると、じきに殺されることなく最後までたどり着けるようになった」。ウェブサイト「ミディアム」に投稿した2017年の記事の中で、彼はこのように書いている。「そのとき、私の脳内に、何かを習得し達成することで得られる甘美な感覚があふれ始め、私はゲームの魅力を知ってしまった。それが、私が息子たちの世界に足を踏み入れた瞬間だった」。いったん向こう側の世界に入ってみると、これまで思ってもみなかったような方法で息子たちとコミュニケーションが取れるようになったと言う。「夕食の席では、それまでのような一方的な説教に代わって、パルクールの最適な攻略法や、ローリングして撃つ方法、ストーリー展開のばかばかしさなどについて、熱心な会話が交わされるようになった。このような会話がきっかけとなり、ゲームをしすぎることや、バーチャル世界の暴力や女性嫌悪やレイシズムが自分や同世代にどんな影響を及ぼしていると思うか、というような、より深い話し合いにもつながっていった。私が説教するのではなく、息子たちも一緒に、これらの重要な問題について有意義な対話をするようになったのだ。私が思っていたより、彼らにはずっと洞察力があった」。[*17]

*

少年たちは、我々が思っているより洞察力に長けているだけではない。彼らとポピュラーカルチャーとの関係は、単純な一方通行ではないのだ。この世代と直前の世代とを大きく分けているのは何かというと、今の子どもたちには、多くの人々の目に触れ、それらの人々と関わることができるという、巨大な可能性が開かれていることである。いったんピクサーやディズニーに夢中の年頃を過ぎてしまえば、子ども向けポップカルチャーをつくる大人たちにとっては終わりのない追いかけっこの始まりだ。メガ級ポップスターやコミック原作映画シリーズといった大規模なエンターテイメントを別にすれば、今やティーンやプレティーンのポピュラーカルチャーをつくっているのは、子どもたち自身である。例えばアメリカでは、ティーンエイジャーの90％以上がインターネットを使用しており、24％はほとんど常にオンライン状態であると報告されている。[*18]

比較的安価に手に入るいくつかの電子機器を揃えさえすれば、子どもたちは、歌ったり、踊ったり、ジョークを言ったり、スタントをしたりふざけたり、有名人の物真似をしたり、歌に合わせて口パクしたり、メイクや身だしなみのアドバイスをしたり、クィアやトランスジェンダーであることをカミングアウトしたり、ビデオゲームをしたりする自分たちの姿を撮影して、YouTubeやInstagram、スナップチャットといったアプリに投稿することができる。これらのプラットフォームは、視覚的で、ダイナミックで、移動が自由で、極めて柔軟性が高く、まるで子どもとティーンエイジャーのために作られたかのようである。彼らはそれを、エンターテイメントや自己表現のために存分に活用しているのだ。

現在はサービスを終了したアプリ、Ｖｉｎｅからは、たくさんの流行ネタやティーンスラングが生まれた。Twitter社を親会社とし、２０１３年にローンチされたＶｉｎｅは、ユーザーが投稿した6秒間のビデオをループ再生する動画共有サービスで、最盛時には2億人以上のアクティブユーザーがいた（Twitter社は２０１６年にアップロードを停止している）。Ｖｉｎｅ動画は携帯メールやEメール、Facebookなどで簡単にシェアできるため、まさにソーシャルメディアにうってつけのアプリであった。今では一般的な「on fleek（訳註：オン・フリーク。「バッチリ決まっている」のような意味）」というスラングは、ケイラ・ルイスという当時16歳だった女の子によるＶｉｎｅ発の造語である。悪ふざけで知られるYouTubeのスター、ジェイク・ポールとローガン・ポールの兄弟が有名になった最初のきっかけも、Ｖｉｎｅに投稿したスタントビデオだった。大流行したネイネイダンスの拡散にも、Ｖｉｎｅが一役買った。

自分でメディアをつくれるようになったことで、従来的マスキュリニティの標準形に当てはまらない、あるいはメインストリームメディア上に自分たちの姿が描写されていないと感じていた男の子たちが存在感を増してきたことも、驚くには当たらない。ニュージャージー州出身のクィアの黒人の男の子、ジェイ・ヴェルサーチは、２０１４年、16歳の頃からＶｉｎｅ動画をつくり始めた。自分の母親や、カイリー・ジェンナーやエリカ・バドゥのような女性セレブリティの物真似をフィーチャーしたユーモラスな動画が人気で、ソーシャルメディアでのフォロワー数は３００万人を超えた。一方、Instagramでは、若い男性たちが美容界の有力インフルエンサーとして活躍している。カーダシアン級のシェーディングテクニックを駆使し、フルメイクアップの自撮り写真を披露する彼らの中には、フォロワーやファンが１００万人を超える人たちもいる。いちばん若いのは、イギリス人の10歳の少年、ジャック・ベネット（@makeuupbyjack）で、得意のキメ顔と跳ね上げアイライナーで30万人のフォロワーを集めている。ほんの10年前には、男の子が公の場でメイクのコツを伝授するなどということは信じられなかっただろう。それが今や、「マリ・クレール」誌に「Instagram のビューティーボーイズ」と呼ばれ称えられるまでになった。

ＳＮＳによって、よりオープンで広がりのある、双方向的なやりとりが可能になったおかげで、それ以外のポピュラーカルチャーにおいても、よりオープンで広がりのあるマスキュリニティ表現は増えてきている。メインストリームメディア上でさえ、マスキュリニティのありかたは常に変わり続けている。コミック原作映画のスターたちは続編が出るごとにますます筋肉質になっていくが、ポップミュージックの世界では、思いやりと高い政治的意識をもち、感情表現を得意とする男性アーティストたちが登場し、受け入れられている。公民権活動家でアーティストのチャンス・ザ・ラッパーは、祖母と幼い娘に対する愛を歌っている。フランク・オーシャンは同性に恋愛感情があるとカミングアウトしている。ブルーノ・マーズとエド・シーランは、気取らない普通さが大きな魅力だ。そしてもちろん、ワン・ダイレクションを忘れてはならない。ライターのアラナ・マッシーは、2016年のグループ解散と、そこで彼らが堂々と見せた、優しく柔らかなマスキュリニティについて考察する記事を書いている。若い男性たちは集団になると「下品なお調子者か野蛮人と化してしまう」という通説は、彼らによって覆された、と彼女は言う。それどころか、完璧なヘアスタイルで、惜しみなく愛情を表現し、ゲイの権利を擁護するワン・ダイレクションは、集団になることで「男の子たちがもっている性質の、いちばん良い部分を増幅させていた」と言う。ファンが彼らに夢中になったのは、「曲中に登場する女の子に向けて語られる愛にしびれたからだけではない。メンバー同士がお互いに深い愛情をもっているようすが伝わってきたからだ」。*19 ワン・ダイレクションは解散したが、欧米世界に残された空白を埋めるべく、BTSをはじめとする卒倒しそうにキュートなKポップ男性アイドルグループが次々にやって来て、同時に、男性のファッションや自己表現についての新しい感覚がもち込まれた。文化研究を専門とする教授で著述家のスン・ジュンは、西洋的なタフな男性体型（例えば割れた腹筋）とソフトで中性的な要素（例えばハイライトを入れた髪やアイライナーをひいた目）を組み合わせた彼らのスタイルを「ハイブリッド・マスキュリニティ」あるいは「グローバル・メトロセクシュアル・マスキュリニティ」と呼ぶ。[*20]

クライブ・トンプソンとのレストランでの会話に戻ろう。トンプソンは、この時代に男の子を育てることの難しさという、より広い話題について話し始めた。現代の若い男性たちは、以前よりも流動的で、さまざまな自己やジェンダーの表現方法があることを知っているが、同時に、男性としてのアイデンティティに関する不安も大きくなっている。ポピュラーカルチャーは、当然、これからも彼らの世界観を形成していくだろう。ポジティブな自己表現が盛んになってはいるが、一方では、ビデオゲームに登場する性的に誇張された女性像や、筋骨隆々のスーパーヒーローのような、従来的ジェンダー表現の極端な例も存在する。しかし、パニックに陥るのではなく、じっくり子どもたちと関わっていくことを、トンプソンは提案する。一緒にゲームをしてみたり、彼らが好きな映画を観たりして、子どもたちの世界に敬意をもっていることを示してみよう。子どもたちに話を聞いてほしいなら、まずは話す内容についての知識がなくては始まらない。

「ポップカルチャーの問題点を一朝一夕に解決することはできません。君たちが好きなものは君たちのためにならないんだ、と、独断的な説教をして解決するものでもありません」と、彼は言う。「ポップカルチャーの悪い部分に押しつぶされてしまわないように子どもを育てるには、それについて子どもと話し合うことが唯一の方法なんです」。

Chapter

7

男らしさの仮面を脱いで

男の子とセックスについて話すには

始まりは、ラテイア・パーソンズだった。2011年11月、ノバスコシア州ハリファックス近郊にあるコール・ハーバー・ディストリクト高校に通う15歳の少女は、パーティに出かけ、意識がもうろうとするまで飲酒した。その酩酊した状態で、4人の少年が彼女と性行為を行ない――彼女は同意していないと言う――そのようすを写真撮影した。そのうちひとつの写真では、ラテイアが窓から外へ嘔吐しており、その状態の彼女に挿入した少年が、カメラに向かって親指を立てている。この画像は数名のクラスメートに送信され、まもなく学校中に広まった。ラテイアはバカにされ、いじめられ、知らない人たちから言い寄られるようになる。彼女は二度転校し、小児病院で6週間の入院治療を受けたが、うつ状態から回復せず、屈辱の苦しみは癒えなかった。暴行から2年近く経った頃、ラテイアは母親の家で首を吊り、数日後に生命維持装置を外されて亡くなった。

それから数か月後、2012年1月のある夜、ミズーリ州メリービルに住む14歳の少女、デイジー・コールマンは家を抜け出し、友人と一緒に、17歳のフットボール選手、マット・バーネットと彼の仲間がいるパーティを訪れた。目撃者によると、コールマンは二度、バーネットと一緒に部屋の一室に入っていったが、二度目に出て来たとき、コールマンは1人で歩ける状態ではなかった。彼女は飲酒しており、後日述べたところでは、バーネットとの性行為には同意していない。一方、コールマンの友人の13歳の少女は、15歳の少年と別室に入り、この少年はのちに、少女が拒否したにもかかわらず性行為をしたことを認めている。その後、少年たちはコールマンと友人を車で家まで送ったが、母親が発見したとき、コールマンはスウェットパンツとTシャツ姿で寒い屋外におり、ほとんど意識がない状態だった。その数日後、パーティにいた別の少年が撮影した、性的に露骨な内容のコールマンとバーネットのビデオが浮上した。コールマンは学校で嫌がらせを受け、ソーシャルメディアでいじめを受けた。[*1]

さらにその秋、カリフォルニア州サラトガに住む15歳の少女、オードリー・ポットは、あるパーティを訪れ、そこで3人の少年に性的暴行を受けた。暴行の写真はソーシャルメディアに投稿され、ポットは同級生たちからいじめを受けた。パーソンズと同様、彼女も首を吊って自殺した。[*2]

その翌年の8月、オハイオ州スチューベンビルでは、フットボール部のスター、マリク・リッチモンドとトレント・メイズが、アルコールで前後不覚になった16歳の少女に対し、複数のパーティで性的暴行を加えた。翌朝には、一連の出来事を描写する携帯メールのメッセージや、ソーシャルメディアの投稿、写真やビデオが出回り始めた。ひとつの動画では、ある少年が笑いながら「まじでレイプされてる」と言う声と、意識を失った彼女を「JFK、OJのワイフ、トレイボン・マーティン」と比較している声が聞こえる。[*3]

2014年の夏、テキサス州ヒューストンに住む16歳の少女、ジェイダは、ある10代の少年の家で開かれているパーティに行った。この少年が飲み物に何かを混入させたとジェイダは言う。彼女はそこで記憶を失い、裸にされ、そして彼女の主張では、レイプされた。意識を失い、ズボンも下着も身に着けず床に横たわっている彼女の写真が拡散されると、ほかのティーンエイジャーたちは彼女をジョークにし、この姿を真似た自撮り写真に#jadapose（ジェイダのポーズ）というハッシュタグをつけてSNSに投稿した。[*4]

飲酒・性的虐待・屈辱という共通した特徴をもち、北米の町や都市で立て続けに起こったこれらの事件で示されたのは、ティーン世代のあいだに性的暴行がまん延しているという実態である。これらの事件によって、親たちがずっと感じてきた、目の届かない思春期の子どもたちに対する心配、とくに飲酒やセックスに関する懸念はさらに強まった。テクノロジーが若者に与える影響――ソーシャルメディアが子どもたちを虐待加害者や不本意なポルノスターにしてしまう――に対する恐怖も増幅された。

アルコールで動けなくなった無防備な女の子の被害者と、薄ら笑いながら彼女たちを狙う男の子たち、というのは、ジェンダーステレオタイプどおりのイメージだ。また、ほかの生徒たちからのいじめの裏に見えるのも、被害者の女の子は「やられて当然のアバズレ」、一方で加害者の男の子は「男だからそんなもの」として扱われるステレオタイプである。男の子は性に関して主体的・攻撃的でなくてはならないというマン・ボックスのルールがあり、同時に、女の子は受け身で純潔でなくてはならないというルールがある。パーソンズの葬儀では、牧師が追悼の言葉でこのように訴えた。「私たちの社会で、若い女の子たちが安全に暮らせる場所をつくるには、どうすればよいのか？　なぜ若い男性たちは、女の子が妄想と快楽のためのモノに過ぎないように思ってしまうのか？」[*5]

おおぜいの親たちが、その答えを見つけようと必死になっている。嫌がらせや暴行のニュースを耳にするたび、男の子についても女の子についても、ひどく心配せずにはいられない。思春期直前やティーンエイジャーの男の子をもつ親や保護者ならみんな、私のように、何かことを起こす前に、先手を打って子どもを外出禁止にしてしまいたいという衝動にかられたことがあるはずだ。若い男性が引き起こす暴力についてのニュースが延々と流れてくるなかで男の子を育てることは、たいへん勇気のいる仕事に思える。

ティーンエイジャーと性的暴行に関する統計は不穏である。オンタリオ州の高校生2千人近くを対象とした2008年の調査では、女の子の46％が、一方的なキスからレイプまでを含む、何らかの性的暴行を経験したことがあると回答している。[*6] 米司法省と教育省による学校犯罪についての年次レポートによると、2014年にアメリカの公立学校の構内で報告されたレイプは約440件、わいせつ行為は約2300件である。学校構内で報告された強姦・強制わいせつ犯罪の総合件数は、2001年から2014年のあいだに205%増加していた。[*7] アメリカ中西部の中学生1000人近くを対象に2年間にわたって行なわれた長期調査では、初期に見られた同性愛嫌悪的・性差別的ないじめと、のちの性的嫌がらせ行為とのあいだに相関関係があることが判明している。「ゲイ」「オカマ」といった「ジェンダーにもとづく侮蔑的なあだ名」で学校仲間をからかっていた少年たちは、学年が上がって女の子に性的嫌がらせをする確率がより高くなった。[*8]

10年ほど前、アルバータ州カルガリーにある「カルガリー・性の健康センター」では、教育活動にあたるスタッフたちが、利用者アンケートの結果を検討していた。驚いたのは、ティーンの女の子のあいだでは望まない妊娠の数が減っていたのに、思春期の男の子たちのあいだでは性感染症が急増していたことである。これは、全国的な数値とも整合性があった。カナダ国内のティーンエイジャーの妊娠数は1990年代から着実に減少しているが、性感染症の罹患数は上昇している。カナダ保健省の報告によれば、2014年のクラミジア感染症患者数のうち、80％近くは15歳から29歳の若者であった。また、15歳から19歳の男性における感染性梅毒の罹患数は、2005年から2014年のあいだに300％増加している。[*9] ここから示されるのは、妊娠を防ぐために女の子が避妊手段を取っている一方で、コンドームを使用するかどうかをコントロールしやすい男の子のほうでは、性感染症予防を目的としたコンドームの使用が一貫していない、という現実である。

スタッフはこれについて考えるうち、センターでは性の健康について30年以上にわたり教育を行なってきたにもかかわらず、若い男性に対象を絞ったプログラムがひとつもないことに気付いた。このようなアンバランスは珍しいことではない。性教育関係者によると、性の健康に関していちばん見過ごされている層は、異性愛者の若い男性なのだという。望まない妊娠、暴力、差別によって影響を受けるのは圧倒的に女性が多いため、必要に迫られて、世界中どこでも、性の健康に関する取り組みは女性のニーズにもっとも集中している（ひとつ大きな例外が、ゲイの男性を対象としたエイズの意識向上キャンペーンだ）。その結果、しばしばティーンの男の子たちは、こういった女の子寄りの性教育プログラムは、自分たちに関係ないものだと思うようになる。もっと悪いのは、こうして見過ごされるうちに、多くの男性たちが、自分やパートナーの性の健康に配慮するのは自分たちの役目ではない、と思うようになってしまうことである。

男の子たちの性の健康意識に対して、私たちが最低レベルの期待しかしていないことは、奇妙なほど無責任であるように思える。なぜなら、ゲイのクラスメートをいじめることであれ、性的な強制行為や暴行に及ぶことであれ、セックスとセクシュアリティに関する問題を起こすのは、若い男性であることが非常に多いからである。また、彼らが自分自身に加えている害の大きさも無視できない。セックスに際するドラッグやアルコールの使用、複数のパートナーとの関係、無防備な性行為などによって自らの健康を危険にさらすことがもっとも多いのも、若い男性層である。また逆に、若い男性たちは、性的虐待を受けた場合に被害を届け出ることが少ない（男性被害者に関して一般的に参照される統計によると、アメリカでは男性および少年の6人に1人が、虐待や暴行を含み、本人が望まない性的行為を経験している）。男の子たちは、本物の男は強いものだと考えるよう社会化されているため、虐待をされても、弱い人間だと見られたりゲイだと思われたりすることを恐れて、助けを求めることや治療を受けることが少なくなる。また男の子は、「バカだと思われるのがいやだから、男らしくないから」といった理由で女の子より医療機関の受診に消極的であることも、研究によって明らかになっている。

そして、もし医療機関を訪れた場合にも、医者から性の健康について注意を促されることは、患者が女の子のときに比べ、男の子のときのほうが少ない。
このような状況を是正しようと、カルガリー・性の健康センターでは、9年生の男の子たちを対象とした新たな選択参加型の性教育プログラム「ワイズガイズ（WiseGuyz）」（訳註：「賢い男たち」の意）の導入に取り組み始めた。1年間を通して、参加者は週に一度集まり、身体の構造、倫理、自己認識など、さまざまなテーマについて話し合う。そのなかで、男らしさについてそれまで言われてきたことを問い直し、「良き男性」になるためにはどうすればよいかを探っていく。このプログラムを終えたある生徒の表現を借りれば、「バカなやつにならないためのプログラム」とも言える。[*10]
そんなわけで2013年晩秋のある日、私はカルガリー郊外にあるジョージ・P・ヴァニエ校の教室を訪れ、14歳の生徒たち十数名が乳房について熱心に話し合うようすに耳を傾けていた。「じゃあ、おっぱいは？　おっぱいはできるの？」と、ある少年が質問する。性の多様性と性的順応について15分ほど話し合ってきたところで、自分を「男性」とも「女性」とも定義しない人々の話題になったのだが、インターセックス（生まれつき性器または染色体、あるいはその両方において、男女の特徴が共存していること）とはどういう状態なのか、なかなか理解が難しいようである。

ワイズガイズの進行役を務めるトリスタン・アボットが、「『乳房』のことだよね?」と明るい口調で訂正する(身体の部位については適切な呼称を使うことを基本としているのだ)。アボットは椅子から立ち上がると、教室の前にあるホワイトボードに絵を描き始めた。ジンジャーブレッド人形のような大まかな人型で、顔にはスマイル、胴体にハート、股間に星印を描いた。アボットは頭の部分を指して、ここにあるのがジェンダー認識(自分自身を男、女、あるいはどこかその中間と定義すること)だ、と説明する。ハートが表すのは性的指向(好きになる対象が誰か)、星印は性別(身体的特徴)、人型の輪郭はジェンダー表現(どんな服を着て、どんなふうに話し、歩き、ふるまうか)だ。これらの要素が一致しないこともあるし、どのように表れるかは人それぞれなんだ、とアボットは言う。

男の子たちの何人かはうなずいているが、残りはピンとこないようだ。2人目の進行役、スタフォード・ペリーが「ジェンダーは2種類だけじゃなくて、いくつも可能性があると考える人たちもおおぜいいることを理解しよう」と助け船を出す。「その人たちにとっては、男や女という性質は連続的なもので、二者択一でどちらかになる必要はないんだよ」みんながこの考えを咀嚼するあいだ、しばし沈黙が流れる。背が高く、スポーツマンでリーダー格といったタイプの、「おっぱい」の質問をした子が声を上げた。「じゃあ、ペニスがなかったらどうやっておしっこすんの？」何人かがクスクス笑う。

プログラムの責任者であるブレイク・スペンスがこれに応えて、真面目な顔つきで尿路の機能を手短かに説明する。

少年は笑いを狙っていただけだろう。この子はセッションの大半を、携帯電話をチェックし、仲間の2、3人と軽口を飛ばし合い、椅子の二本脚でバランスをとってどこまで後ろに倒れられるか試すことに費やしていた。しかし、事前にスペンスが私に説明してくれていたように、冗談で言ったことでも質問にはすべて答えるというのが彼らのポリシーだ。そうすることでグループとの信頼を築き、悪意のある発言を予防できるし、実際に質問の答えが誰かの役に立つ可能性だってあり得る。尿路の説明が終わると、ふざけていた少年は負けを認めたようだ。スペンスにニコッと笑顔を見せ、すとんと着地して四本脚の椅子に戻った。

この少し前に、スペンスは男の子たちに「人権」という言葉を聞いてどんなことを思い付くか、と質問していた。これまでほとんど発言していなかった男の子が、ヴァニエ校にはゲイ・ストレート同盟（訳註：Gay-Straight Alliance。LGBTとストレートの生徒が協力して運営し、性的マイノリティへの差別をなくす活動を行なう団体。アメリカやカナダの学校に多い）があることに触れ、この学校ではゲイの子も問題なく生活できると思う、と言った。

「ここじゃ誰も気にしないよ」と彼は言う。

「まあね」と、教室の反対側から、リーダー格の少年の近くに座っている男の子が口を開いた。

「べつに誰かがゲイなのはいいけど、でも、ロッカールームで自分が着替えてるときにそいつに見られるのはいやだな」。

スペンスは教室の前にあるテーブルに寄りかかった。デニムシャツの袖はまくられ、両前腕のタトゥーが見えている。「それはつまり、ゲイの男の子たちが周りにいて居心地が悪いと感じるのは、自分のことを性的な目で見るかもしれないから、ってことかな？」

「うん」と少年は答え、教室を見回して、ほかの生徒たちの反応をうかがう。

誰も何も付け加えないことがわかると、スペンスはその少年に向かってうなずき、続いて、細身で長めの黒髪の男の子に注意を向けた。「この学校のゲイ・ストレート同盟のメンバーはどうして女子ばっかりなんだろう」と男の子は言う。

「君はどうしてだと思う？」とスペンスはたずねる。

「えー、わからないけど。男があのグループに入ったら、みんなに自分もゲイだと思われるかもしれないから？　それが怖いのかも」。

「そうか」とスペンスは言う。「男がみんなにゲイだと思われたくないのはなぜだろう？」

「うーん、気にしない人もいるけど」と、少年は思い切ったように意見を続ける。「ゲイってことを良くないと思ってる男子もたくさんいるから、そういう人はからかわれるのが怖いんだと思う。男の同性愛者のほうが難しいとか、そういうことじゃないかな」。

スペンスはもう一度うなずく。そして、じゃあここで休憩時間にしよう、と告げた。彼はあとで私に、さっきの会話は今後のセッションのために頭にメモしました、と教えてくれた。

たいてい、通年プログラムの前半が過ぎる頃までは、男の子たちが「男らしさの虚勢をいったん脇に置いて」、安心して心を開くようにはならないと、スペンスは言う。最初は、口を閉ざしているか、くだらない冗談を言うばかりだ。気に入らない女の子について「ビッチ」と言ったり、お互いを「オカマ」と呼んだり、何かをけなしたいときには「ゲイっぽい」と表現したりする。自分の本心ではなくても、ほかの男の子たちの反応を狙った発言をすることも多い。「とくに同性愛を嫌悪していたり、性差別的だったりするわけでなくても、男同士はそういう話しかたをするものだと思っているんです」。ワイズガイズのプログラムが見据えているのは、まさにこのような行動パターンだ。もちろんコンドームやクラミジアについても学習するが、その根底にあるのは、もっとずっと抜本的なプロジェクトなのである。セックスとセクシュアリティの仕組みを教えるだけでは充分ではない。ワイズガイズが行なっているのは、少年たちがこれまでずっと教わってきた「男らしさ」の意味を見直してみるための方法を教え、そして、良き男性としてのありかたを見つける手助けをすることなのだ。

＊

大人は、子どもにセックスについて話をするのが下手である。２０１６年、学校性教育に対する子どもの意見について過去25年間に世界各地で実施された調査を分析する、という研究がイギリスで行なわれた。[*11] 調査対象に含まれたのは、イギリス、アイルランド、アメリカ、オーストラリア、ニュージーランド、カナダ、日本、イラン、ブラジル、スウェーデンの4歳から19歳の生徒である。各国の社会や文化の違いにもかかわらず、また性教育カリキュラムの内容に差があったにもかかわらず、「性教育は最悪だ」という生徒たちの評価には、驚くほど一貫性があった。

セックスがネガティブで危険なものとして描かれていることが多く、カリキュラム内容が自分たちの現実とかけ離れている、と生徒たちは感じていた。すでにセックスをしている生徒がいることは認識されず、生物学的なセックスに特化して、社会的・感情的な面から捉えたセクシュアリティについては触れられない。ＬＧＢＴのセックスや恋愛に関する情報はごく限られているか皆無で、女性の性的快楽については無視されることが常である。学習内容にはジェンダーステレオタイプが満載だ。女の子と女性は、異性愛者間セックスへの消極的な参加者であり、同時に、性的接触を拒絶するか受け身的に承諾する役割の「門番」である、と見なされている（フランスの性教育はこの研究には含まれていないが、同時期にフランスで発表された別の研究論文によると、同国の性教育は、男の子は肉体的なセクシュアリティを重視し、女の子は愛情をより重視するというステレオタイプが前提となっていた[*12]）。

男子生徒たちからは、性教育の授業は不安感を引き起こす、という意見があった。男性は性的な知識と能力があることを期待されているため、無知で経験不足だと思われるのが怖かったと言う。それが、性教育の時間中に授業を妨害するような行動をとることや、ときには女子に対して、その子の性的評判について嫌がらせを言うことにつながっている。男女とも、授業中には恥ずかしくなることが多いと言い、先生たちには生徒の傷つきやすさや不安感を認識してそれを緩和するように授業を進める能力がない、と感じていた。

アメリカでは、影響力のある保守宗教団体が避妊についての情報を遮断しようと努めるなか、性教育はますます国民を分断するテーマになっている。２０１２年にニューヨーク市の公立学校で性の健康について教えることが義務付けられたように、一部には包括的な性教育プログラムが存在するが、そういった地域を除けば、包括的性教育は減少傾向にあるようだ。アメリカの15歳から19歳の男女で、禁欲することを教えられ、避妊については何の指導も受けなかったと回答した数は、２００６‐10年期から２０１１‐13年期のあいだに、女の子で22％から26％に、男の子で29％から35％に増加している。[*13] 性教育とＨＩＶ／エイズ教育で用いる情報は医学的・専門的に正確なものでなくてはならない、と定めている州は20州に過ぎない。多くの場合、性教育の授業は外部の禁欲教育コンサルタントに委託される。保守キリスト教徒のアメリカ人で、年間50万人にも上る子どもたちを対象に「自由恋愛の高い代償」といったタイトルの講演を行なっているパム・ステンゼルもそんな１人だ。ステンゼルは、コンドームは安全でなく性感染症防止に効果がないと考えており、ティーンの女の子に「避妊ピルを飲んだら、きっとお母さんはあなたを嫌いになる」というような金言を与えることで知られている。

結果的に言うと、禁欲教育は、ティーンエイジャーの行動を変える方法としては大失敗であった。まあ、それを聞いて驚くのは、恋する17歳を目にしたことも、自分自身が恋する17歳だった経験もない人だけだろう。また、アメリカの10代の出産率は、ティーンエイジャーの性行動を普通のこととみなし、性の健康について教育を徹底しているオランダに比べて８倍近いことも、驚くにはあたらない。[14] オランダでは、ティーンの妊娠率が先進国でひときわ低いだけでなく、中絶率も最低に近い。つまり、他国に比べてオランダのティーンエイジャーは、避妊の意識が高いか、あるいは性行為を行なうことが少ないか、ということだろう。オランダの事情についてはのちほどもう少し詳しく見ていきたい。

アメリカ、カナダ、ヨーロッパの大部分で行なわれている性教育で、禁欲指導以外のもっとも大きな欠陥は何かというと、病気や望まない妊娠やレイプのような、セックスのネガティブな結果ばかりに焦点を当てた教育が基本となっていることだ。進歩的な性教育者たちはこれを「最悪シナリオ型」と呼ぶ。快感や親密性について語るよりも、最悪の事態に備えることが強調されているのだ。つきつめれば、このタイプの教育も禁欲教育とさほど変わらない。

ニューヨーク大学の歴史学者で2015年に出版された『Too Hot to Handle: A Global History of Sex Education（熱すぎて触れられない：性教育の世界史）』の著者であるジョナサン・ジマーマンは、「セックスは、我々のもっとも深い価値観や信条と固く結びついているため、それを教えるとなれば必ず対立が起こります」と言う。アメリカで性教育が行なわれ始めたのは20世紀の初頭だ。きっかけは性感染症の増加をめぐるパニックで、教育によって禁欲と自制の推進を目指した。現代の、包括的な内容を比較的きちんと扱っているような性教育でさえ、授業を見学しているとどこか潔癖さが感じられる、とジマーマンは言う。「表面的には生物学と生殖の科学を教えているようでも、本質は道徳なんです」と彼は語る。「先生たちは、セックスについて教えながらも、子どものセックスに対する興味を掻き立てまいとしている。私がアメリカで見学した性教育授業の多くでは、必ずどこかで先生が、若い人たちがセックスをする理由を挙げていきます。それがいつも『低い自尊心』『同調圧力』『カッコいいと思うから』といったものなんです。私は毎回そこで挙手して『あの、それと、とても気持ちが良いからです』と発言したくなりますね」。

10年ほど前、プランド・ペアレントフッド（家族計画連盟）トロント支部では若者向けサービスをアップデートすることになり、トロント周辺に住むティーンエイジャーと若い成人の1200人を対象に、性の健康に関する自分の知識には何が欠けていると思うか、聞き取り調査を行なった。若者たちからもっとも多く挙がった3つは、健全な関係のありかた、HIV／AIDS、性的快感であった。この最後の点、性的快感こそ、若い男性たちを引き込むために重要なのだと、プランド・ペアレントフッドで若い男性向けプログラムの運営・進行係を務めるミシェル・チャイは言う。なぜなら、セックスから快楽を得ることと、精力絶倫という男性ステレオタイプに合致することは、彼らの「男とはこうあるべき」という意識のなかに深く根付いているからである。男の子は常に「オン」の（＝「やりたい」）状態である、という思い込みが前提にあるせいで、自分が快感を得るため、あるいはパートナーに快感を与えるためにアドバイスを必要とすることは、男として欠けている証拠のように感じてしまうのだ、とチャイは言う。「若者の不遜な態度は性的な自信からきているのだ、と思われがちですが……。でも、セックスに関して若い男性たちがついている嘘を調査したとき、もっとも多かった回答3つは何だったと思います？」私が言葉を挟むまもなく、チャイは指を折りながら教えてくれる。「1つ、セックスの頻度。2つ、セックスをどのくらい楽しんでいるか。そして3つ、コンドームを使っているかどうか」。これらの要因を総合すると、セックスの楽しさが減少するだけでなく、危険な行為にもつながりかねないと、チャイは言う。

若い男性たちに、何を心地よく感じるか話す機会を与え、あるいはセックスをしたくないと認める余地を与えることは、ほかの人たちの性的欲求に敬意と思いやりをもつことにもつながる。チャイは、男の子にとって必須なのは、同情の意識だと言う。「安心して自分の感情を受け入れることや、弱さを認めることができなければ、ほかの人に同情的になることは難しいでしょう」。だから彼女は、対立的なアプローチを取ることはしない。「若い男性たちと話をするときに、いつも彼らが獲物を狙う肉食動物や、モンスターや、レイピスト予備軍であるかのような態度を取っていれば、受け入れてはもらえません」。その代わりに重視しているのは、男らしさや、彼らが感じているプレッシャーや期待意識について分析していくことだと言う。また、セックスに対する彼らの態度は、それぞれの生い立ち、人種、民族、社会階級、信仰、性的アイデンティティやジェンダーアイデンティティによって影響されているという認識も重要だ。「私が男の子たちに考えてみてほしいのは、このような問いかけです。自分の人種とセクシュアリティは、周りからの見られかたにどう影響しているのか？　自分は自分自身や他人をどう見ているのか？　自分はマン・ボックスからどんな恩恵を受け、どんな害を受けているのか？　自分が傷つきやすいと感じるのはどんなとき？　若い男である自分が、傷つきやすいと感じることは許されるのだろうか？　そして自分のこのような考えかたは、パートナーとコミュニケーションを取り、同意ある安全なセックスをするうえで、どんなふうに影響しているのだろうか？」

目指すゴールは、若い男性たちが、自分ひとりでも、誰かとの関係性においても、本来の自分の姿でいられるようになることだ、とチャイは言う。しかし、無防備になることへの恐怖がその妨げになることもある。学校という場所では、多くの男の子が、自分はマン・ボックスの基準から外れているんじゃないか、自分はクールじゃない／人気者じゃない／タフじゃないんじゃないか、という恐れを感じ、不安になりがちだ。その根底にあるのは、自分がターゲットにされるのではないかという、非常に切実な恐怖である。ほかの男の子に同性愛嫌悪的な中傷をして男らしさを否定したり、女の子を性的対象化するような発言や嫌がらせをしたりという行動は、自分の男らしいイメージを強化する手段なのだ（このような場合、行動を起こした本人だけでなく、周りにいて、その行動を無視したり助長したりする子どもたちも、ターゲットの子どもに害を及ぼす）。

この数年間で、性的なハラスメントや暴行が若者たちのあいだでいかに普遍的に行なわれているかが明らかになるにつれ、性暴力を防ぐために、若い男性たちに同意について教えようという声は高まっている。問題は、うまく教えられる教育者が少ないことである。同意について語られるときには、「イエス」と「ノー」の違いという、単純な言葉の問題が中心になる。しかし、そこにさまざまな社会的な力やジェンダー期待の影響があることは、ほとんど考慮されない。より広範な力の不均衡に対処しようとすることもないし、男の子に共感や自己認識やコミュニケーションのスキルを教えることもない。また、同意の問題が取り上げられるとき、男の子が性的虐待の被害者になるケースについて触れられることはほとんどない。

男らしさとセックスにまつわる社会的期待を満たさなければならない、というプレッシャーについて、男の子の立場から語る機会も与えられない。このプレッシャーが、女の子への嫌がらせ、いじめ、暴行につながることもある。また、彼ら自身が自分の感覚を無視し、本当は気乗りがしないのにセックスを求めようとする原因にもなっている。シスジェンダーでヘテロセクシュアルと自認する男性たちは、性的に積極的でない場合、周りの男性たちだけでなく、ときには女性たちからも批判的な目を向けられることがある、とチャイは言う。ガールフレンドからは浮気を疑われ（「私とセックスしたくないなら別のところでしてるんでしょう」）、友達からは男らしさを疑われ（「本物の男はいつだってやりたいもんだ、お前はどこかおかしいに違いない」）、そしてみんなから性的指向を疑われる（「ゲイなんじゃゃないの？」）。

男の子がこのような問題に向き合うためのサポートはほとんどない。ワイズガイズのような、学校で行なわれる進歩的な性教育プログラムは珍しいのだ。2011年、「ニューヨークタイムズマガジン」は、アル・ヴァーナッキオの人物紹介記事を掲載した。ヴァーナッキオは、人気があり評価も高い教育者で、フィラデルフィアの裕福な私立学校で「セクシュアリティと社会」と題した包括的で充実した内容の選択コースを教えている。一方で、この記事に登場する米プランド・ペアレントフッドの教育部門責任者、レスリー・カンターが語るように、公立学校でクオリティの高い性教育が受けられる可能性は低い。「禁欲だけの性教育があり、禁欲を基本とした性教育があります。それ以外の選択肢は、公立学校にはまずありません」。*15

質の良い性教育を受けられない子どもたちや若者は、プランド・ペアレントフッドのウェブサイトで、実用的で偏りのない情報を見つけることもできるだろう。あるいはアプリ「リアル・トーク」をダウンロードしてもいい。主に中学生を対象とするこのアプリでは、セックスや思春期、ジェンダー、恋愛について知りたいことの答えを、ほかのティーンたちがシェアするリアルな体験談のなかから見つけることができる。あるいは、ティーンが執筆・編集し、恋愛や性的指向から性感染症や避妊まで多様なテーマを扱うウェブサイト「Sex, Etc.」もいい。このサイトを発行しているのは、ニュージャージー州のラトガース大学を拠点とし、より包括的で質の良い性教育を目指して活動する団体「アンサー」だ。

「アンサー」のエグゼクティブ・ディレクター、ニコル・クシュマンと、研修担当ディレクターのダン・ライスは、電話でこのように説明してくれた。18〜19歳になる頃にはみんな、セックスに関して、不毛で、時には有害でさえあるようなさまざまなメッセージを内在化してしまっている。そして、アメリカの生徒たちにとって、性と生殖について学ぶだけでなく、コミュニケーションスキルや感情リテラシー、健全な関係性の築き方を学ぶことができるような、包括的な性教育を受ける機会はほとんどない。クシュマンは、LGBTの生徒向けの性教育に至っては、情報も少ないが、教える意思はさらに低い、と言う。「恋に落ちることや、健康的な人間関係について、LGBTの生徒たちの感情面のニーズにはどのような対応がされているか？　ほとんど対応されていない、というのが正直な答えですね」。

禁欲を基本としていない例外的な学校性教育としてクシュマンが挙げるのが、貧困地域の学校や、有色人種の生徒率が高い学校で行なわれている、具体的であけっぴろげなプログラムである。しかし、これらの介入的プログラムで用いられているのは、セクシュアリティについての偏見が組み込まれた、最悪シナリオ型のアプローチである。「生徒がもうセックスをしていることや、性暴力があることを前提としているんです」と彼女は言う。「一般に広まっている、ネガティブなステレオタイプどおりです。こういったプログラムが目指すのは、性感染症と妊娠の予防に限られていて、精神衛生やコミュニケーション、愛のある健全な関係性づくりに焦点があてられることはほとんどありません」。

そして、あらゆる人種・セクシュアリティ・社会階級を背景とする若い男性たちがもっとも切実に必要としているのが、まさにそのような、セックス、恋人との関係、愛情、敬意といった広範な内容についての対話や知識なのだ。セックスとマスキュリニティと支配性について、男の子が社会から受け取っているメッセージを問い直すことが重要だと、ダン・ライスは言う。「『男の子のルール』や『男のルール』では、表現することが許される感情は、怒りと苛立ちしかありません。自分の感情を表現することが社会から認められていない、あるいは表現のしかたすら教わっていないのです。ですから、最近よく取り上げられるような、性的な同意や強要という問題になると、男の子たちはジレンマに陥ります。友達やメディアや社会からは、タフにふるまい、性的な自信をもち、アグレッシブな性行動によって男らしさを証明しなければならない、という大きなプレッシャーが発せられています」。その一方で、暴力防止という観点からは、優しさと思いやりをもちましょう、というメッセージが発せられている。しかし、「優しさと思いやり」は、「男のルール」に含まれていないのだ、とライスは言う。

いったん男の子たちが高校生くらいになってしまうと、同意や性的暴行や性的ないじめといった問題に取り組むことが難しくなるのは、このような相反関係があるからである。「本物の男」について彼らが教えられてきた内容と、良き男性としてあるべき姿とは、必ずしも一致しないのだ。2015年にテレビのコメディ番組「Inside Amy Schumer（インサイド・エイミー・シューマー）」で放映された、フットボール部のドラマ「Friday Night Lights（フライデー・ナイト・ライツ）」をパロディにした辛辣なコントは、まさにこの点を突いている。パロディでは、新しくやってきたコーチが、チームに「レイプ禁止令」を通達する。選手たちは突然の新ルールに混乱し、例外を求めて質問を連発する。「アウェイの試合ではレイプしてもいいですか？」「相手がレイプだと思っても、自分がレイプだと思わない場合は?」「ぼくのお母さんが検察官で起訴されないとわかってるときは?」「相手が酔っ払っていて、評判が悪い子で、誰もその子の言い分を信じなかったら?」しかしコーチは、レイプ禁止を曲げない。そして大事な試合のハーフタイムで、負けそうなチームに喝を入れようとコーチはこう語る。「どうすれば君たちにわかってもらえるのか。フットボールにレイプは必要ない。フットボールに必要なのは、邪魔する者を力ずくでねじ伏せて、求めるものを手に入れることなんだ。自分は神だ、自分にはその権利がある、そう考えろ!」このコントは、力と支配と男らしさとセックスについて私たちが若者に向けて発しているメッセージがいかに矛盾しているかを、見事に描き出している。男の子たちは競争と支配がすべてだと教えられてきているのに、その考えをセックスにも当てはめたからといって、どうして驚くことがあるだろうか?

*

学校で教わらないなら、子どもたちがどこでセックスについて学んでいるのかというと、ポルノ動画である。若い男性の日常にポルノがあることはごく当然の事実となっているため、私が話をした性教育者たちはひとり残らず、自然とポルノの話題をもち出した。カルガリーでワイズガイズを運営するトリスタン・アボットは、こう説明する。「大人は、ティーンにセックスについての情報を与えたいけれども、たいていの場合、実際にセックスをする許可は与えたくないのです。その許可を与えるのがポルノなんです」。

ポルノが男の子たちの意識や行動に与えているかもしれない影響について、世間では盛んに懸念されているが、これらの性教育者たちのほとんどは、そのような心配はしていなかった。まず、ポルノの影響については充分に研究されておらず、わずかにある既存の研究からも決定的な結論は出ていない。2013年、ロンドンのミドルセックス大学は、イングランドの公共機関、子どもの委員事務局（Office of the Children's Commissioner）の要請に基づき『Basically...Porn Is Everywhere（ポルノはいたるところにある）』と題した報告書を発表した。ポルノが青少年に与える影響についての世界各地の研究を網羅した概観である。

そこで明らかになった内容の多くは、予測どおりのものだった。子どもたちは興味本位でポルノを見て、マスターベーションをするためにポルノを用いている。女の子よりも男の子のほうが使用頻度は高く、ポルノをより肯定的に捉えている。今の若者たちは、これまでの世代に比べてはるかにポルノとの接触もアクセス手段も増えている。ポルノ消費は、セックスに対する非現実的な意識やジェンダーに対する退行的な見方と関連付けられている。しかし、研究者たちがポルノ使用と青少年への害のあいだに直接的な因果関係があると判断するのは困難であった。関連性を測定することが難しいのだ。すべてのポルノが同質であるわけではないし、すべての若者が同じような消費行動をするわけでもない。1人で見る人もいれば、何人かでいっしょに見る人もいる。また、それぞれの性格や、セックスの経験や知識、性に関して家庭でのアドバイスがどの程度あるかなど、ポルノを観ている側の状況はさまざまに異なる。また、以前の世代に比べて、現代のティーンエイジャーたちはメディアを解釈し批判する能力にずっと長けている。そして、ポルノの影響を把握するのが難しいもうひとつの理由は、現代のポピュラーカルチャー全体において、以前よりもずっと、性的に露骨な描写が増えていることだ。音楽やビデオゲーム、「ゲーム・オブ・スローンズ」のようなテレビドラマでも、あからさまな映像や言語表現が見られ、ポルノとそれ以外のポピュラーメディアを隔てる境界線は曖昧化している。

ポルノの影響を測定しようとする試みよりも、重要なのは、なぜティーンエイジャーたちがこれほどポルノを観ているのかを理解することだろう。研究者たちは、この点については確信があるようだ。「子どもたちが現在受けている性教育に満足しておらず、セックスはどのようにするのか、何が普通なのかという情報と知識を得ることを期待してポルノを使うようになった、と示唆する証拠は増えている」。[*16] この傾向は、特に男の子において顕著だ。ある研究からは、授業でセックスとセクシュアリティをめぐる内容が充分に取り上げられていないため、男の子たちが性教育にポルノを取り入れてほしいと考えていることがわかっている。別の研究では、ゲイの少年たちはそれ以外の情報源がないため、セックスについての知識をポルノに頼っていることが指摘されている。研究者たちは、調査結果からこのように考察する。「子どもたちが、セックスや恋愛についてもっと学び、話し合う機会を求めているだけでなく、多くの親たちも、子どもを手助けできるだけの知識がないと感じている」。[*17]

ここで、オランダの例を見てみよう。生殖や性的指向や性の健康について事実に即した教育を行ないながら、同時に、コミュニケーションや合意形成や自己認識の能力を育てるという、包括的な性やパートナー関係についての教育において、オランダは間違いなく世界一である。オランダの小学校では、毎年春に1週間の性教育週間があり、それぞれの年齢に応じた性教育の授業を受ける。いちばん小さい子どもたちはジェンダーステレオタイプのようなテーマに触れ、上の学年では恋や避妊について学ぶ。メソッドの率直さは現代的だが、その基礎にあるのは、愛・敬意・親密さ・礼儀と良識という、昔から変わらない理想的価値である。PBS（米公共放送サービス）「ニュースアワー」が取り上げた、オランダの性教育についての2015年の特集では、ビデオ映像のなかで、4歳の子どもたちがハグやキスや結婚について話している（訳註：オランダでは4歳から小学校に通い始める）。もうひとつのビデオのなかで11歳の子どもたちが話し合っているのは、恋に落ちるのはどんな感覚か、というテーマだ（「恥ずかしがりやになる」と、女の子が言う。「緊張する」「顔が赤くなる」と、男の子が言う）。そのあと、先生は、恋がさめてしまったときにはどうすればよいか、を説明する。相手にメールで伝えたり、友達を通した伝言で別れを告げてはだめ。直接伝えること、そして優しくすること。[*18] 恋の終わりは難しいものですが、相手を傷つけたりひどい扱いをしないように、できるだけの心遣いをしましょう、と先生は子どもたちに語りかける。

このような授業の基本になっているのは、親と先生はセクシュアリティ教育について真剣に考えるべきであり、健康でポジティブで楽しい性生活は基本的人権である、という考え方である。この意識は目覚ましい結果に結びついている。初めての性体験についての調査で、オランダの若者の大部分は「時期がちょうどよく、自ら求めた、楽しい経験であった」と回答している。これに比較し、アメリカではティーンエイジャーの大半が、初めてセックスをする時期をもう少し待てばよかったと考えている。オランダのティーンエイジャーの10人中9人は、初めてのセックスで避妊を行なっており、オランダの10代の妊娠・HIV感染・性感染症罹患率は非常に低い。マサチューセッツ大学アマースト校の社会学者で、異文化間の思春期発達の違いについて研究するエイミー・T・シャレットは次のように述べている。「オランダでは、大人が思春期の少年少女のセクシュアリティを受け入れているために、ティーンエイジャーが自らを性的な存在であると認識し、計画性をもって、相手と話し合って性的な行為に臨むことや、必要な場合には助けを求めることが容易にできるようになっている」。[*19]

若い女性たちにとっての利点は言うまでもない。暴行や不本意な性行為が減り、性感染症が減り、望まない妊娠が減り、性や恋愛に関して主体性が強まる。また、男の子にとってもメリットは大きい。シャレットいわく、アメリカでの10代の男の子たちに対する見方は「ホルモンに突き動かされ、セックスしか頭にない、盛りのついた獣」というようなものである。アメリカの親たちは、セックスに関しては男の子と女の子はまったく別の生き物であると想定しており、この相違によって、「男女の戦い」と表現されるような敵対意識が自然と生まれるのだ、と考えている。また、アメリカの親たちは男女の子どもに対して扱いかたが異なり、父親は娘を厳しく守ろうとする一方で、息子に対してはより寛容である。このような態度から異性愛者のティーンエイジャーが読み取るのは、男性と女性はセックスや恋愛において対等なパートナーにはなり得ない、というメッセージである。

対照的にオランダでは、男の子が愛情や親密性を求める気持ちが強調され、認識され、普遍化されている。ある全国調査では、12歳から14歳の男の子のうち90%が恋をしたことがあると回答している。オランダの親たちは、あまりジェンダーの違いについて話さないし、男の子と女の子のあいだに衝突が起きるとも想定していない。「戦いというメタファーの代わりに、オランダ人が用いるのは、人間関係や愛情についての表現だ。女の子にも男の子にも、等しく愛情の言葉を用いている」とシャレットは考察する。[*20] そうすることで、男の子たちは、楽しいセックスと健康的な恋愛関係は、支配とコントロールではなく、敬意と双方の充足感から生まれるのだという意識をもつようになる。

想像してみてほしい。男の子たちの優しさを大切にし、彼らの恐れを受け入れながら、セックスや恋愛について教えることのできる性教育モデル――責任感や良識を重視し、男の子のもつ感情や欲求をジョークにしてしまわない性教育モデルである。「アメリカの男の子たちは、親密さへの欲求を認めない彼らの文化の犠牲になっている」と、シャレットは言う（カナダとイギリス、その他たくさんの国の男の子たちも同様であると私は思う）。「男の子たちは、親密性を求めているにもかかわらず、感情が傷つくことがないかのようにふるまうことが期待される。男の子たちは、親しいつながりを維持するための練習が充分でないまま、自信とスキルが足りない状態で恋愛関係に入ることになる」。[*21]

＊

２００８年、「ワイズガイズ」の設立が決まったカルガリー・性の健康センターでは、カルガリー大学のソーシャルワーカーのチームにプログラムづくりのサポートを依頼した。ソーシャルワーカーたちは、参考になる既存のモデルがほとんどなかったため、必要とされているものを実地から探っていくことにした。10代後半から20代前半の男性を集めて小規模なフォーカスグループをつくり、セックスについてどのように学んだか、教わっていればよかったと思うのはどんなことか、聞き取りを行なった。

グループのほぼ全員に共通していたのは、学校の性教育は開始時期が遅すぎ、内容が抽象的で、実際にベッドの中で行なわれることと関係なさすぎる、という意見であった。授業は率直で、楽しくあるべきだ、と彼らは考えていた。１人は、先生たちが解剖学的な内容にばかりこだわるのは「実際にセックスについて話すのを避けたいから」なんじゃないかと思う、と言った。避妊や病気の予防は完全に女の子に任せられていて、男の子たちはリスクについて無知なことが多く、自分は不死身かのように感じていた、と彼らは言う。彼らが強調したのは、女性をもっと思いやり、自分の行動に責任をもつことを含め、男の子にセックスに対する「正しい態度」を教えることの重要性であった。

そのような情報を伝える役にはどんな人が適しているか、という質問に対しては、全員一致の答えが出た。男性で、自分たちと年が離れすぎず、感覚がずれていなくて、頭が良くて話が面白い、ユーモアのセンスがある人だ。不器用そうな教授タイプや、中年女性はお断りだという。グループの1人はこう言った。「もし55歳くらいの女の人が教えに来たら、たぶん、『お母さんみたいな人にこんな話されたくない』って思うよ」。

このフォーカスグループで出たアイデアは、現在のプログラムにしっかり取り入れられている。進行役の条件も例外ではない。私が訪れたときに会った3人はみんな30歳前後で、揃って手入れの行き届いた髭を生やし、ダークブルーのジーンズをはき、細身のフランネルシャツの下からは白いTシャツが覗いていた。間違いなくクールな3人である。男の子たちはみんな、ときに反抗的な態度を取る子でさえ、彼らを見る目に畏敬の念がこもっていた。

少年たちの1人は私に、進行役の人たちのいちばん良いところは、自分たちと感覚が近くて、批判的なことを言わないことだと教えてくれた。「ときどき、大人は10代の男の子のことを厄介者だとしか思っていない、と感じることがある」と彼は言う。自分の両親とはセックスや恋愛について話すかとたずねると、話したいと思うけど、過剰反応されるのがいやだ、と言う。「ブレイクやスタフォードやトリスタンに話す方が楽なんだ。細かいことまでいちいち説明するよう強要されないから」。もし親にセックスについて聞けば、「尋問されるみたいになって、それで結局『だから話したくなかったんだよ』って言うことになるんだ」。

ワイズガイズでは、定期的にプログラムの成果を審査しているが[*22]、参加した少年たちがとくに大きく進歩している評価分野として一貫しているのが「情緒性」である。プログラム開始時の男の子たちは、それまでずっと大人から「タフになれ」とか「恐怖心を隠さなくてはいけないときもある」と言われてきた、と語っている。彼らは最初から、自分たちが感じている周りとの断絶や孤独が、このような男らしさのステレオタイプによって強まっていることは意識しているが、同時に、悲しみや孤立感を表現するのは恥ずかしいことだとも感じている。ワイズガイズでもっとも役に立ったことは何か、という質問に対しては、マン・ボックスについて意識するようになったこと、そして、健康的な人間関係を維持する方法を学んだこと、という答えが挙がった。傷つきやすさも含めて、感情を表現しやすくなり、安全なセックスを実践し、健康的な恋愛関係や性的関係が維持できる能力が身に付いた、と彼らは言う。

もうひとつ見受けられるポジティブな変化は、ホモセクシュアリティに関する意識や言葉遣いだ。評価担当者たちはこれを「オカマ言説」の消滅、と表現する。プログラム開始時には、みんな、「オカマ」「ホモ」「おまえ、ゲイかよ」といったこき下ろしの表現について、ゲイの人たちに対する悪意の表れではなく、男が普通に言うことだから言っているまでだ、と主張する。しかし、言葉の力とホモフォビアの影響について話し合ったあとでは、自分の使う言葉の重みをより意識するようになり、それらの言葉が他人を傷つけている可能性を、相手の立場に立って考えられるようになる。ある参加者は、ワイズガイズで学んだ内容をもとに父親の発言に立ち向かったことを、評価担当者との会話でこんなふうに話している。「言っちゃいけない言葉だと思う。だってよく考えたら、実際にゲイの人がいるわけだし、その人たちをディスる理由なんてないから。『ゲイっぽい』とか、ぼくのお父さんも言うんだけど……。あるときぼくは『なんで？　なんでそれがゲイなの？　それとゲイの人たちと何の関係があるの？』って言ったんだ。『どういう意味だ？』って聞かれたから、説明したら、それからは言わなくなったよ」。

同様に、ワイズガイズのプログラムを終えた男の子たちは、女の子に対してより共感をもてるようになったと言い、メディアにおける女性や女の子の描写について学んだことで、彼女たちが経験している現実に「目を開かされた」、と表現している。どのように女の子が性的対象化され、性的な嫌がらせを受けているのか、よりよく理解できるようになった。また、女の子のクラスメートや友達について話すときの言葉を意識するようになり、「ヤリマン」「ビッチ」といった表現を使うことがなくなった。

このような結果に至るために、プログラムは綿密に計画されたスケジュールに従って進む。まずは健康的な人間関係というテーマから始まり、次に性の健康、それからジェンダー・性・メディア、そして最後に、活動の推進とリーダーシップについて学んでいく。この最後のテーマがカギなのだと、スペンスは言う。「ワイズガイズのいちばんのポイントは、学んだことをどう活用し、これからも高い意識を保っていくかということです。私たちが参加者に本当に望んでいるのは、変化を起こし、ほかの男の子たちにポジティブな影響を広めていく能力を、自分たちがもっていることに気付いていてもらうことなんです」。

使命は重大だが、教室の雰囲気はあくまで明るく楽しい。例えば、学校の標準的な性教育授業では、バナナにコンドームを装着する練習がよく行なわれる。これは技術的には役立つ練習かもしれないが、いざという瞬間の緊張やプレッシャーのことは考えられていない。若い男性たちがコンドームを使わない理由としてもっとも多く挙げるのは、快感の減少と、ムードが壊れることなのだ。また、スムーズで手慣れている印象を与えたいと思うために、コンドームの扱いに手間取っていたら間が抜けて見えるのではないか、それこそ盛り上がりも台無しだ、という心配もある。バナナでちょっと練習したくらいでは意味がない。ワイズガイズのやりかたは、まずコンドームを使ってふざけてみることである。風船のように膨らまして振り回したり、水を入れて投げ付け合ったりする。繰り返しパッケージを開けて、見た目や感触が異なるさまざまな製品に多く触れれば触れるほどいい。目的は、コンドームを特別な存在でなくし、恥ずかしいもの、恐ろしいものではなく、楽しいものにしてしまうことだ。

私が見学していた午前中のセッションに戻ろう。短い休憩のあとで、男の子たちには少人数のグループで行なう課題が与えられた。空想の島の地図をつくり、その島国の人権憲章を制定するというものだ。進行役が前もって私に警告してくれていたところによると、以前のコースでは、あるグループは巨大な一対の乳房の形をした島をつくり、別のグループの憲章では「女の子が常に裸でいる権利」が保障されていたという。しかし今日の成果はそれほど奇抜ではないようだ。ある島では、国土が均等に「イケてる区」「イケてない区」に分けられており、憲法で殺しと通貨が禁じられていた(「誰もお金をもっていなければ汚職が減るから」と、グループの1人は説明する)。

話し合いは半分ふざけているようで、半分真剣だ。言論の自由が提起されるとみんな熱心に合意し（黙れと言われることの多い層である彼らとしては当然だろう）、クッキーを食べることに関して完全な自由が与えられるべき、という提案に喜びの声が上がる。箱入りのジュースを飲みながら、クレヨンを握ってユートピアの島を熱心に描いている彼らは、思春期の苦しみの渦中にあるティーンエイジャーというより、小学3年生くらいに見える。

10歳頃までは、子どもたちはおもに同性の友達集団で遊んで過ごす。交流のしかたには、女の子たちはおしゃべりをして、男の子たちは一緒に体を動かすという、明確なパターンが見られる。中学校に上がるにつれて異性間の友達関係ができ始め、恋愛感情が表れてくる。13歳か14歳になる頃――ワイズガイズの少年たちの年頃だ――には、デートをしたり、付き合ったりという関係が始まっている。ワイズガイズに参加している男の子たちの多くも、付き合っている相手がいたり、何らかの恋愛関係にあったりする。グループの20%ほどは、すでに性行為を経験している。プログラムにこれまで参加した男の子たちのなかで、ストレート以外と自認していたのはわずか数名であった。年少のティーンたちは、大人数の異性混合の友達グループ内から恋愛対象の相手を見つけることが多いが、この年頃はまだ、同性間の友人関係をもっとも重要と感じる時期である。3章で紹介した、男の子の友情についてのナイオビ・ウェイの著書にも示されるように、これはちょうど、男の子たちが親密な友人関係を失い始める直前の時期に当たる。

これが、ワイズガイズがこの年齢グループをターゲットにしている理由のひとつである。まだ抵抗なく心を開くことができ、まだほかの男の子たちとつながりを保っているあいだに、彼らを取り込むためである。「彼らはお互いに競い合って成長していきます」と、スペンスは言う。「最初は、人気者の子たちがグループ内でいちばん力をもっていて、それ以外の子は彼らの承認を得ようとする。でも、プログラムが進行するにつれて、いろいろな方法でお互いに挑戦するようになるんです」。ワイズガイズがこの変化をどのように可能にしているのかを示すため、最近のセッションの話をしてくれた。性的暴行や性的いじめについての話し合いのなかで、男の子たちはみんなそのような行為を非難していたのだが、スペンスはそこからもう一歩踏み込むことにした。もし、そのような出来事を目撃したり、耳にしたりしたときにはどうするか？「私はこう言いました。『自分が直接加害する側にはならなくても、それが起こったときに何もしなければ、君たちも加担していることになる。受け身で同調したわけでなくても、受信したメッセージを転送しなくても、誰かがレイプジョークを言ったときに笑わなくても、それでも同じことなんだ』」。

これは、いじめ対策の取り組みにおいて標準的なアプローチではあるが、言って聞かせるよりも実践はずっと困難だ。正義のために立ち上がれ、と子どもに言うのは立派なことだが、とくに中学校時代や10代前半の子どもたちは仲間同士の依存が強く、群れる生きものであり、1人だけ別行動をとることは難しい。そこで、ワイズガイズでは個人を対象にするだけではなく、男の子文化に働いている力関係自体をつくり変えようと試みている。人気者の男の子たちはいくらかパワーを手放すことを、シャイな男の子はより積極的に発言することを促される。

基盤になるのは、それぞれがもつ境界線をお互いに認識し、尊重するというスキルだ。プログラムの後半では、ペアになり、2人でウォーターパークへ遊びに行くと仮定して、お互いに質問をしながらその計画を練るという課題がある。ウォータースライダーは好き？　1回だけ滑る？　それとも何回も？　深いプールでダイブする？　泳げるの？　この課題の目的は、自分の希望を相手に明確に示す方法と、お互いの希望が異なるときに起こる葛藤を解決する方法を学ぶことである。もちろん、ここで学ぶことは、友人関係だけでなく、恋愛関係にも応用できる。友達と安全で楽しいウォーターパークへのお出かけを計画できないなら、ましてやパートナーとの安全で楽しい性生活を楽しめるわけがない。この課題を成功させるためには、ある程度の自己認識が必要だ。自分が求めるものを知らなければならないし、ほかの人たちが求めるものを尊重できなくてはならない。同時に、意思を疎通し、相手の意見を聞きとる力も必要だ。

＊

　ヴァニエ校では、ワイズガイズの午後の部のセッションが始まった。午前中の回よりも静かである。チェックインで、少年たちはリラックスしたようすで先週の出来事を共有する。バスケの練習、ギターのレッスン、ネットフリックスで「ドクター・フー」のいっき見、プレイステーションの「ラスト・オブ・アス」。1人の男の子は、自分のアイスホッケーチームの成績が悪く、ずっと負けっぱなしのため苛立っている（「わかるよ」と、隣の少年が言う）。別の男の子は、認定ライフガードになるために必要な資格のひとつ、ブロンズ・クロスの試験に合格したと報告する。（「やったね！」とスタフォード・ペリーはいつもの快活さで言う）。ふつうの、どうということのないティーンの日常のあれこれだが、みんなそんな会話を楽しんでいるようだ。

　男の子たちに恋愛やセックスについて教えるためのワイズガイズだが、進行役たちは、男の子同士の親密な友達関係を築くことも、このプログラムの重要な一部だと考えている。参加している男の子たちは、気持ちを隠したり、感情を自分と切り離したりする必要性を感じていない。そういった感情との断絶が鬱や暴力や自殺につながる傾向は、研究で示されている。男の子たちは、ものごとをうまくこなし、体面を保たなければならないプレッシャーについて話し合い、そんなストレスを解消する場になっているのがワイズガイズで、ここでだけは警戒心を忘れて自由に話ができるのだと言う。プログラム担当者たちはこれを「男らしさの仮面を脱ぐ」ことと表現する。そうして「男の子たちは自分自身に戻り、内面性を回復することができる」のだ。

私が見学に訪れてから4年後、電話でブレイク・スペンスと話をした。これまで300人の男の子がワイズガイズを卒業し、今年は新たに300人が参加したと言う。進行役は8人に増え、カルガリーの10校、郊外の農村地域の3校に加え、先住民族の男の子向けのグループや、レクリエーションセンター、性的に不適切な行ないをした若い男性のための滞在型更生施設でも、プログラムが運営されている。カナダ全国からワイズガイズを取り入れたいという希望が寄せられているそうだ。

ワイズガイズのプログラム自体はかなり進歩主義的な傾向があるが、憎悪を感じさせたり罵ったりしない限り、参加者は政治的・社会的にデリケートな問題について思ったとおりの意見を話すことが許されている。この数年間は、そんなテーマに事欠かなかった。男の子たちからは、オルタナ右翼ブロガーでゲーマーゲートの旗振り役だったマイロ・ヤノプルスについて質問が出てきた、とスペンスは言う。ワイズガイズにも、ヤノプルスのような怒りに満ちたアンチ女性のスタンスに影響を受けていた男の子たちがいたそうだ。自分たちが特に恵まれているとは感じられない男の子たちは、男性の権力や男性の特権といった話題に困惑し、苛立たしく感じることもある。しかし、彼らが不満や反感を表明しても、進行役がその発言を遮ったり、説き伏せたりすることはない。その代わりに、彼らが感じている気持ちや疑問を明確にする手助けをするのだ。ある少年は、挑発的な発言を好み、スペンスが教えているのは「フェミニストの計略」だと言って、しょっちゅう反抗的な態度をとっていた。しかしその後、その少年が、2人のクラスメートのあいだで起こった性的暴行について、スペンスに相談にやって来た。事件がきちんと対処されていないようで、被害に遭った女の子が学校で安心して過ごせない状態らしい。スペンスの助言を受けた少年は、校長先生に会いに行き、女の子に対して学校側のサポートを強化するよう働きかけたという。

「このプログラムが成功しているのは、私たちが男の子たちと彼らの感情を真剣に受け止めているからだと思います」と、スペンスは言う。「私たちは、世界や彼ら自身について、違う捉え方をしてみる方法を教えているんです。こういう考え方をしろ、と言うのではなく、批判的な思考を教えること。それこそが、大きな力になると思います」。私が以前訪れたときに、スペンスは、父親から掛けられていた期待との葛藤があった子ども時代について話してくれた。長男の彼は、スポーツをして、強く「男らしく」あることを求められていた。だが、スペンスはゲイで、そのようなハイパーマッチョな男性らしさは自分に合わなかった、と言う。「自分が14歳の時にもワイズガイズがあったらよかったな、と思います。ずいぶん苦しまなくて済んだでしょうね」。

スペンスは、ひとりひとり、大人の男性になる過程は異なる、と付け加える。だから、このプログラムが伝統的なマスキュリニティや男らしさの考えを否定するべきだとは考えていない。「人によっては、そういった男らしい男であることが、とても価値のあることなんです。ただ、男の子たちに知っておいてほしいのは、全員が常にそのカテゴリーの中に入っていることはありえないし、まったく入らない人もいるんだ、ということです」。つきつめれば、男らしくふるまうことを気にするより、自分らしくふるまうことを考えてほしいのだと、スペンスは言う。

Chapter 8

終わりに
ボーイ・ボックスの外へ

2017年末現在、私がこれを書いているあいだにも、メディアではセクシュアル・ハラスメントや性的虐待の報道が後を絶たない。ハリウッドのプロデューサー、セレブリティシェフ、映画スター、高名なジャーナリスト、政治家、グラミー賞受賞歌手、権威ある編集者、人気コメディアン――毎日のように、強力な地位にある男性たちに対する訴えが新たにもち上がる。今、彼らのわいせつ行為や性的搾取がこうして明るみに出ているのは、彼らが有名人であり、何百人もの女性たち、そして一握りの男性たちが勇気をもって名乗り出て、痛ましい体験を肉声で語ってくれたからだ。しかし、これらの著名な虐待者たちの陰には、その何千倍も、同じように一線を超えてしまった男性たち、他人の――多くは女の子、女性の――体をコントロールしようとし、圧力で沈黙させている、顔の見えない虐待者たちが存在する。

こんな時代に男の子を育てるとなると、慎重にならざるを得ない。男らしさについて構築された有害な概念が、ジェンダー間の不均衡な力関係や、男性から女性への暴力といった犠牲を生んでいることは否定できない。しかし同時に、見落としてはならないのは、そういった男らしさについての考えやふるまいが、男の子たち、男性たちにも非常に大きな害を及ぼしていることである。若い男性たちのあいだで、ステレオタイプどおりのマスキュリニティに則り、支配的でタフな男らしさを体現しようとする傾向は、うつ、薬物乱用、いじめ加害、非行、危険な性行為、性的満足度の低さ、パートナーへの虐待などと関連付けられている。逆に、男らしさのルールに同調しない男の子たちや、その基準を充分に満たせない、あるいは満たそうとしない男の子たちも、いじめのターゲットになったり、ばかにされたり、排斥されたりというリスクを負う。「有毒なマスキュリニティ」とも表現されるような、この極端なバージョンの男らしさは、まさに破滅的である。そこには、相手を思いやる気持ちや、無防備さ、寛容さは一切ない。しかも、残酷な冗談のようだが、この種の男らしさは不確実で持続しない。それによって与えられるパワーは一時的なものに過ぎず、示威行為と拒絶とを繰り返すことで、常に強化し続ける必要がある。外側から見ている私には、マン・ボックスはとても孤独な場所のように感じられる。

それでは、若い男性たちがより包括的でのびのびとしたマスキュリニティを選び取るために、私たちはどんな手助けができるのだろうか？　承認、仲間意識、ステータス、権力といったかたちでマン・ボックスが特権や利益を与えてくれているうちは、マン・ボックスを捨てることは難しいだろう。当然だが、明らかな不利益しかないなら、そもそも男性たちがこれほど意欲的に伝統的マスキュリニティを受け入れて従っているわけはないのだ。女性の場合、ジェンダーステレオタイプのもたらす不利益は、男性よりも明白に感じられる。女らしさのステレオタイプは物質的な損を伴うからだ。低い給与から、生殖の選択肢の制限から、暴力に甘んじることまで、女性たちを従属させたままにしておくことを正当化するために用いられているのが、女というものは弱くて、ヒステリックで、表面的で、計算高く、ふしだらで、などなどというステレオタイプなのである。それを是正しようとするフェミニズムは、そのほかの公民権運動や社会変革運動と同じく、女性たちに「もっと多く」のものを――もっと権利を、もっと平等を、もっと機会を、もっと正義を――目に見えるかたちで提供してくれる運動だ。それに比べて、男の子と男性に過剰に与えられている権力と特権を手放させるための運動を起こすことは、ずっと難しい。一部の人たちに損失として受け止められることはまず避けられない。男性の権利擁護運動のレトリックにおいて、被害者意識が色濃いのはそのためである。

変革に立ちはだかるもっとも大きな障害のひとつになっているのは、いまだに続く、男性らしさと女性らしさを対立させる考えかたである。片方が上がれば、もう片方が下がる。しかし実際のジェンダー平等とは、どちらかが得をすれば必ずもう一方が損をする仕組みではない。お互いを敵と見なしていては、私たちの誰ひとり、本来の能力をじゅうぶんに発揮して成功することはできない。優しさや傷つきやすさのような、女らしさやフェミニニティと関連付けられる性質が悪しきものとされていれば、女性がおとしめられるだけでなく、男性も自分にそんな性質があることを認めにくくなる。女性が尊厳や自立性に値しないと見なされている限り、男性は女性に対して力を行使し続けるだろう。女性を窮屈で有害な女らしさのジェンダーステレオタイプから解放することと、男性を窮屈で有害な男らしさのジェンダーステレオタイプから解放することは、緊密に結びついているのだ。私たちは、お互いの存在なくして前に進むことはできない。

そして私たちは、前に進まなくてはならない。社会の動いている方向は明らかだ。働いて経済的に自立する女性はますます増えている。男性は適応するか、後れを取るかである。すでにそんな状況が現実になっている場面もある。例えば、この数十年間で父親のありかたがどれほど変わったか考えてみてほしい。現代の父親は、一世代前には想像できなかったほど子どもの生活に深く関わっている。私と姉は、父に愛されているけれど、彼は1970年代の父親らしく、私たちが幼い頃の日常的な育児にはほとんど関わっていなかった。おむつも替えていないし、お医者さんに連れて行ったこともない。しかし今、私の友人の男性たちを見ると、当然のように歯ぐずりやおむつかぶれについて話し、学校の送り迎えをするために仕事のスケジュールを調整している。うちの近所の公園は、ブランコを押したり砂のお城をつくったりしているお父さんたちでいっぱいだ。まだ、彼らのような男性が標準型とまでは言えないかもしれないが、すでに例外でなくなっていることは確かだ。

それでは、次はどうすればいいのだろう？　まず私たちにできるのは、女の子を教育し、励ましているのと同じやりかたで、男の子たちを教育し励ますことだ。フェミニズムの仕事は終わりというにほど遠いが、それでも、女の子たちが得る機会は飛躍的に改善している。今では、学校でもスポーツでも、人文学系でも科学分野でも、女の子たちの努力と成功が応援されるようになっている。

伝統的なジェンダー役割は超越することができるのだと、私たちは女の子たちに盛んに言うようになったし、女の子たちもそう信じるようになっている。女の子は、強くありながら感情を表現することも、タフさと思いやりを兼ね備えることもできる。ジェンダー格差は残っているが（例えば今も政治やテクノロジーの世界では情けないほど女性が少ない）、女の子のほうが劣っているという主張には、明確な不信感が表されるようになった。女の子は生来的に数学が苦手だとか、月経周期のせいで優れたリーダーにはなれないという意見に対しては、批判と、豊富な証拠に根差した反論が向けられる。

しかし男の子と男性に関しては、私たちはいまだに、彼らの問題点も短所も、そして長所も、生物学的な結果なのだという考えにしがみついている。女らしさはつくられたものだが、男らしさは生まれつき、というわけだ。女性に影響を与えている社会的勢力や構造的不平等が、他方では男性のありかたやステータスを形づくっていることは、本書の中で充分な証拠とともに示すことができたと思う。私たちは、男の子の問題行動を当たり前で生来的なことのように扱い、「男の子だからしょうがない」という考えを肯定することにより、危険行為であれ性暴力であれ成績不振であれ社会的孤立であれ、男の子の苦境や欠点の陰にある、男らしさというイデオロギーを見逃してしまっている。もう一つ重要なのは、男の子の状況をめぐる議論のなかでは、人種や階級のバイアス、ホモフォビアやトランスフォビア、障がい者差別、その他の偏見が与える影響が考慮されていないことである。このような偏見によって、大人が特定の男の子たちをどう受け止め、扱うかは変化する。それがひいては彼らの得る機会や、自尊心の形成にも影響するのだ。

だから私たちは、これまで女の子たちにしてきたのと同じように、男の子たちにも、ジェンダーの規範や制限に立ち向かうことを応援してあげなくてはならない。特に、ジェンダーに関する態度が固定し始める思春期前の時期が大切だ。自分の感情を言葉で表現する方法を教え、助けを求めてよいのだと教えなくてはならない。彼らが、優しさや慈しみの気持ち、豊かな表現力や傷つきやすさを見せることができるような機会をつくらなくてはならない。セックスや愛やコミュニケーションについて彼らに語らなくてはならない――しかし、それよりも必要なのは、私たちが彼らの話を聞き、彼らから学ぶことである。私たちは、均一な集団としてではなく、複雑で個性のある人間として、男の子たちを見つめなくてはならない。すでに、変化をけん引している若い男性たちはたくさん存在する。

本書でもこれまで、そんな男の子たちが登場してきたが、ここでもうひとつエピソードをご紹介しよう。2017年10月、オンタリオ州ゲルフに住む高校生、エリカ・ブラウンは、「The Future Is Female（未来は女性だ）」と書かれたTシャツを着て登校した。1975年につくられ、ニューヨークのフェミニスト書店「ラビリス・ブックス」で売られていたものがオリジナルの、レトロなデザインのTシャツだ。数年前にリバイバルされると人気となり、イギリス人モデルのカーラ・デルヴィーニュのようなセレブたちが着用し、フェミニズムのデモ行進や集会でも見かけられるようになった。未来が不確かに感じられ、『侍女の物語』に描かれたようなディストピアが現実に迫るかのような現代からフェミニズム史上の希望あふれる瞬間に向けたオマージュと言えるだろう。このTシャツは、女性たちを応援するポジティブなメッセージとして、ブラウンがフェミニストのいとこからプレゼントされたもので、ブラウンはこれが男性を否定しているとは思わなかった。しかし、このシャツを着て学校に行くと、廊下で先生に呼び止められて叱られた。彼女はブラウンに、このスローガンは不適切で男子生徒を不快にする可能性がある、と言い、もし男の子が「未来は男性だ」と書かれたシャツを着ていたらどう思うか、とたずねた。ブラウンの友達が割って入り、反論しようとすると、先生は彼女に「生意気な真似はやめなさい」と言ったという。

当然ながら、ソーシャルメディアを得意とするポスト・ミレニアル世代のブラウンは、Facebookに不満を訴えた。「女性を力づけるスローガンだからといって、男性を打ち負かすことにはなりません」。彼女は先生に宛てた公開状でこのように書いた。「フェミニズム運動の目的は、男性と女性の平等をもたらすことです。女性を男性より強くすることではありません」。思慮深く、情熱的で、そして確かに少しばかり生意気なブラウンの意見文は、素晴らしかった。ここにも1人、自分の声を見つけた若い女性がいる。

また素晴らしかったのが、同じ学校に通う何人かの男の子たちの反応である。彼らもブラウンを擁護する声を上げたのだ。その1人はCBC（カナダ放送協会）のレポーターにこう語った。「すごくいいTシャツだよ。未来は女性だっていうのはその通りだと思う。男のぼくから見てもすごく希望を感じるし、力をもらえるスローガンだと思った」。別の男の子はこう言っている。「男子生徒から見ても全然不快じゃないと思う。いろんなところで高い地位に着く女性はもっと必要とされているから、ぼく自身は素晴らしいTシャツだと思ったよ。男性を格下げしてるとは思わない。最高だよ」。彼はすでに自分用に「未来は女性だ」Tシャツを注文したらしい。[*1]

これが未来の姿だ。この本を書くプロセスのなかで、もっとも心が動かされたことの一つは、ジェンダー平等を目指して取り組んでいる数多くの男性や女性、男の子や女の子と出会って話をする経験だった。彼ら彼女らは、黒人、先住民族、アジア系、南アジア系、白人、ラテンアメリカ系であり、クィア、ストレート、シスジェンダー、トランスであり、若い人も年配の人も、保守派もリベラルも、信仰のある人もない人も、さまざまな人がいた。テキサスでフットボール選手たちに性的同意と女性への敬意について指導しているコーチ、トランスジェンダーの息子をもち、ジェンダー規範に沿わない子どもたちの権利のために活動する母親、カルガリーで男の子たちに健康的な性と人間関係について教える教育者、息子たちと民族の文化や伝統とをつなぐクリー族の映画監督、ボルチモアでマインドフルネスを通じて有色人種の男の子たちを助けるヨガの先生と、活動のかたちは違っても、その中身には共通する部分がたくさんある。それぞれが、ジェンダーという地形の中に、より大きな自由地帯を開こうとしている。それぞれが、健やかな感情と思いやりの心をもった若い男性たちを育てようとしている。すべての人々にとってより良い世界——より安全で、正しく、公平で、幸せで、偏見がなく、自由な世界を目指すなら、私たちもあとに続こう。

謝辞

　エージェントで友人のサマンサ・ヘイウッドにランチに誘われ、あなたは本を出すべきだと思う、と言われたのは数年前のことでした。その時の私は半信半疑でしたが、その本が今、こうしてかたちになりました。自分がいちばん怖いと思っていることをできる気にさせてしまう、そんな魔法のスーパーパワーをもっているのが、サマンサなのです。すべてのライターに、彼女のように熱烈で、忠誠心の厚い味方がいますように。

　編集者のパトリック・クリーンのたゆみない熱意と忍耐のおかげで、ともすればとり散らかりがちなこの本が（そして著者が）無事に最後までたどり着くことができました。『ボーイズ』を信じてくれたパトリック、そしてアリソン・ラッタ、メリッサ・ノワコウスキ、ノエル・ジッツァー、そのほかハーパーコリンズ・カナダでご担当いただいた皆さまにお礼を申し上げます。

　これまでずっと、編集者として友人として、私の文章をより良いものに、思考をより鋭いものにしてくれているダニエル・グルーンとエイミー・マクファーレン。2人からは、かけがえのないフィードバックと愛に満ちたサポートを頂きました。

『ボーイズ』は、私が2014年にカナダのウェブメディア「ザ・ウォルラス」に寄稿した、カルガリーの性の健康センターが主催するプログラム「ワイズガイズ」についての取材記事を出発点に発展したものであり、その記事の一部は7章に取り入れられています。初期のインスピレーションを与えてくださった、ブレイク・スペンスをはじめとするワイズガイズのスタッフ、そして参加者の素晴らしい少年たちに感謝します。

『ボーイズ』の取材にあたり、お話をうかがったすべての皆さま、私の質問に辛抱強く寛大に答えてくださった皆さま、そして、私が自分の考えを形成するための必須材料となったジェンダー研究、少年研究、マスキュリニティ研究を手掛けられた研究者、学者、著述家の皆さまに感謝します。とりわけお時間をいただいた、ジャーマル・アレイン、ミシェル・チャイ、アンドレス・ゴンザレス、シャカ・リコリッシュ、ローラ・サイグローブ、トッド・マイナーソン、ジェフ・ペレラ、ジェイク・パイン、リチャード・ヴァン・キャンプにはいっそうの感謝を申し上げます。

生物学、スポーツ、学校についての章に含まれている一部の取材や調査は、過去に私が執筆し、雑誌「トロント・ライフ」「トゥデイズ・ペアレント」、ウェブメディア「NewYorker.com」に掲載された記事に基づいています。これらの媒体では、マーク・プーポ、サラ・フルフォード、リア・ルマック、キャスリン・ヘイワード、ジェレミー・キーンといった敏腕編集者の方がたのお世話になりました。また、定期的に執筆する場を提供してくれたウェブメディア「シャトレーン」の、聡明で愉快で懐の広いシスターたちにも、たくさんの愛と感謝を贈ります。

精神的に私を支え応援してくださった方がた――トリ・アレン、ガーヴィア・ベイリー、ゴードン・バウネス、ナナ・アバ・ダンカン、ステイシー・メイ・ファウルズ、リアン・ジョージ、クリスティーン・ギーザ、リンドン・ゴビアス、テヴァ・ハリソン、レイチェル・ハリー、デビッド・ヒル、ヴァンダナ・カター＝ミラー、ジョシュア・ネルマン、デビッド・レナード、リンダ・マンサー、イオヤン・マンサー＝ゴビアス、レイチェル・マトロウ、マイケル・ミラー、リンジー・モファット、アレクサンドラ・モロトコウ、アンドレア・リッグリー、ロリ・スミス、アンジェリーナ・ヴァズ、モーリス・ヴェレクープ――に感謝を捧げます。

私のいちばんの読者で素晴らしい妻であるジェンの大きな愛情と揺るぎない信頼なくして、

この本は実現しませんでした。私の中途半端なアイデアも乱雑な下書きも、彼女との対話を通じてまとまっていきました。家計を背負い、私が執筆に集中したいときには息子の面倒を見てくれ、家族のプライベートを本書で公開することについても任せてくれました。『ボーイズ』は、私の本であるのと同じくらい、彼女の本でもあります。そして最後に、この本の命であり、私の生きる喜びである息子へ。男の子である今のあなたを、大人の男性になろうとしているこれからのあなたを、私は誇りに思っています。

〈注釈〉

はじめに 今、男の子の育て方に何が起こっているのか？

1. LaMont Hamilton, "Five on the Black Hand Side: Origins and Evolutions of the Dap," Folklife, September 22, 2014, https://folklife.si.edu/talkstory/2014/five-on-the-black-hand-sideorigins-and-evolutions-of-the-dap.

2. Nicky Woolf, " 'PUAHate' and 'ForeverAlone': Inside Elliot Rodger's Online Life," The Guardian, May 30, 2014, https://www.theguardian.com/world/2014/may/30/elliot-rodger-puahate-forever-alone-redditforums.

3. Kate Mather and Richard Winton, "Isla Vista Shooting Suspect Vowed 'War on Women,' Sorority," Los Angeles Times, May 24, 2014, http://beta.latimes.com/local/lanow/la-me-ln-isla-vista-shooting-suspectvowed-war-on-women-sorority-20140524-story.html.

4. Kate Manne, Down Girl: The Logic of Misognyny (New York: Oxford University Press, 2017), 77.

5. Megan Garber, "When Newsweek 'Struck Terror in the Hearts of Single Women,'" The Atlantic, June 2, 2016, https://www.theatlantic.com/entertainment/archive/2016/06/more-likely-to-be-killed-by-a-terroristthan-to-get-married/485171.

6. Catherine Porter, "No Improvement 25 Years after Montreal Massacre," Toronto Star, December 6, 2014, https://www.thestar.com/news/insight/2014/12/06/porter_no_improvement_25_years_after_montreal_massacre.html.

7. Kimberlé Crenshaw, "Why Intersectionality Can't Wait," The Washington Post, September 24, 2015, https://spcs.stanford.edu/sites/default/files/intersectionality_crenshaw.pdf.

8. bell hooks, The Will to Change: Men, Masculinity, and Love (New York: Washington Square Press, 2004), 35–39.

9. Hanna Rosin, The End of Men and the Rise of Women (New York: Riverhead, 2012), 3.

10. MTV's "Look Different" Gender Bias Survey, "Executive Summary" (New York: MTV Insights, 2015), http://d1fqdnmgwphrky.cloudfront.net/studies/000/000/004/MTV-Gender-Bias-Survey-Executive-Summary.pdf.

1章 男の子らしさという名の牢獄 つくられるマスキュリニティ

1. A. Smedley and B.D. Smedley, "Race as Biology Is Fiction, Racism as a Social

Problem Is Real: Anthropological and Historical Perspectives on the Social Construction of Race," The American Psychologist 60, no. 1 (January 2005): 16.

2. Haeyoun Park and Iaryna Mykhyalyshyn, "L.G.B.T. People Are More Likely to Be Targets of Hate Crimes Than Any Other Minority Group," The New York Times, June 16, 2016, https://www.nytimes.com/interactive/2016/06/16/us/hate-crimes-against-lgbt.html.
Latest Hate Crime Statistics Available (Washington, D.C.: Federal Bureau of Investigation, November 16, 2015), https://www.fbi.gov/news/stories/latest-hate-crime-statistics-available.

3. C.J. Pascoe, Dude, You're a Fag: Masculinity and Sexuality in High School (Berkeley and Los Angeles: University of California Press, 2012), 55.

4. Pascoe, Dude, You're a Fag, 54.

5. Alexander Lu, "How Are the Experiences of Asian American Men Stressful?" Gender & Society blog, May 31, 2013, https://gendersociety.wordpress.com/2013/05/31/how-are-the-experiences-of-asian-americanmen-stressful/; and Alexander Lu and Y. Joel Wong, "Stressful Experiences of Masculinity among U.S.-Born and Immigrant Asian American Men," Gender & Society 27, no. 3 (March 20, 2013): 345–371, https://doi.org/10.1177/0891243213479446.

6. Oliver S. Wang, "Lin Takes the Weight," The Atlantic, March 1, 2012, https://www.theatlantic.com/entertainment/archive/2012/03/lin-takes-theweight/253833.

7. Jessica Contrera, "A Year Ago, Ahmed Mohamed Became 'Clock Boy.' Now, He Can't Escape That Moment," The Washington Post, August 2, 2016, https://www.washingtonpost.com/lifestyle/style/a-year-ago-ahmedmohamed-became-clock-boy-now-he-cant-escape-that-moment/2016/08/02/2b8650be-484b-11e6-bdb9-701687974517_story.html.

8. Millennials in Adulthood: Detached from Institutions, Networked with Friends (Washington, D.C.: Pew Research Center, March 7, 2014), http://www.pewsocialtrends.org/2014/03/07/millennials-in-adulthood.

9. B. Heilman, G. Barker, and A. Harrison, The Man Box: A Study on Being a Young Man in the US, UK, and Mexico (Washington, D.C., and London: Promundo-US and Unilever, 2017), 28, https://promundoglobal.org/resources/man-box-study-young-man-us-uk-mexico.

10. Kim Parker, Juliana Menasce Horowitz, and Renee Stepler, On Gender Differences,

No Consensus on Nature vs. Nurture (Washington, D.C.: Pew Research Center, December 5, 2017), http://www.pewsocialtrends.org/2017/12/05/on-gender-differences-no-consensus-on-nature-vs-nurture.

11. Heilman et al., The Man Box, 28.

12. Heilman et al., The Man Box, 26.

13. Trends in U.S. Corrections (Washington, D.C.: The Sentencing Project, June 26, 2017), http://sentencingproject.org/wp-content/uploads/2016/01/Trends-in-US-Corrections.pdf.

14. Christopher Greig, Canadian gender historian at the University of Windsor, in discussion with the author, April 2016.

15. Katie Reilly, "Hillary Clinton Apologizes for 'Superpredator' Remark," Time, February 26, 2016, http://time.com/4238230/hillary-clintonblack-lives-matter-superpredator.

16. Candace Cortiella and Sheldon H. Horowitz, The State of Learning Disabilities: Facts, Trends and Emerging Issues (New York: National Center for Learning Disabilities, 2014), 12.

17. EQAO's Provincial Elementary School Report, 2016 (Toronto: Education Quality and Accountability Office, September 21, 2016), 43, http://www.eqao.com/en/assessments/results/assessment-docselementary/provincialreport-elementary-2016.pdf.

18. Jelani Cobb, "Between the World and Ferguson," The New Yorker, August 26, 2014, https://www.newyorker.com/news/news-desk/worldferguson.

19. Children Behind Bars: The Global Overuse of Detention of Children (New York: Human Rights Watch World Report, 2016), https://www.hrw.org/world-report/2016/children-behind-bars.

20. Jim Rankin, Patty Winsa, and Hidy Ng. "Unequal Justice: Aboriginal and Black Inmates Disproportionately Fill Ontario Jails," Toronto Star, March 1, 2013, https://www.thestar.com/news/insight/2013/03/01/unequal_justice_aboriginal_and_black_inmates_disproportionately_fill_ontario_jails.html.

2章 本当に「生まれつき」？ ジェンダーと性別の科学を考える

1. Thomas D. Shipp et al., "What Factors Are Associated with Parents' Desire to Know the Sex of Their Unborn Child?" Birth: Issues in Perinatal Care 31, no. 4 (December 2004): 272–279.

2. Angelique J.A. Kooper et al., "Why Do Parents Prefer to Know the Fetal Sex as Part of Invasive Prenatal Testing?" ISRN Obstetrics and Gynecology, vol. 2012 (2012), http://dx.doi.org/10.5402/2012/524537.

3. "This Military Couple's Gender Reveal Blows All Others Away!" Bearing Arms, http://bearingarms.com/jenn-j/2016/05/09/this-military-couplesgender-reveal-blows-all-others-away.

4. Wesley Morris, "The Year We Obsessed Over Identity," The New York Times Magazine, October 6, 2015, http://www.nytimes.com/2015/10/11/magazine/the-year-we-obsessed-over-identity.html.

5. Annie Murphy Paul, Origins: How the Nine Months before Birth Shapethe Rest of Our Lives (New York: Free Press, 2010), 112.

6. Gordon B. Dahl and Enrico Moretti, "The Demand for Sons," Review of Economic Studies, 75 (2008): 1085–1120, http://eml.berkeley.edu/˜moretti/sons.pdf.

7. Marcelo L. Urquia, Joel G. Ray, Susitha Wanigaratne, Rahim Moineddin, and Patricia J. O' Campo, "Variations in Male–Female Infant Ratios among Births to Canadian- and Indian-Born Mothers, 1990–2011: A Population-Based Register Study," Canadian Medical Association Journal (published online April 11, 2016), accessed January 2, 2018, http://cmajopen.ca/content/4/2/E116.full.

8. Mariagiovanna Baccara et al., "Child-Adoption Matching: Preferences for Gender and Race," American Economic Journal: Applied Economics 6, no. 3 (2014), http://people.hss.caltech.edu/˜lyariv/papers/Adoption.pdf.
Aarefa Johari, "When It Comes to Adoption, Indian Parents Prefer Girls over Boys," Dawn, August 4, 2015, http://www.dawn.com/news/1198361.

9. Alexei Quintero Gonzalez and Richard Koestner, "Parental Preference for Sex of Newborn as Reflected in Positive Affect in Birth Announcements," Sex Roles 52 (2005): 407, https://doi.org/10.1007/s11199-005-2683-4.

10. Peggy Orenstein, "What's Wrong with Cinderella?" The New York Times Magazine, December 24, 2006, http://www.nytimes.com/2006/12/24/magazine/24princess.t.html.

11. Emanuella Grinberg, "Target to Move Away from Gender-Based Signs," CNN, August 8, 2015, http://www.cnn.com/2015/08/08/living/genderbased-signs-target-feat/index.html.

12. David Crouch, "Toys R Us's Stockholm Superstore Goes Gender Neutral," The Guardian, December 23, 2013, https://www.theguardian.com/world/2013/dec/23/toys-r-us-stockholm-gender-neutral.

13. Elizabeth Sweet, "Toys Are More Divided by Gender Now Than They Were 50 Years Ago," The Atlantic, December 9, 2014, https://www.theatlantic.com/business/archive/2014/12/toys-are-more-divided-bygender-now-than-they-were-50-years-ago/383556.

14. Elizabeth Sweet, "Guys and Dolls No More?" The New York Times, December 21, 2012, http://www.nytimes.com/2012/12/23/opinion/sunday/gender-based-toy-marketing-returns.html.

15. Louann Brizendine, The Female Brain (New York: Morgan Road Books, 2006), 8.

16. Simon Baron-Cohen, The Essential Difference: The Truth About the Male and Female Brain (New York: Basic Books, 2003), 1.

17. Cordelia Fine, Delusions of Gender: How Our Minds, Society, and Neurosexism Create Difference (New York: W.W. Norton, 2010), 178.

18. Lise Eliot, Pink Brain, Blue Brain: How Small Differences Grow into Troublesome Gaps—and What We Can Do about It (New York: Houghton Mifflin Harcourt, 2009), 14.

19. Jake Pyne, "Gender Independent Kids: A Paradigm Shift in Approaches to Gender Non-Conforming Children," The Canadian Journal of Human Sexuality 23, no. 1 (April 2014): 1, http://dx.doi.org/10.3138/cjhs.23.1.CO1.

20. Kate Lyons, "Gender Identity Clinic Services under Strain as Referral Rates Soar," The Guardian, July 10, 2016, https://www.theguardian.com/society/2016/jul/10/transgender-clinic-waiting-times-patient-numbers-soargender-identity-services.

21. Josh Bradlow, Fay Bartram, April Guasp, and Vasanti Jadva, School Report: The Experiences of Lesbian, Gay, Bi and Trans Young Peoplein Britain's Schools in 2017 (Cambridge: Stonewall and the Centre for Family Research at the University of Cambridge, 2017), 6–7, http://www.stonewall.org.uk/sites/default/files/the_school_report_2017.pdf.

22. Sheryl Gay Stolberg, "Bathroom Case Puts Transgender Student on National Stage," The New York Times, February 23, 2017, https://www.nytimes.com/2017/02/23/us/gavin-grimm-transgender-rights-bathroom.html.

23. Camila Domonoske, "17-Year-Old Transgender Boy Wins Texas Girls' Wrestling Championship," NPR, February 27, 2017, https://www.npr.org/sections/thetwo-way/2017/02/27/517491492/17-year-old-transgenderboy-wins-texas-girls-wrestling-championship.

24. Rachel Giese, "What Life Is Like for Transgender Children Now," Today's Parent, August 19, 2015, https://www.todaysparent.com/family/parenting/what-life-is-like-for-transgender-children-now.

25. Jessica Botelho-Urbanski, "Baby Storm Five Years Later: Preschooler on Top of the World," Toronto Star, July 11, 2016, https://www.thestar.com/news/gta/2016/07/11/baby-storm-five-years-later-preschooler-on-top-ofthe-world.html.

3章 男の子と友情 親密性の希求とホモフォビアの壁

1. "12-Year-Old Couldn't Begin to Guess Name of Friend Whose House He Visits to Play Xbox," The Onion, May 3, 2014, https://local.theonion.com/12-year-old-couldn-t-begin-to-guess-name-of-friendwhos-1819576239.

2. W.M. Bukowski, B. Laursen, and B. Hoza, "The Snowball Effect: Friendship Moderates Escalations in Depressed Affect among Avoidant and Excluded Children," Development and Psychopathology 22, no. 4 (2010), 749–757.

3. Richard Brookhiser, "Was Lincoln Gay?" The New York Times, January 9, 2005, http://www.nytimes.com/2005/01/09/books/review/was-lincolngay.html.

4. Vivek Murthy, "Work and the Loneliness Epidemic," Harvard Review of Business, September 2017, https://hbr.org/cover-story/2017/09/work-andthe-loneliness-epidemic.

5. Niobe Way, Deep Secrets: Boys' Friendships and the Crisis of Connection (Cambridge, MA: Harvard University Press, 2011), 1.

6. Way, Deep Secrets, 97.

7. Way, Deep Secrets, 3.

8. Way, Deep Secrets, 110.

9. Judy Y. Chu, When Boys Become Boys: Development, Relationships and Masculinity (New York: New York University Press, 2014), 66.

10. Christopher Ingraham, "Toddlers Have Shot at Least 23 People This Year," The Washington Post, May 1, 2016, https://www.washingtonpost.com/news/wonk/wp/2016/05/01/toddlers-have-shot-at-least-23-people-this-year.

11. Chu, When Boys Become Boys, 143.

12. Eliot, Pink Brain, Blue Brain, 84.

13. Way, Deep Secrets, 11.

4章 ボーイ・クライシス 学校教育から本当に取り残されているのは誰？

1. From Strengths to Solutions: An Asset-Based Approach to Meeting Community Needs in Brownsville (New York: Citizens' Committee for Children of New York Inc., 2017), 10–11, https://www.cccnewyork.org/wp-content/uploads/2017/03/CCC-Brownsville_5_8_A.pdf.

2. Winnie Hu and Jonah Bromwich, "A Boy Praises the Principal of His Brooklyn School, and a Fund-Raising Campaign Takes Off," The New York Times, January 29, 2015, https://www.nytimes.com/2015/02/01/nyregion/a-boy-praises-the-principal-of-his-brooklyn-school-and-a-fundraising-campaign-takes-off.html.

3. Honouring the Truth, Reconciling for the Future: Summary of the Final Report of the Truth and Reconciliation Commission of Canada (Winnipeg: Truth and Reconciliation Commission of Canada, 2015), 4.

4. Nikole Hannah-Jones, "Choosing a School for My Daughter in a Segregated City," The New York Times Magazine, June 9, 2016, https://www.nytimes.com/2016/06/12/magazine/choosing-a-school-formy-daughter-in-a-segregated-city.html.

5. Seth Gershenson et al., The Long-Run Impacts of Same-Race Teachers, Discussion Paper Series (Bonn: IZA Institute of Labor Economics, March 2017), 33–35, http://ftp.iza.org/dp10630.pdf.

6. Katy Reckdahl, "Training More Black Men to Become Teachers," The Atlantic, December 15, 2015, https://www.theatlantic.com/education/archive/2015/12/programs-teachers-african-american-men/420306.

7. Walter S. Gilliam et al., Do Early Educators' Implicit Biases Regarding Sex and

Race Relate to Behavior Expectations and Recommendations of Preschool Expulsions and Suspensions? A Research Study Brief (New Haven, CT: Yale Child Study Center, September 28, 2016), 3.

8. Daniel McGraw, "How Should Tamir Rice Be Remembered?" The Undefeated, August 23, 2016, https://theundefeated.com/features/howshould-tamir-rice-be-remembered.

9. Gilliam, Do Early Educators' Implicit Biases, 15.

10. Gilliam, Do Early Educators' Implicit Biases, 7.

11. "Ethnicity Facts and Figures," GOV.UK, accessed January 2, 2018, https://www.ethnicity-facts-figures.service.gov.uk/education-skillsand-training/absence-and-exclusions/pupil-exclusions/latest.

12. Lisa Naccarato, "Almost Half of TDSB Students Expelled over Last 5 Years Are Black, Report Says," CBC, April 11, 2017, http://www.cbc.ca/news/canada/toronto/almost-half-of-tdsb-students-expelled-over-last-5-years-are-black-report-says-1.4065088.

13. Eyal Press, "Do Immigrants Make Us Safer?" The New York Times Magazine, December 3, 2006, http://www.nytimes.com/2006/12/03/magazine/03wwln_idealab.html.

14. Emma Brown, "DC Charter Schools Expel Students at Far Higher Rates Than Traditional Public Schools," The Washington Post, January 5, 2013, https://www.washingtonpost.com/local/education/dc-charterschools-expel-students-at-far-higher-rates-than-traditional-publicschools/2013/01/05/e155e4bc-44a9-11e2-8061-253bccfc7532_story.html.

15. Elizabeth Green, "The Charter School Crusader," The Atlantic, January/February 2018, https://www.theatlantic.com/magazine/archive/2018/01/success-academy-charter-schools-eva-moskowitz/546554.

16. Emily Bazelon, Sticks and Stones: Defeating the Culture of Bullying and Rediscovering the Power of Character and Empathy (New York: Random House, 2013), 299.

17. Jim Rankin and Sandro Contenta, "Suspended Sentences: Forging a School-to-Prison Pipeline?" Toronto Star, June 6, 2009, https://www.thestar.com/news/gta/2009/06/06/suspended_sentences_forging_a_schooltoprison_pipeline.html.

18. "Attention Deficit Hyperactivity Disorder (ADHD): Data & Statistics," National Center for Health Statistics, Centers for Disease Control and Prevention, accessed January 2, 2018, https://www.cdc.gov/nchs/fastats/adhd.htm.
"Health, United States, 2016: With Chartbook on Long-term Trends in Health" (Hyattsville, MD: National Center for Health Statistics, 2017), https://www.cdc.gov/nchs/data/hus/hus16.pdf#035.

19. "Autism Spectrum Disorder (ASD): Data & Statistics," Centers for Disease Control and Prevention, accessed January 2, 2018, https://www.cdc.gov/ncbddd/autism/data.html.

20. S. Sandin et al., "Autism Risk Associated with Parental Age and with Increasing Difference in Age between the Parents," Molecular Psychiatry 21 (2016): 693–700, http://www.nature.com/mp/journal/v21/n5/full/mp201570a.html.

21. Ryan D'Agostino, "The Drugging of the American Boy," Esquire, April 2014, http://www.esquire.com/news-politics/a32858/drugging-of-theamerican-boy-0414.

22. U.S. Department of Education Office for Civil Rights, Civil Rights Data Collection: Data Snapshot (School Discipline), March 21, 2014, https://www2.ed.gov/about/offices/list/ocr/docs/crdc-discipline-snapshot.pdf.

23. Rachel Giese, "Is There a Better Way to Integrate Kids with Special Needs into Classrooms?" Today's Parent, April 12, 2017, https://www.todaysparent.com/family/special-needs/is-there-a-better-way-to-integratekids-with-special-needs-into-classrooms.

24. Christina Hoff Sommers, "The War on Boys," The Atlantic, May 2000, https://www.theatlantic.com/magazine/archive/2000/05/the-war-againstboys/304659.

25. Christina Hoff Sommers, "School Has Become Too Hostile to Boys," Time, August 19, 2013, http://ideas.time.com/2013/08/19/school-hasbecome-too-hostile-to-boys.

26. Cara Okopny, "Why Jimmy Isn't Failing: The Myth of the Boy Crisis," Feminist Teacher 18, no. 3 (2008), 216–228. See also Sara Mead, The Evidence Suggests Otherwise: The Truth about Boys and Girls (Washington, D.C.: Education Sector, 2006), www.educationsector.org/usr_doc/ESO_BoysAndGirls.pdf.

27. Amie Presley and Robert S. Brown, Portuguese-Speaking Students in the TDSB: An Overview (Toronto: Toronto District School Board, September 2011), http://www.tdsb.on.ca/Portals/research/docs/reports/PortuguesespeakingStudentsInTheTDSBOverview.pdf.
Louise Brown, "Fight Portuguese Dropout Rate, School Trustees Say," Toronto Star,

March 8, 2011, https://www.thestar.com/news/world/2011/03/08/fight_portuguese_dropout_rate_school_trustees_say.html.

28. David Pereira, "Dropping Out or Opting Out? A Qualitative Study on How Young Men of Portuguese Ancestry in Toronto Perceive Masculinity and How This Informs Educational Attainment" (master's thesis, Ontario Institute for Studies in Education, University of Toronto, 2011), 67–81.

29. Alana Semuels, "Poor Girls Are Leaving Their Brothers Behind," The Atlantic, November 27, 2017, https://www.theatlantic.com/business/archive/2017/11/gender-education-gap/546677.

30. Pereira, "Dropping Out or Opting Out?" 78.

31. Donna Martinez, "School Culture and American Indian Educational Outcomes," Fifth World Conference Educational Sciences—WCES 2013, Procedia—Social and Behavioral Sciences 116 (2014): 199–205.

32. Doris F. Change and Amy Demyan, "Teachers' Stereotypes of Asian, Black, and White Students," School Psychology Quarterly 22, no. 2 (June 2007), 91–114.

33. Carolyn Chen, "Asians: Too Smart for Their Own Good?" The New York Times, December 19, 2012, http://www.nytimes.com/2012/12/20/opinion/asians-too-smart-for-their-own-good.html.
Kat Chow, "'Model Minority' Myth Again Used as a Racial Wedge between Asians and Blacks," Code Switch: Race and Identity, Remixed, NPR, April 19, 2017, http://www.npr.org/sections/codeswitch/2017/04/19/524571669/modelminority-myth-again-used-as-a-racial-wedge-between-asians-and-blacks.

34. Donna St. George, "How Mindfulness Practices Are Changing an Innercity School," The Washington Post, November 13, 2016, https://www.washingtonpost.com/local/education/how-mindfulness-practices-arechanging-an-inner-city-school/2016/11/13/7b4a274a-a833-11e6-ba59a7d93165c6d4_story.html.

5章「男」になれ スポーツはいかにして男の子をつくりあげるのか

1. "Extinct Hockey," Surprisingly Awesome, Episode 15, Gimlet Media, June 14, 2016, https://gimletmedia.com/episode/15-extinct-hockey.

2. Rachel Giese, "Puckheads: Inside the Crazed Arenas of the GTHL," Toronto Life, February 4, 2015, https://torontolife.com/city/gthlpuckheads.

3. "How Many ER Visits for Sport-Related Brain Injuries Receive a Concussion Diagnosis?" July 26, 2016, Canadian Institute for Health Information, https://www.cihi.ca/en/how-many-er-visits-for-sport-relatedbrain-injuries-receive-a-concussion-diagnosis.

4. "Traumatic Brain Injury & Concussions," Centers for Disease Control and Prevention, accessed January 2, 2018, https://www.cdc.gov/traumaticbraininjury/get_the_facts.html.

5. Patrick Hruby, "The Choice," Sports on Earth, November 13, 2013, http://www.sportsonearth.com/article/63895452.

6. Bruce Kelley and Carl Carchia, "Hey Data Data—Swing!" ESPN The Magazine, July 11, 2013, http://www.espn.com/espn/story/_/id/9469252/hidden-demographics-youth-sports-espn-magazine.

7. Michael S. Kimmel, Guyland: The Perilous World Where Boys Become Men (New York: Harper, 2008), 125.

8. Bruce Kidd, "Sports and Masculinity," Sport in Society: Cultures, Commerce, Media, Politics 16, no. 4 (2013): 553–564, http://dx.doi.org/10.1080/17430437.2013.785757. Bruce Kidd, "Muscular Christianity and Value-Centred Sport: The Legacy of Tom Brown in Canada," Sport in Society: Cultures, Commerce, Media, Politics 16, no. 4 (2013): 405–415, https://doi.org/10.1080/17430437.2013.785752.

9. Richard Holt, Sport and the British: A Modern History (Oxford: Clarendon Press, 1990), 76.

10. Ken McLeod, We Are the Champions: The Politics of Sport and Popular Music (London, Routledge, 2011), 46.

11. Arnaldo Testi, "The Gender of Reform Politics: Theodore Roosevelt and the Culture of Masculinity," The Journal of American History 81, no. 4 (1995): 1509–1533, https://doi.org/10.2307/2081647.

12. "American Football," Radiolab, Season 13, Episode 4, http://www.radiolab.org/story/football.

13. Sally Jenkins, The Real All Americans (New York: Penguin Random House, 2008), 2.

14. Kathleen E. Miller, "Sport-Related Identities and the 'Toxic Jock,'" Journal of Sport Behavior 32, no. 1 (2009): 69–91.

15. Rachel Giese, "How Energy Drink Companies Prey on Male Insecurities," NewYorker.com, November 28, 2015, http://www.newyorker.com/business/currency/how-energy-drink-companies-prey-on-maleinsecurities.

16. R.F. Levant, M.C. Parent, E.R. McCurdy, and T.C. Bradstreet, "Moderated Mediation of the Relationships between Masculinity Ideology, Outcome Expectations, and Energy Drink Use," Health Psychology 34, no. 11 (2015): 1100–1106. http://dx.doi.org/10.1037/hea0000214.

17. Hilary Stout, "Selling the Young on 'Gaming Fuel,'" The New York Times, May 19, 2015, https://www.nytimes.com/2015/05/20/business/energydrink-industry-under-scrutiny-looks-to-gamers-to-keep-sales-surging.html.

18. Ken Belson, "Not Safe for Children? Football's Leaders Make Drastic Changes to Youth Game," The New York Times, January 31, 2017, https://www.nytimes.com/2017/01/31/sports/youth-football-wants-tosave-the-game-by-shrinking-it.html.

19. Sean Gregory, "Donald Trump Dismisses His 'Locker-Room Talk' as Normal. Athletes Say It's Not," Time, October 11, 2016, http://time.com/4526039/donald-trump-locker-room-athletes.
Mahita Gajanan, "Melania Trump Says Donald's Comments in Leaked Video Were 'Boy Talk,'" Time, October 17, 2016, http://time.com/4534216/melaniadonald-trump-billy-bush-boy-talk.

20. "Not in My Locker Room: DeAndre Levy of the Detroit Lions Speaks Out," Edge of Sports, Episode 63, October 15, 2016, http://www.edgeofsportspodcast.com/post/151838004210/not-in-my-locker-roomdeandrelevy-of-the-detroit.

21. DeAndre Levy, "Man Up," The Players' Tribune, April 27, 2016, http://www.theplayerstribune.com/deandre-levy-sexual-assaultawareness.

22. Nancy Kaffer, "8 Years into Tests of Abandoned Rape Kits, Worthy Works for Justice," Detroit Free Press, December 17, 2017, https://www.freep.com/story/opinion/columnists/nancy-kaffer/2017/12/17/rape-kitdetroit/953083001.

23. Sarah Kogod, "Ohio State LB Jerome Baker Wants to Change How Athletes Talk about Sexual Violence," SB Nation, September 17, 2015, http://www.sbnation.com/2015/9/17/9105829/ohio-state-jerome-baker-ischanging-athletes-sexual-assault-2015.

24. Levy, "Man Up."

25. Michael Sokolove, "For Trump, a Different Kind of 'Locker Room Talk,' " The New York Times, September 29, 2017, https://www.nytimes.com/2017/09/29/opinion/trump-nfl-protest.html.

26. Julie Turkewitz, "Protest Started by Colin Kaepernick Spreads to High School Students," The New York Times, October 3, 2016, https://www.nytimes.com/2016/10/04/us/national-anthem-protestshigh-schools.html.

27. Sarah Mervosh, "New Baylor Lawsuit Alleges 52 Rapes by Football Players in 4 Years, 'Show' Em a Good Time' Culture," Dallas News, January 27, 2017, https://www.dallasnews.com/news/baylor/2017/01/27/new-baylor-lawsuit-describes-show-em-good-time-culture-cites-52-rapesfootball-players-4-years.

28. Matthias Gafni, "De La Salle Sex Assault Case: Suspect's Father, a Registered Sex Offender, Defends Son," East Bay Times, December 1, 2016, http://www.eastbaytimes.com/2016/12/01/victim-of-alleged-dela-salle-sex-assault-speaks-out.

29. Michael E. Miller, " 'A Steep Price to Pay for 20 Minutes of Action': Dad Defends Stanford Sex Offender," The Washington Post, June 6, 2016, https://www.washingtonpost.com/news/morning-mix/wp/2016/06/06/a-steepprice-to-pay-for-20-minutes-of-action-dad-defends-stanford-sex-offender.

30. Juliet Macur and Nate Schweber, "Rape Case Unfolds on Web and Splits City," The New York Times, December 16, 2012, http://nytimes.com/2012/12/17/sports/high-school-football-rape-case-unfolds-online-anddivides-steubenville-ohio.html.

31. Charles Scudder, "Not in My Locker Room: Texas HS Football Coaches Give Players the Trump Talk," Dallas News, October 2016, https://www.dallasnews.com/life/life/2016/10/11/locker-room-texas-hsfootball-coaches-give-players-trump-talk.

32. Cassandra Pollock, "Study: A Quarter of Texas Public Schools No Longer Teach Sex Ed," The Texas Tribune, February 14, 2017, https://www.texastribune.org/2017/02/14/texas-public-schools-largelyteach-abstinence-only-sex-education-repor.

33. J.P. Calzo et al., "Physical Activity Disparities in Heterosexual and Sexual Minority Youth Ages 12–22 Years Old: Roles of Childhood Gender Non-conformity and Athletic Self-Esteem," Annals of Behavioral Medicine 47, no. 1 (February 2014): 17–27, http://dx.doi.org/10.1007/s12160-013-9570-y.

34. Jessica Taff and Joseph Auriemma, "Out on the Field: Former NFL Player Wade Davis Opens Up," Al Jazeera America, May 12, 2014, http://america.aljazeera.com/watch/shows/america-tonight/articles/2014/5/12/out-on-the-fieldwadedavisonprospor

tsevolutionoverlgbtqplayers.html.

35. Wallis Snowdon, "Ending Homophobia in Hockey Starts in the Locker Room, Edmonton Researcher Says," CBC News, January 19, 2017, http://www.cbc.ca/news/canada/edmonton/ending-homophobia-in-hockeystarts-in-the-locker-room-edmonton-researcher-says-1.3942599.

6章 ゲームボーイズ 男の子とポピュラーカルチャー

1. Dave Lee, "Grand Theft Auto: One of Britain's Finest Cultural Exports?" BBC News, September 17, 2013, http://www.bbc.com/news/technology-24066068.

2. Andre Mayer, "GTA5: How Grand Theft Auto Has Changed the Gaming World," CBC News, September 17, 2013, http://www.cbc.ca/news/technology/gta5-how-grand-theft-auto-has-changed-the-gamingworld-1.1857987.

3. Ben DeVane and Kurt D. Squire, "The Meaning of Race and Violence in Grand Theft Auto: San Andreas," Games and Culture 3, no. 3–4 (July 1, 2008): 264–285, https://doi.org/10.1177/1555412008317308.

4. Greg Toppo, "Do Video Games Inspire Violent Behavior?" Scientific American (July 1, 2015), https://www.scientificamerican.com/article/do-video-games-inspire-violent-behavior.

5. Melissa Sickmund and Charles Puzzanchera, eds., Juvenile Offenders and Victims: 2014 National Report (Pittsburgh: National Center for Juvenile Justice, 2014).

6. Kate Summerscale, "Penny Dreadfuls: The Victorian Equivalent of Video Games," The Guardian, April 30, 2016, https://www.theguardian.com/books/2016/apr/30/penny-dreadfuls-victorian-equivalent-video-gameskate-summerscale-wicked-boy.

7. Marilyn Manson, "Columbine: Whose Fault Is It?" Rolling Stone, June 24, 1999, https://www.rollingstone.com/culture/news/columbine-whosefault-is-it-19990624.

8. Kenneth B. Kidd, Making American Boys: Boyology and the Feral Tale (Minneapolis: University of Minnesota Press, 2004), 7.

9. Janice McCabe et al., "Gender in Twentieth Century Children's Books: Patterns of Disparity in Titles and Central Characters," Gender & Society 25, no. 2 (April 2011), 197–226, https://doi.org/10.1177/0891243211398358.

10. Kristian Wilson, "How Diverse Is Children's Literature?" Bustle, September 14,

2016, https://www.bustle.com/articles/183948-howdiverse-is-childrens-literature-this-infographic-tells-the-disturbing-truth.

11. Marla E. Eisenberg, Melanie Wall, and Dianne Neumark-Sztainer, "Muscle-Enhancing Behaviors among Adolescent Girls and Boys," Pediatrics 130, no. 6 (December 2012): 1019–1026, https://doi.org/10.1542/peds.2012-0095.

12. Laura A. Parker, "The Cult of PewDiePie: How a Swedish Gamer Became YouTube's Biggest Star," Rolling Stone, December 16, 2015, http://www.rollingstone.com/culture/news/the-cult-of-pewdiepie-howa-swedish-gamer-became-youtubes-biggest-star-20151216.

13. Chris O'Connell, "How Dude Perfect Makes Child's Play Hard Work," August 2017, https://www.texasmonthly.com/the-culture/yes.

14. Arthur Chu, "Your Princess Is in Another Castle: Misogyny, Entitlement, and Nerds," The Daily Beast, May 27, 2014, http://www.thedailybeast.com/your-princess-is-in-another-castle-misogyny-entitlement-and-nerds-1.

15. Clive Thompson, Wired columnist and author, in discussion with theauthor, December 2016.

16. Jesse Singal, "A New Book Argues That the Concerns over Violent Video Games Are a Moral Panic," New York Magazine, March 17, 2017, https://www.thecut.com/2017/03/video-games-and-moral-panic.html.

17. Jacques Legault, "Why Parents Need to Become Gamers," Medium, August 20, 2017, https://medium.com/@jacquesrlegault/why-parentsneed-to-become-gamers-4074b3561b89.

18. Amanda Lenhart, Teens, Social Media & Technology Overview 2015 (Washington, D.C.: Pew Research Center, April 9, 2015), http://www.pewinternet.org/2015/04/09/teens-social-media-technology-2015.

19. Alana Massey, "Hold Your Laughter: Men Could Learn Something from One Direction," MEL Magazine, May 3, 2017, https://melmagazine.com/out-of-the-many-one-direction-70edbbf0d64.

20. Sun Jung, Korean Masculinities and Transcultural Consumption (Hong Kong: Hong Kong University Press, 2011).

7章 男らしさの仮面を脱いで 男の子とセックスについて話すには

1. Dugan Arnett, "Daisy Coleman, Teen at Center of Maryville Sexual Assault Case, Is Recovering after Suicide Attempt," The Kansas City Star, January 7, 2014, http://www.kansascity.com/news/special-reports/maryville/article335557/Daisy-Coleman-teen-at-center-of-Maryvillesexual-assault-case-is-recovering-after-suicide-attempt.html.

2. Nina Burleigh, "Sexting, Shame and Suicide," Rolling Stone, September 17, 2013, https://www.rollingstone.com/culture/news/sexting-shame-andsuicide-20130917.

3. Rosie Swash, "Is Hacktivism on Behalf of Rehtaeh Parsons a Revolution in Rape Campaigning?" The Guardian, April 13, 2017, https://www.theguardian.com/lifeandstyle/2013/apr/15/hacktivism-rehtaeh-parsonsrape.

4. Alicia W. Stewart, "#IamJada: When Abuse Becomes a Teen Meme," CNN, July 18, 2014, http://www.cnn.com/2014/07/18/living/jadaiamjada-teen-social-media/index.html.

5. Wendy Gillis, "Rehtaeh Parsons: Halifax Community Mourns Bullied Teen," Toronto Star, April 13, 2013, https://www.thestar.com/news/canada/2013/04/13/rehtaeh_parsons_halifax_community_mourns_bullied_teen.html.

6. Kristin Rushowy, "Sexual Harassment Common in High Schools, Study Finds," Toronto Star, February 7, 2008, https://www.thestar.com/news/gta/2008/02/07/sexual_harassment_common_in_high_schools_study_finds.html.

7. L. Musu-Gillette, A. Zhang, K. Wang, J. Zhang, and B.A. Oudekerk, Indicators of School Crime and Safety: 2016 (NCES 2017-064/NCJ250650) (Washington, D.C.: National Center for Education Statistics, U.S. Department of Education, and Bureau of Justice Statistics, Office of Justice Programs, U.S. Department of Justice, 2017), 122.

8. Dorothy L. Espalage et al., "Longitudinal Associations among Bullying, Homophobic Teasing and Sexual Violence Perpetration among Middle School Students," Journal of Interpersonal Violence 30, no. 14 (September 2015): 2541–2561.

9. Report on Sexually Transmitted Infections in Canada: 2013–2014 (Ottawa: Centre for Communicable Diseases and Infection Control, Infectious Disease Prevention and Control Branch, Public Health Agency of Canada, 2017).

10. Rachel Giese, "The Talk," The Walrus, April 30, 2014, https://thewalrus.ca/the-talk.

11. Pandora Pound, Rebecca Langford, and Rona Campbell, "What Do Young People

Think about Their School-based Sex and Relationship Education? A Qualitative Synthesis of Young People's Views and Experiences," BMJ Open 6, no. 9 (2016), https://doi.org/10.1136/bmjopen-2016-011329.

12. Remise du rapport relatif à l'éducation à la sexualité aux ministres Najat Vallaud-Belkacem et Laurence Rossignol (Paris: Haut Conseil à l'Egalité entre les femmes et les Homes, République Française, June 15, 2016), http://www.haut-conseil-egalite.gouv.fr/sante-droits-sexuels-et/actualites-53/article/remise-du-rapport-relatif-a-l.

13. L.D. Lindberg, I. Maddow-Zimet, and H. Boonstra, "Changes in Adolescents' Receipt of Sex Education, 2006–2013," Journal of Adolescent Health 58, no. 6 (2016): 621–627, https://doi.org/10.1016/j.jadohealth.2016.02.004.

14. Ammie Feijoo, updated by Sue Alford and Deb Hauser, Adolescent Sexual Health in Europe and the United States, 4th ed. (Washington, D.C.: Advocates for Youth, March 2011), http://www.advocatesforyouth.org/storage/advfy/documents/adolescent_sexual_health_in_europe_and_the_united_states.pdf.

15. Laurie Abraham, "Teaching Good Sex," The New York Times Magazine, November 16, 2011, http://www.nytimes.com/2011/11/20/magazine/teaching-good-sex.html.

16. Miranda A.H. Horvath et al., Basically . . . Porn Is Everywhere (London: Office of the Children's Commissioner, 2013), http://www.mdx.ac.uk/__data/assets/pdf_file/0026/48545/BasicallyporniseverywhereReport.pdf, 39.

17. Horvath, Basically . . . , 67.

18. Saskia de Melker, "The Case for Starting Sex Education in Kindergarten," PBS, May 27, 2015, https://www.pbs.org/newshour/health/spring-fever.

19. Amy T. Schalet, "Beyond Abstinence and Risk: A New Paradigm for Adolescent Sexual Health," Women's Health Issues 21, no. 3 (May–June 2011): S5–S7, http://www.whijournal.com/article/S1049-3867(11)00008-9/fulltext.

20. Amy T. Schalet, "Must We Fear Adolescent Sexuality?" Medscape General Medicine 6, no. 4 (2004): 44, http://www.ncbi.nlm.nih.gov/pmc/articles/PMC1480590.

21. Amy T. Schalet, "Why Boys Need to Have Conversations about Emotional Intimacy in Classrooms," The Conversation, February 25, 2016, https://theconversation.com/why-boys-need-to-have-conversationsabout-emotional-intimacy-

in-classrooms-54693.

22. Boys Returning to Themselves: Healthy Masculinities and Adolescent Boys, WiseGuyz Research Report 3 (Calgary: Calgary Sexual Health Centre, May 2016), https://www.calgarysexualhealth.ca/media/WiseGuyz-Research-Report-3-Boys-Returning-to-Themselves.pdf.

8章 終わりに ボーイ・ボックスの外へ

1. Marisa Meltzer, "A Feminist T-shirt Resurfaces from the '70s," The New York Times, November 18, 2015, https://www.nytimes.com/2015/11/19/fashion/a-feminist-t-shirt-resurfaces-from-the-70s.html.
Muriel Draaisma, "'The Future Is Female': T-shirt Worn by Student Sparks Discussion at Guelph High School," October 20, 2017, http://www.cbc.ca/news/canada/kitchener-waterloo/the-future-is-female-shirt-controversy-guelph-high-school-1.4364618.

〈参考文献〉

Abraham, Laurie. "Teaching Good Sex." The New York Times Magazine, November 16, 2011. www.nytimes.com/2011/11/20/magazine/teaching-goodsex.html.

"American Football." Radiolab, Season 13, Episode 4. http: www.radiolab.org/story/football.

Arnett, Dugan. "Daisy Coleman, Teen at Center of Marysville Sexual Assault Case, Is Recovering after Suicide Attempt." The Kansas City Star, January 7, 2014. http://www.kansascity.com/news/special-reports/maryville/article335557/Daisy-Coleman-teen-at-center-of-Maryville-sexual-assault-case-is-recoveringafter-suicide-attempt.html.

Assembly of First Nations. 2011 AFN School Survey Results. Ottawa: Assembly of First Nations, 2012. http://www.afn.ca/uploads/files/events/afn-survey-results.pdf.

"Attention Deficit Hyperactivity Disorder (ADHD) Data & Statistics." National Center for Health Statistics, Centers for Disease Control and Prevention. https://www.cdc.gov/nchs/fastats/adhd.htm.

"Autism Spectrum Disorder (ASD): Data & Statistics." Centers for Disease Control and Prevention. https://www.cdc.gov/ncbddd/autism/data.html.

Baccara, Mariagiovanna, Allan Collard-Wexler, Leonardo Felli, and Leeat Yariv. "Child-Adoption Matching: Preferences for Gender and Race." American Economic Journal: Applied Economics 6, no. 3 (2014). http://people.hss.caltech.edu/~lyariv/papers/Adoption.pdf.

Baron-Cohen, Simon. The Essential Difference: The Truth About the Male and Female Brain. New York: Basic Books, 2003.

Bazelon, Emily. Sticks and Stones: Defeating the Culture of Bullying and Rediscovering the Power of Character and Empathy. New York: Random House, 2013.

Belson, Ken. "Not Safe for Children? Football's Leaders Make Drastic Changes to Youth Game." The New York Times, January 31, 2017. https://www.nytimes.com/2017/01/31/sports/youth-football-wants-to-save-the-gameby-shrinking-it.html.

Botelho-Urbanski, Jessica. "Baby Storm Five Years Later: Preschooler on Top of the World." Toronto Star, July 11, 2016. https://www.thestar.com/news/gta/2016/07/11/baby-storm-five-years-later-preschooler-on-top-of-the-world.html.

Boys Returning to Themselves: Healthy Masculinities and Adolescent Boys. WiseGuyz Research Report 3. Calgary: Calgary Sexual Health Centre, May 2016. https://www.calgarysexualhealth.ca/media/WiseGuyz-Research-Report-3-Boys-Returning-to-Themselves.pdf.

Bradlow, Josh, Fay Bartram, April Guasp, and Vasanti Jadva. School Report: The Experiences of Lesbian, Gay, Bi and Trans Young People in Britain's Schools in 2017. Cambridge, UK: Stonewall and the Centre for Family Research at the University of Cambridge, 2017. http://www.stonewall.org.uk/sites/default/files/the_school_report_2017.pdf.

Brizendine, Louann. The Female Brain. New York: Morgan Road Books, 2006.
Brookhiser, Richard. "Was Lincoln Gay?" The New York Times, January 9, 2005. http://www.nytimes.com/2005/01/09/books/review/was-lincoln-gay.html.

Brown, Emma. "DC Charter Schools Expel Students at Far Higher Rates Than Traditional Public Schools." The Washington Post, January 5, 2013. https://www.washingtonpost.com/local/education/dc-charter-schools-expel-studentsat-far-higher-rates-than-traditional-public-schools/2013/01/05/e155e4bc-44a9-11e2-8061-253bccfc7532_story.html.

Brown, R., L. Newton, and G. Tam. "The Toronto District School Board's Student Group Overviews: Aboriginal Heritage, Afghan, Portuguese-Speaking, Somali-Speaking, and Spanish-Speaking Students." Research Report No. 14/15-31. Toronto: Toronto District School Board, 2015.

Bukowski, W., B. Laursen, and B. Hoza. "The Snowball Effect: Friendship Moderates Escalations in Depressed Affect among Avoidant and Excluded Children." Development and Psychopathology 22, no. 4 (2010): 749–757.

Burleigh, Nina. "Sexting, Shame and Suicide." Rolling Stone, September 17, 2013. https://www.rollingstone.com/culture/news/sexting-shame-and-suicide-20130917.

Calzo, J.P., A.L. Roberts, H.L. Corliss, E.A. Blood, E. Kroshus, and S.B. Austin. "Physical Activity Disparities in Heterosexual and Sexual Minority Youth Ages 12–22 Years Old: Roles of Childhood Gender Nonconformity and Athletic Self-Esteem." Annals of Behavioral Medicine 47, no. 1 (February 2014): 17–27.

Canada, Geoffrey. Reaching Up for Manhood: Transforming the Lives of Boys in America. Boston: Beacon Press, 1998.

Chen, Carolyn. "Asians: Too Smart for Their Own Good?" The New York Times,

December 19, 2012. http://www.nytimes.com/2012/12/20/opinion/asians-too-smart-for-their-own-good.html.

Chow, Kat. " 'Model Minority' Myth Again Used as a Racial Wedge Between Asians and Blacks." Code Switch: Race and Identity, Remixed. NPR, April 19, 2017. http://www.npr.org/sections/codeswitch/2017/04/19/524571669/modelminority-myth-again-used-as-a-racial-wedge-between-asians-and-blacks.

Chu, Arthur. "Your Princess Is in Another Castle: Misogyny, Entitlement, and Nerds." The Daily Beast, May 27, 2014. https://www.thedailybeast.com/yourprincess-is-in-another-castle-misogyny-entitlement-and-nerds-1.

Chu, Judy Y. When Boys Become Boys: Development, Relationships and Masculinity. New York: New York University Press, 2014.

Civil Rights Data Collection: Data Snapshot (School Discipline). Washington, D.C.: U.S. Department of Education Office for Civil Rights, March 21, 2014. https://www2.ed.gov/about/offices/list/ocr/docs/crdc-disciplinesnapshot.pdf.

Cobb, Jelani. "Between the World and Ferguson." The New Yorker, August 26, 2014. https://www.newyorker.com/news/news-desk/world-ferguson.

Contrera, Jessica. "A Year Ago, Ahmed Mohamed Became 'Clock Boy.' Now, He Can't Escape That Moment." The Washington Post, August 2, 2016. https://www.washingtonpost.com/lifestyle/style/a-year-ago-ahmed-mohamedbecame-clock-boy-now-he-cant-escape-that-moment/2016/08/02/2b8650be-484b-11e6-bdb9-701687974517_story.html.

Corbett, Ken. Boyhoods: Rethinking Masculinities. New Haven, CT: Yale University Press, 2009.

Cortiella, Candace, and Sheldon H. Horowitz. The State of Learning Disabilities: Facts, Trends and Emerging Issues. New York: National Center for Learning Disabilities, 2014.

Crenshaw, Kimberlé. "Why Intersectionality Can't Wait." The Washington Post, September 24, 2015. https://spcs.stanford.edu/sites/default/files/intersectionality_crenshaw.pdf.

Cross, Allison. " 'Not a Time of Condemnation': Family Says Goodbye to Rehtaeh Parsons as Probe into Suicide Reopens." National Post, April 13, 2013. http://news.nationalpost.com/news/canada/not-a-time-of-condemnationrehtaeh-parsons.

Crouch, David. "Toys R Us's Stockholm Superstore Goes Gender Neutral." The Guardian, December 23, 2013. https://www.theguardian.com/world/2013/dec/23/toys-r-us-stockholm-gender-neutral.

Cullen, Dave. Columbine. New York: Twelve, 2010.
D'Agostino, Ryan. "The Drugging of the American Boy." Esquire, April 2014. http://www.esquire.com/news-politics/a32858/drugging-of-the-americanboy-0414.

Dahl, Gordon B., and Enrico Moretti. "The Demand for Sons." The Review of Economic Studies 75 (2008), 1185–1120. http://eml.berkeley.edu/~moretti/sons.pdf.

Domonoske, Camila. "17-Year-Old Transgender Boy Wins Texas Girls' Wrestling Championship." NPR, February 27, 2017. https://www.npr.org/sections/thetwo-way/2017/02/27/517491492/17-year-old-transgender-boywins-texas-girls-wrestling-championship.

de Freytas-Tamura, Kimiko. "Grand Theft Auto Franchise Playfully Flicks Mud at Its Birthplace: Scotland." The New York Times, September 29, 2013. http://www.nytimes.com/2013/09/30/technology/grand-theft-auto-franchiseplayfully-flings-mud-at-its-birthplace-scotland.html.

de Melker, Saskia. "The Case for Starting Sex Education in Kindergarten." PBS NewsHour, May 27, 2015. https://www.pbs.org/newshour/health/spring-fever.

DeVane, Ben, and Squire, Kurt D. "The Meaning of Race and Violence in Grand Theft Auto: San Andreas." Games and Culture 3, no. 3–4 (July 1, 2008): 264–285. https://doi.org/10.1177/1555412008317308.

Eisenberg, Marla E., Melanie Wall, and Dianne Neumark-Sztainer. "Muscle-Enhancing Behaviors among Adolescent Girls and Boys." Pediatrics 130, no. 6 (December 2012): 1019–1026. https://doi.org/10.1542/peds.2012-0095.

Eliot, Lise. Pink Brain, Blue Brain: How Small Differences Grow into Troublesome Gaps—and What We Can Do about It. New York: Houghton Mifflin Harcourt, 2009.

EQAO's Provincial Elementary School Report, 2016. Toronto: Education Quality and Accountability Office, September 21, 2016. http://www.eqao.com/en/assessments/results/assessment-docs-elementary/provincial-reportelementary-2016.pdf.

Espalage, D.L., K.C. Basile, L. De La Rue, and M.E. Hamburger. "Longitudinal Associations among Bullying, Homophobic Teasing and Sexual Violence Perpetration among Middle School Students." Journal of Interpersonal Violence 30, no. 14

(September 2015): 2541–2561.

"Ethnicity Facts and Figures." GOV.UK (October 10, 2017). https://www.ethnicity-facts-figures.service.gov.uk/education-skills-and-training/absence-and-exclusions/pupil-exclusions/latest.

Faludi, Susan. Backlash: The Undeclared War on American Women. New York: Broadway Books, 1991.

Feijoo, Ammie. Updated by Sue Alford and Deb Hauser. Adolescent Sexual Health in Europe and the United States. 4th ed. (Washington, D.C.: Advocates for Youth, March 2011). http://www.advocatesforyouth.org/storage/advfy/documents/adolescent_sexual_health_in_europe_and_the_united_states.pdf.

Ferguson, Ann Arnett. Bad Boys: Public Schools in the Making of Black Masculinity. Ann Arbor: University of Michigan Press, 2000.

Fields, Errol Lamont, Laura M. Bogart, Katherine C. Smith, David J. Malebranche, Jonathan Ellen, and Mark A. Schuster. "I Always Felt I Had to Prove My Manhood: Homosexuality, Masculinity, Gender Role Strain, and HIV Risk among Young Black Men Who Have Sex with Men." American Journal of Public Health 105, no. 1 (January 2015), 122–131. https://www.ncbi.nlm.nih.gov/pmc/articles/PMC4265897.

Fine, Cordelia. Delusions of Gender: How Our Minds, Society, and Neurosexism Create Difference. New York: W.W. Norton, 2010.

Flicker, Sarah, Susan Flynn, June Larkin, Robb Travers, Adrian Guta, Jason Pole, and Crystal Layne. Sexpress: The Toronto Teen Survey Report. Toronto: Planned Parenthood Toronto, 2009.

From Strengths to Solutions: An Asset-Based Approach to Meeting Community Needs in Brownsville. New York: Citizens' Committee for Children of New York Inc., 2017. https://www.cccnewyork.org/wp-content/uploads/2017/03/CCC-Brownsville_5_8_A.pdf.

Gafni, Matthias. "De La Salle Sex Assault Case: Suspect's Father, a Registered Sex Offender, Defends Son." East Bay Times, December 1, 2016. http://www.eastbaytimes.com/2016/12/01/victim-of-alleged-de-la-salle-sexassault-speaks-out.

Gajanan, Mahita. "Melania Trump Says Donald's Comments in Leaked Video Were 'Boy Talk.' " Time, October 17, 2016. http://time.com/4534216/melaniadonald-trump-billy-bush-boy-talk.

Garber, Megan. "When Newsweek 'Struck Terror in the Hearts of Single Women.'" The Atlantic, June 2, 2016. https://www.theatlantic.com/entertainment/archive/2016/06/more-likely-to-be-killed-by-a-terrorist-than-toget-married/485171.

Gershenson, Seth, Cassandra M.D. Hart, Constance A. Lindsay, and Nicholas W. Papageorge. "The Long-Run Impacts of Same-Race Teachers." Bonn, Germany: Institute of Labor Economics, March 2017. http://ftp.iza.org/dp10630.pdf.

Giese, Rachel. "How Energy Drink Companies Prey on Male Insecurities." NewYorker.com, November 28, 2015. http://www.newyorker.com/business/currency/how-energy-drink-companies-prey-on-male-insecurities.

———. "Is There a Better Way to Integrate Kids with Special Needs into Classrooms?" Today' s Parent, April 12, 2017. https://www.todaysparent.com/family/special-needs/is-there-a-better-way-to-integrate-kids-with-special-needsinto-classrooms.

———. "Puckheads: Inside the Crazed Arenas of the GTHL." Toronto Life, February 4, 2015. https://torontolife.com/city/gthl-puckheads.

———. "The Talk." The Walrus, April 30, 2014. https://thewalrus.ca/the-talk.

———. "What Life Is Like for Transgender Children Now." Today's Parent, August 19, 2015. https://www.todaysparent.com/family/parenting/what-life-islike-for-transgender-children-now.

Gilliam, Walter S., Angela N. Maupin, Chin R. Reyes, Maria Accavitti, and Frederick Shic. Do Early Educators' Implicit Biases Regarding Sex and Race Relate to Behavior Expectations and Recommendations of Preschool Expulsions and Suspensions? A Research Study Brief. New Haven, CT: Yale Child Study Center, September 28, 2016.

Gillis, Wendy. "Rehtaeh Parsons: Halifax Community Mourns Bullied Teen." Toronto Star, April 13, 2013. https://www.thestar.com/news/canada/2013/04/13/rehtaeh_parsons_halifax_community_mourns_bullied_teen.html.

Gonzalez, A.Q., and R. Koestner. "Parental Preference for Sex of Newborn as Reflected in Positive Affect in Birth Announcements." Sex Roles 52 (2005): 407. https://doi.org/10.1007/s11199-005-2683-4.

Green, Elizabeth. "The Charter School Crusader." The Atlantic, January/ February 2018. https://www.theatlantic.com/magazine/archive/2018/01/success-academy-charter-schools-eva-moskowitz/546554.

Gregory, Sean. "Donald Trump Dismisses His 'Locker-Room Talk' as Normal. Athletes Say It's Not." Time, October 11, 2016. http://time.com/4526039/donald-trump-locker-room-athletes.

Grinberg, Emanuella. "Target to Move Away from Gender-Based Signs." CNN, August 8, 2015. http://www.cnn.com/2015/08/08/living/gender-basedsigns-target-feat/index.html.

Hamilton, LaMont. "Five on the Black Hand Side: Origins and Evolutions of the Dap." Folklife, September 22, 2014. https://folklife.si.edu/talkstory/2014/five-on-the-black-hand-sideorigins-and-evolutions-of-the-dap.

Handelman, Kenny. Attention Difference Disorder: How to Turn Your ADHD Child or Teen's Differences into Strengths in Seven Simple Steps. New York: Morgan James Publishing, 2011.

Hannah-Jones, Nikole. "Choosing a School for My Daughter in a Segregated City." The New York Times Magazine, June 9, 2016.

Heilman, B., G. Barker, and A. Harrison. The Man Box: A Study on Being a Young Man in the US, UK, and Mexico. Washington, D.C., and London: Promundo-US and Unilever, 2017. https://promundoglobal.org/resources/manbox-study-young-man-us-uk-mexico.

Herman, Jody L., Andrew R. Flores, Taylor N.T. Brown, Bianca D.M. Wilson, and Kerith J. Conron. "Age of Individuals Who Identify as Transgender in the United States." Los Angeles: Williams Institute at the UCLA School of Law, January 2017. https://williamsinstitute.law.ucla.edu/wp-content/uploads/TransAgeReport.pdf.

Holt, Richard. Sport and the British: A Modern History. Oxford: Clarendon Press, 1990.

Honouring the Truth, Reconciling for the Future: Summary of the Final Report of the Truth and Reconciliation Commission of Canada. Winnipeg: Truth and Reconciliation Commission of Canada, 2015.

hooks, bell. The Will to Change: Men, Masculinity, and Love. New York: Washington Square Press, 2004.

Horvath, Miranda A.H., Llian Alys, Kristina Massey, Afroditi Pina, Mia Scally, and Joanna R. Adler. Basically . . . Porn Is Everywhere. London: Office of the Children's Commissioner, 2013. http://www.mdx.ac.uk/__data/assets/pdf_file/0026/48545/

BasicallyporniseverywhereReport.pdf.

How Many ER Visits for Sport-Related Brain Injuries Receive a Concussion Diagnosis? Ottawa: Canadian Institute for Health Information, July 26, 2016. https://www.cihi.ca/en/how-many-er-visits-for-sport-related-brain-injuriesreceive-a-concussion-diagnosis.

Hruby, Patrick. "The Choice." Sports on Earth, November 13, 2013. http://www.sportsonearth.com/article/63895452.

Hu, Winnie, and Jonah Bromwich. "A Boy Praises the Principal of His Brooklyn School, and a Fund-Raising Campaign Takes Off." The New York Times, January 29, 2015. https://www.nytimes.com/2015/02/01/nyregion/a-boy-praises-the-principal-of-his-brooklyn-school-and-a-fund-raisingcampaign-takes-off.html.

Ingraham, Christopher. "Toddlers Have Shot at Least 23 People This Year." The Washington Post, May 1, 2016. https://www.washingtonpost.com/news/wonk/wp/2016/05/01/toddlers-have-shot-at-least-23-people-this-year.

Innes, Robert Alexander, and Kim Anderson, eds. Indigenous Men and Masculinities: Legacies, Identities, Regeneration. Winnipeg: University of Manitoba Press, 2015.

Jenkins, Sally. The Real All Americans. New York: Penguin Random House, 2008.

Johari, Aarefa. "When It Comes to Adoption, Indian Parents Prefer Girls over Boys." Dawn, August 4, 2015. http://www.dawn.com/news/1198361.

Jordan, Benjamin René. Modern Manhood and the Boy Scouts of America: Citizenship, Race, and the Environment. Chapel Hill: University of North Carolina Press, 2016.

Jung, Sun. Korean Masculinities and Transcultural Consumption. Hong Kong: Hong Kong University Press, 2011.

Kaffer, Nancy. "8 Years into Tests of Abandoned Rape Kits, Worthy Works for Justice." Detroit Free Press, December 17, 2017. https://www.freep.com/story/opinion/columnists/nancy-kaffer/2017/12/17/rape-kitdetroit/953083001/.

Kelley, Bruce, and Carl Carchia. "Hey Data Data—Swing!" ESPN The Magazine, July 11, 2013. http://www.espn.com/espn/story/_/id/9469252/hidden-demographics-youth-sports-espn-magazine.

Kidd, Bruce. "Muscular Christianity and Value-Centred Sport: The Legacy of Tom Brown in Canada." Sport in Society: Cultures, Commerce, Media, Politics 16, no 4 (2013): 405–415. https://doi.org/10.1080/17430437.2013.785752.

———. "Sports and Masculinity." Sport in Society: Cultures, Commerce, Media, Politics 16, no. 4 (2013): 553–564. http://dx.doi.org/10.1080/17430437.2013.785757.

Kidd, Kenneth B. Making American Boys: Boyology and the Feral Tale. Minneapolis: University of Minnesota Press, 2004.

Kimmel, Michael S. Angry White Men: American Masculinity at the End of an Era. New York: Nation Books, 2013.

———. Guyland: The Perilous World Where Boys Become Men. New York: Harper, 2008.

Kogod, Sarah. "Ohio State LB Jerome Baker Wants to Change How Athletes Talk about Sexual Violence." SB Nation, September 17, 2015. http://www.sbnation.com/2015/9/17/9105829/ohio-state-jerome-baker-ischangingathletes-sexual-assault-2015.

Kooper, Angelique J.A., Jacqueline J.P.M. Pieters, Alex J. Eggink, Ton B. Feuth, Ilse Feenstra, Lia D.E. Wijnberger, Robbert J.P. Rijnders, Rik W.P. Quartero, Peter F. Boekkooi, et al. "Why Do Parents Prefer to Know the Fetal Sex as Part of Invasive Prenatal Testing?" ISRN Obstetrics and Gynecology, vol. 2012 (2012), Article ID 524537, 2012. doi: 10.5402/2012/524537.

Latest Hate Crime Statistics Available. Washington, D.C.: Federal Bureau of Investigation, November 16, 2015. https://www.fbi.gov/news/stories/latesthate-crime-statistics-available.

Lee, Dave. "Grand Theft Auto: One of Britain's Finest Cultural Exports?" BBC News, September 17, 2013. http://www.bbc.com/news/technology-24066068.

Lenhart, Amanda. Teens, Social Media & Technology Overview 2015. Washington, D.C.: Pew Research Center, April 9, 2015. http://www.pewinternet.org/2015/04/09/teens-social-media-technology-2015.

Levant, R.F., M.D. Parent, E.R. McCurdy, and T.C. Bradstreet. "Moderated Mediation of the Relationships between Masculinity Ideology, Outcome Expectations, and Energy Drink Use." Health Psychology 34, no. 11 (2015), 1100–1106. http://dx.doi.org/10.1037/hea0000214.

Levy, DeAndre. "Man Up." The Players' Tribune, April 27, 2016. http://www.theplayerstribune.com/deandre-levy-sexual-assault-awareness.

Lindberg, L.D., I. Maddow-Zimet, and H. Boonstra. "Changes in Adolescents' Receipt of Sex Education, 2006–2013." Journal of Adolescent Health 58, no. 6 (2016): 621–627. https://doi.org/10.1016/j.jadohealth.2016.02.004.

Lu, Alexander. "How Are the Experiences of Asian American Men Stressful?" Gender & Society blog, May 31, 2013. https://gendersociety.wordpress.com/2013/05/31/how-are-the-experiences-of-asian-american-men-stressful.

Lu, Alexander, and Y. Joel Wong. "Stressful Experiences of Masculinity among U.S.-Born and Immigrant Asian American Men." Gender & Society 27, no. 3 (March 20, 2013): 345–371. https://doi.org/10.1177/0891243213479446.

Luther, Jessica W. Unsportsmanlike Conduct: College Football and the Politics of Rape. New York: Akashic Books, 2016.

Lyons, Kate. "Gender Identity Clinic Services under Strain as Referral Rates Soar." The Guardian, July 10, 2016. https://www.theguardian.com/society/2016/jul/10/transgender-clinic-waiting-times-patient-numbers-soar-genderidentity-services.

Macur, Juliet, and Nate Schweber. "Rape Case Unfolds on Web and Splits City." The New York Times, December 16, 2012. http://www.nytimes.com/2012/12/17/sports/high-school-football-rape-case-unfolds-online-and-dividessteubenville-ohio.html.

Manne, Kate. Down Girl: The Logic of Misogyny. New York: Oxford University Press, 2017.

Manson, Marilyn. "Columbine: Whose Fault Is It?" Rolling Stone, June 24, 1999. https://www.rollingstone.com/culture/news/columbine-whose-faultis-it-19990624.

Markey, Patrick M., and Christopher J. Ferguson. Moral Combat: Why the War on Violent Video Games Is Wrong. Dallas: BenBella Books, 2017.

Martinez, Donna. "School Culture and American Indian Educational Outcomes." Fifth World Conference Educational Sciences—WCES 2013. Procedia—Social and Behavioral Sciences 116 (2014): 199–205.

Mather, Kate, and Richard Winton. "Isla Vista Shooting Suspect Vowed 'War on Women,' Sorority." Los Angeles Times, May 24, 2014. http://beta.latimes.com/local/lanow/la-me-ln-isla-vista-shooting-suspect-vowed-war-on-womensorority-20140524-

story.html.

Mayer, Andre. "GTA5: How Grand Theft Auto Has Changed the Gaming World." CBC News, September 17, 2013. http://www.cbc.ca/news/technology/gta5-how-grand-theft-auto-has-changed-the-gaming-world-1.1857987.

McCabe, Jessica, Emily Fairchild, and Liz Grauerholz. "Gender in Twentieth Century Children' s Books." Gender & Society 25, no. 2 (April 2011): 197–226. https://doi.org/10.1177/0891243211398358.

McGraw, Daniel. "How Should Tamir Rice Be Remembered?" The Undefeated, August 23, 2016. https://theundefeated.com/features/how-should-tamir-ricebe-remembered.

Mead, Sara. The Truth about Boys and Girls. Washington, D.C.: Education Sector, June 2006.

Mervosh, Sarah. "New Baylor Lawsuit Alleges 52 Rapes by Football Players in 4 Years, 'Show' Em a Good Time' Culture." Dallas News, January 27, 2017. https://www.dallasnews.com/news/baylor/2017/01/27/new-baylorlawsuit-describes-show-em-good-time-culture-cites-52-rapes-football-players-4-years.

Millennials in Adulthood: Detached from Institutions, Networked with Friends. Washington, D.C.: Pew Research Center, March 7, 2014. http://www.pewsocialtrends.org/2014/03/07/millennials-in-adulthood.

Miller, Kathleen E. "Sport-Related Identities and the 'Toxic Jock.'" Journal of Sport Behavior 32, no. 1 (2009): 69–91.

Miller, Michael E. "'A Steep Price to Pay for 20 Minutes of Action': Dad Defends Stanford Sex Offender." The Washington Post, June 6, 2016. https://www.washingtonpost.com/news/morning-mix/wp/2016/06/06/a-steep-price-to-pay-for-20-minutes-of-action-dad-defends-stanford-sexoffender.

Mintz, Steven. Huck's Raft: A History of American Childhood. Cambridge, MA: Harvard University Press, 2004.

Morris, Wesley. "The Year We Obsessed over Identity." The New York Times Magazine, October 6, 2015. http://www.nytimes.com/2015/10/11/magazine/the-year-we-obsessed-over-identity.html.

MTV's "Look Different" Gender Bias Survey, "Executive Summary." New York:

MTV Insights, 2015. http://d1fqdnmgwphrky.cloudfront.net/studies/000/000/004/MTV-Gender-Bias-Survey-Executive-Summary.pdf.

Murthy, Vivek. "Work and the Loneliness Epidemic." Harvard Business Review, September 27, 2017. https://hbr.org/cover-story/2017/09/work-andthe-loneliness-epidemic.

Musu-Gillette, L., A. Zhang, K. Wang, J. Zhang, and B.A. Oudekerk. Indicators of School Crime and Safety: 2016 (NCES 2017-064/NCJ 250650). Washington, D.C.: National Center for Education Statistics, U.S. Department of Education, and Bureau of Justice Statistics, Office of Justice Programs, U.S. Department of Justice, 2017.

Naccarato, Lisa. "Almost Half of TDSB Students Expelled over Last 5 Years Are Black, Report Says." CBC, April 11, 2017. http://www.cbc.ca/news/canada/toronto/almost-half-of-tdsb-students-expelled-over-last-5-years-areblack-report-says-1.4065088.

National Center for Health Statistics. "Health, United States, 2016: With Chartbook on Long-term Trends in Health." Hyattsville, MD. 2017. https://www.cdc.gov/nchs/data/hus/hus16.pdf#035.

O'Connell, Chris. "How Dude Perfect Makes Child's Play Hard Work." Texas Monthly, August 2017. https://www.texasmonthly.com/the-culture/yes/.

Okopny, Cara. "Why Jimmy Isn't Failing: The Myth of the Boy Crisis." Feminist Teacher 18, no. 3 (2008): 216–228.

On Gender Differences, No Consensus on Nature vs. Nurture. Washington, D.C.: Pew Research Center, December 2017.

Orenstein, Peggy. "What's Wrong with Cinderella?" The New York Times Magazine, December 24, 2006. http://www.nytimes.com/2006/12/24/magazine/24princess.t.html.

Park, Haeyoun, and Iaryna Mykhyalyshyn. "L.G.B.T. People Are More Likely to Be Targets of Hate Crimes Than Any Other Minority Group." The New York Times, June 16, 2016. https://www.nytimes.com/interactive/2016/06/16/us/hate-crimes-against-lgbt.html.

Parker, Laura A. "The Cult of PewDiePie: How a Swedish Gamer Became YouTube's Biggest Star." Rolling Stone, December 16, 2015. http://www.rollingstone.com/culture/news/the-cult-of-pewdiepie-how-aswedish-gamer-became-youtubes-biggest-star-20151216.

Pascoe, C.J. Dude, You're a Fag: Masculinity and Sexuality in High School. Berkeley and Los Angeles: University of California Press, 2012.

Paul, Annie Murphy. Origins: How the Nine Months before Birth Shape the Rest of Our Lives. New York: Free Press, 2010.

Pereira, David. "Dropping Out or Opting Out? A Qualitative Study on How Young Men of Portuguese Ancestry in Toronto Perceive Masculinity and How This Informs Educational Attainment." Master's thesis, Ontario Institute for Studies in Education, University of Toronto, 2011.

Pollock, Cassandra. "Study: A Quarter of Texas Public Schools No Longer Teach Sex Ed." The Texas Tribune, February 14, 2017. https://www.texastribune.org/2017/02/14/texas-public-schools-largely-teach-abstinence-only-sex-education-repor.

Porter, Catherine. "No Improvement 25 Years after Montreal Massacre." Toronto Star, December 6, 2014. https://www.thestar.com/news/insight/2014/12/06/porter_no_improvement_25_years_after_montreal_massacre.html.

Pound P., R. Langford, and R. Campbell. "What Do Young People Think about Their School-Based Sex and Relationship Education? A Qualitative Synthesis of Young People's Views and Experiences." BMJ Open 6, no. 9 (2016). https://doi.org/10.1136/bmjopen-2016-011329.

Presley, Amie, and Robert S. Brown. Portuguese-Speaking Students in the TDSB: An Overview. Toronto: Toronto District School Board, September 2011. http://www.tdsb.on.ca/Portals/research/docs/reports/PortuguesespeakingStudentsInTheTDSBOverview.pdf.

Press, Eyal. "Do Immigrants Make Us Safer?" The New York Times Magazine, December 3, 2006. http://www.nytimes.com/2006/12/03/magazine/03wwln_idealab.html.

Pyne, Jake. "Gender Independent Kids: A Paradigm Shift in Approaches to Gender Non-Conforming Children." The Canadian Journal of Human Sexuality 23, no. 1 (April, 2014): 1–8. http://dx.doi.org/10.3138/cjhs.23.1.CO1.

Rankin, Jim, Patty Winsa, and Hidy Ng. "Unequal Justice: Aboriginal and Black Inmates Disproportionately Fill Ontario Jails." Toronto Star, March 1, 2013. https://www.thestar.com/news/insight/2013/03/01/unequal_justice_aboriginal_and_black_inmates_disproportionately_fill_ontario_jails.html.

Rankin, Jim, and Sandro Contenta. "Suspended Sentences: Forging a Schoolto- Prison Pipeline?" Toronto Star, June 6, 2009. https://www.thestar.com/news/gta/2009/06/06/suspended_sentences_forging_a_schooltoprison_pipeline.html.

Reckdahl, Katy. "Training More Black Men to Become Teachers." The Atlantic, December 15, 2015. https://www.theatlantic.com/education/archive/2015/12/programs-teachers-african-american-men/420306/.

Reilly, Katie. "Hillary Clinton Apologizes for 'Superpredator' Remark." Time, February 26, 2016. http://time.com/4238230/hillary-clinton-black-livesmatter-superpredator.

Report on Sexually Transmitted Infections in Canada: 2013–2014. Ottawa: Centre for Communicable Diseases and Infection Control, Infectious Disease Prevention and Control Branch, Public Health Agency of Canada, 2017.

Rosin, Hanna. The End of Men and the Rise of Women. New York: Riverhead, 2012.

Rothman, Barbara Katz. The Tentative Pregnancy. New York: W.W. Norton, 1993.

Rushowy, Kristin. "Sexual Harassment Common in High Schools, Study Finds." Toronto Star, February 7, 2008. https://www.thestar.com/news/gta/2008/02/07/sexual_harassment_common_in_high_schools_study_finds.html.

Sandin, S., D. Schendel, P. Magnusson, C. Hultman, P. Surén, and E. Susser. "Autism Risk Associated with Parental Age and with Increasing Difference in Age between the Parents." Molecular Psychiatry 21 (2016): 693–700. http://www.nature.com/mp/journal/v21/n5/full/mp201570a.html.

Schalet, Amy T. "Beyond Abstinence and Risk: A New Paradigm for Adolescent Sexual Health." Women's Health Issues 21, no. 3 (May-June 2011): S5–S7. http://www.whijournal.com/article/S1049-3867(11)00008-9/fulltext.

———. "Must We Fear Adolescent Sexuality?" Medscape General Medicine 6, no. 4 (2004): 44. http://www.ncbi.nlm.nih.gov/pmc/articles/PMC1480590.

———. "Why Boys Need to Have Conversations about Emotional Intimacy in Classrooms." The Conversation, February 25, 2016. https://theconversation.com/why-boys-need-to-have-conversations-aboutemotional-intimacy-in-classrooms-54693.

Scudder, Charles. "Not in My Locker Room: Texas HS Football Coaches Give Players the Trump Talk." Dallas News, October 2016. https://www.dallasnews.com/life/

life/2016/10/11/locker-room-texas-hsfootball-coaches-give-players-trump-talk.

Sedgwick, Eve Kosofsky. Between Men: English Literature and Male Homosocial Desire. New York: Columbia University Press, 1985.

Semuels, Alana. "Poor Girls Are Leaving Their Brothers Behind." The Atlantic, November 27, 2017. https://www.theatlantic.com/business/archive/2017/11/gender-education-gap/546677.

Shipp, Thomas D., Diane Z. Ship, Bryann Bromley, Robert Sheahan, Amy Cohen, Ellice Lieberman, and Beryl Benacerraf. "What Factors Are Associated with Parents' Desire to Know the Sex of Their Unborn Child?" Birth: Issues in Perinatal Care 31, no. 4 (December 2004): 272–279.

Sickmund, Melissa, and Charles Puzzanchera, eds. Juvenile Offenders and Victims: 2014 National Report. Pittsburgh: National Center for Juvenile Justice, 2014.

Singal, Jesse. "A New Book Argues That the Concerns over Violent Video Games Are a Moral Panic." New York Magazine, March 17, 2017.

Smedley, Audrey, and Brian D. Smedley. "Race as Biology Is Fiction, Racism as a Social Problem Is Real: Anthropological and Historical Perspectives on the Social Construction of Race." The American Psychologist 60, no. 1 (January 2005): 16–26.

Snowdon, Wallis. "Ending Homophobia in Hockey Starts in the Locker Room, Edmonton Researcher Says." CBC News, January 19, 2017. http://www.cbc.ca/news/canada/edmonton/ending-homophobia-in-hockeystarts-in-the-locker-room-edmonton-researcher-says-1.3942599.

Sokolove, Michael. "For Trump, a Different Kind of 'Locker Room Talk.'" The New York Times, September 29, 2017. https://www.nytimes.com/2017/09/29/opinion/trump-nfl-protest.html.

Sommers, Christina Hoff. "School Has Become Too Hostile to Boys." Time, August 19, 2013. http://ideas.time.com/2013/08/19/school-has-become-toohostile-to-boys.

———. "The War on Boys." The Atlantic, May 2000. https://www.theatlantic.com/magazine/archive/2000/05/the-war-against-boys/304659.

St. George, Donna. "How Mindfulness Practices Are Changing an Inner-City School." The Washington Post, November 13, 2016. https://www.washingtonpost.com/local/education/how-mindfulness-practices-are-changing-an-inner-city-school/2016/11/13/

7b4a274a-a833-11e6-ba59-a7d93165c6d4_story.html?utm_term=.ced8890a0073.

Stewart, Alicia W. "#IamJada: When Abuse Becomes a Teen Meme." CNN, July 18, 2014. http://www.cnn.com/2014/07/18/living/jada-iamjada-teensocial-media/index.html.

Stolberg, Sheryl Gay. "Bathroom Case Puts Transgender Student on National Stage." The New York Times, February 23, 2017. https://www.nytimes.com/2017/02/23/us/gavin-grimm-transgender-rights-bathroom.html.

Stout, Hilary. "Selling the Young on 'Gaming Fuel.'" The New York Times, May 19, 2015. https://www.nytimes.com/2015/05/20/business/energy-drinkindustry-under-scrutiny-looks-to-gamers-to-keep-sales-surging.html.

Summerscale, Kate. "Penny Dreadfuls: The Victorian Equivalent of Video Games." The Guardian, April 30, 2016. https://www.theguardian.com/books/2016/apr/30/penny-dreadfuls-victorian-equivalent-video-games-katesummerscale-wicked-boy.

Swash, Rosie. "Is Hacktivism on Behalf of Rehtaeh Parsons a Revolution in Rape Campaigning?" The Guardian, April 13, 2017. https://www.theguardian.com/lifeandstyle/2013/apr/15/hacktivism-rehtaeh-parsons-rape.

Sweet, Elizabeth. "Guys and Dolls No More?" The New York Times, December 21, 2012. http://www.nytimes.com/2012/12/23/opinion/sunday/gender-based-toy-marketing-returns.html.

———. "Toys Are More Divided by Gender Now Than They Were 50 Years Ago." The Atlantic, December 9, 2014. https://www.theatlantic.com/business/archive/2014/12/toys-are-more-divided-by-gender-now-than-they-were-50-years-ago/383556.

Taff, Jessica, and Joseph Auriemma. "Out on the Field: Former NFL Player Wade Davis Opens up." Al Jazeera America, May 12, 2014. http://america.aljazeera.com/watch/shows/america-tonight/articles/2014/5/12/out-on-the-fieldwadedavisonprosportsevolutionoverlgbtqplayers.html.

Talbot, Margaret. "Red Sex, Blue Sex." The New Yorker, November 3, 2008. https://www.newyorker.com/magazine/2008/11/03/red-sex-blue-sex.

Testi, Arnaldo. "The Gender of Reform Politics: Theodore Roosevelt and the Culture of Masculinity." The Journal of American History 81, no. 4 (1995): 1509–1533. https://doi.org/10.2307/2081647.

Thompson, Clive. Smarter Than You Think: How Technology Is Changing Our Minds for the Better. New York: Penguin Random House, 2013.

Toppo, Greg. "Do Video Games Inspire Violent Behavior?" Scientific American, July 1, 2015. https://www.scientificamerican.com/article/do-video-games-inspire-violent-behavior.

"Traumatic Brain Injury & Concussions." Centers for Disease Control and Prevention. Accessed January 2, 2018, https://www.cdc.gov/traumaticbraininjury/get_the_facts.html.

Trends in U.S. Corrections. Washington, D.C.: The Sentencing Project, June 26, 2017. http://sentencingproject.org/wp-content/uploads/2016/01/Trends-in-US-Corrections.pdf.

Turkewitz, Julie. "Protest Started by Colin Kaepernick Spreads to High School Students." The New York Times, October 3, 2016. https://www.nytimes.com/2016/10/04/us/national-anthem-protests-high-schools.html.

Urquia, Marcelo L., Joel G. Ray, Susitha Wanigaratne, Rahim Moineddin, and Patricia J. O'Campo. "Variations in Male-Female Infant Ratios among Births to Canadian- and Indian-born Mothers, 1990–2011: A Population-Based Register Study." Canadian Medical Association Journal (online April 11, 2016). http://cmajopen.ca/content/4/2/E116.full.

Wang, Oliver S. "Lin Takes the Weight." The Atlantic, March 1, 2012. https://www.theatlantic.com/entertainment/archive/2012/03/lin-takes-theweight/253833.

Way, Niobe. Deep Secrets: Boys' Friendships and Crisis of Connection. Cambridge: Harvard University Press, 2011.

Wilson, Holly A., and Robert D. Hoge. "The Effect of Youth Diversion Programs on Recidivism: A Meta-Analytic Review." Criminal Justice and Behavior 40, no. 5 (May 2013): 497–518. http://dx/doi.org/10.1177/0093854812451089.

Wiseman, Rosalind. Masterminds & Wingmen: Helping Our Boys Cope with Schoolyard Power, Locker-Room Tests, Girlfriends, and the New Rules of Boy World. New York: Harmony Books, 2013.

Woolf, Nicky. " 'PUAhate' and 'ForeverAlone': Inside Elliot Rodger's Online Life." The Guardian, May 30, 2014. https://www.theguardian.com/world/2014/may/30/elliot-rodger-puahate-forever-alone-reddit-forums.

Zimmerman, Jonathan. Too Hot to Handle: A Global History of Sex Education. Princeton, NJ: Princeton University Press, 2015.

著者紹介

レイチェル・ギーザ（Rachel Giese）

ウェブメディア「シャトレーン」寄稿編集者であり、作家・出演者としてCBCラジオでも活躍。ジャーナリストとして受賞歴をもち、これまで、雑誌「トロント・ライフ」「トゥデイズ・ペアレント」、ウェブメディア「ザ・ウォルラス」「NewYorker.com」、「グローブ・アンド・メール」紙などに寄稿している。妻と、養子に迎えた息子とともにカナダ・トロントに暮らす。

訳者略歴

冨田直子（とみた・なおこ）

翻訳者。訳書に『ANOTHER GIRL ANOTHER PLANET』『Coming of Age』（いずれもDU BOOKS）がある。

ボーイズ
男の子はなぜ「男らしく」育つのか

初版発行　2019年3月22日
8刷発行　2023年6月8日

著　レイチェル・ギーザ
訳　冨田直子
デザイン　川畑あずさ
日本版制作　筒井奈々、小澤俊亮（DU BOOKS）

発行者　広畑雅彦
発行元　DU BOOKS
発売元　株式会社ディスクユニオン
東京都千代田区九段南3-9-14
［編集］TEL.03.3511.9970　FAX.03.3511.9938
［営業］TEL.03.3511.2722　FAX.03.3511.9941
https://diskunion.net/dubooks/

印刷・製本　大日本印刷

ISBN978-4-86647-088-7
Printed in Japan

DU BOOKS

主婦である私がマルクスの「資本論」を読んだら

15冊から読み解く家事労働と資本主義の過去・現在・未来

チョン・アウン 著　生田美保 訳

柚木麻子さん（小説家）、瀧波ユカリさん（漫画家・エッセイスト）ご推薦！
「夫が妻を扶養しているのではなく、妻が、夫を働きに出られるように扶養しているのだ」——本文より
家父長制が根強く、共働き世帯が急増する韓国で、社会から卑下されているひとりの主婦が15冊の本を読み解き、この資本主義社会の仕組みの起源をたどる。

本体2200円＋税　四六　256ページ　好評2刷！

子宮内膜症で痛すぎてセックスも満足にできない女子が、毎日闘いながら生きていく話

愛と欲望とヴァギナ・プロブレム

ララ・パーカー 著　森 優里 訳

痛みとともに生きる——。米バズフィード記者が記した、子宮内膜症で、痛くて毎日泣いてもがきながらも、「普通」に恋して仕事して暮らす日常。
「タブーを蹴り破り、隠された『痛み』に光を当てる。ままならない身体と生きるすべての人に送るユーモラスで率直なヴァギナ・ガールズトーク。この本は、読むグループセラピーだ！」——長田杏奈さん（『美容は自尊心の筋トレ』著者）
本体2200円＋税　四六　336ページ

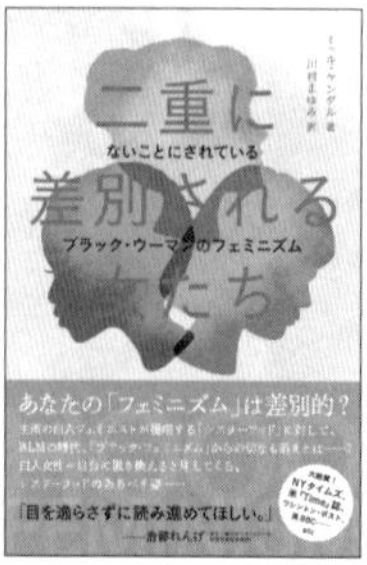

二重に差別される女たち

ないことにされているブラック・ウーマンのフェミニズム

ミッキ・ケンダル 著　川村まゆみ 訳　治部れんげ 日本版解説

あなたの「フェミニズム」は差別的？

主流の白人フェミニストが提唱する「シスターフッド」に対して、BLMの時代、「ブラック・フェミニズム」からの切なる訴えとは——？ 白人女性＝自分に置き換えると見えてくる、シスターフッドのあるべき姿。

NYタイムズ、「タイム」、ワシントンポスト、BBCなど、世界中で大絶賛！

本体2800円＋税　四六　336ページ

ボクのクソリプ奮闘記

アンチ君たちから教わった会話することの大切さ

ディラン・マロン 著　浅倉卓弥 訳

クソリプ＝誹謗中傷の送り主に電凸!?

SNS時代の病理に〈会話〉の力で挑む！

「『論破から会話へ』。著者の変化を一言で表すとこうなる。創造的ではない論破が称賛されるいまのネット社会に一石を投じる一冊だ。くだけた文章・翻訳が読ませる」——日本経済新聞書評

本体2400円＋税　四六　400ページ